New Databook
of Human Resource Management

江夏幾多郎・岸野早希
西村　純・松浦民恵［編著］

新・マテリアル

人事労務管理

有斐閣

は し が き

　本書では，人事労務管理を構成する主立った規則や行動，人事労務管理を取り巻く組織内外のさまざまな要因に関する定義やデータ，さらには事例を紹介している。

　人事労務管理は，企業を含む組織が，従業員として雇用する労働者を，自らの経営目的の達成のために調達し，活用するための，さまざまな規則や行動である。人事労務管理を行う際には，組織の構造や有する資源，とりわけ従業員の意欲・能力についての十分な理解や配慮が欠かせない。また，労働者の獲得や事業展開において競合する他組織，教育機関，雇用・労働に関する種々の法体系などの動向は，企業の人事労務管理にとって機会にも脅威にもなる。

　こうしたことに関するあらましを紹介するのが，人事労務管理に関する教科書の役割である。しかし，紙幅の都合から，ほとんどの教科書においては，定義・データ・事例を十分に紹介しきれない。こうした事態は，教科書の著者にとって不本意なだけでなく，教育・研究の場で教科書を用いる教員および学生などにとっての不便さにもつながる。教科書を補足し，より深い理解を促すような定義・データ・事例は，近年のインターネット社会の進展により，一昔前からすると入手が随分と容易になった。しかし，人事労務管理のさまざまな側面についての定義・データ・事例を包括的に入手することは難しく，かつ，優れた研究者によって精選・解説されたという意味での質が常に担保されているわけではない。

　ここに本書の特徴があり，「売り」がある。本書の執筆者の多くは，大学院生も含めた若手研究者である。ここでいう「若手研究者」とは，研究経験年数が10年程度かそれ未満であり，かつ一定の研究業績を有している者を指す。編著者の1人（江夏）は，50年あまりの伝統を有する日本労務学会の会長として，人事労務管理に関する若手研究者の交流や相互学習の機会を設けることが，研究コミュニティの活性化に欠かせないと考えていた。若手研究者が一堂に会する機会として，共同での書籍執筆を位置づけ，他の編著者（岸野・西村・松浦），多くの若手研究者，そして出版元である有斐閣の賛同を得るに至った。本書は，教科書の副読本のみならず，それ単体で読んでも多くの学びを得られる，人事労務管理に関する多くの定義・データ・事例の「カタログ」「リスト」である。それと同時に，将来の研究コミュニティ，さらには人事労務管理全般の言論と実践をリードしうる／すべきタレント（才能）たちの「カタログ」「リスト」でもある。

　本書の構成，大まかな記述内容は編著者4名で定めた。その後，各項目に関する執筆希望をすべての執筆者に対して問い合わせ，なるだけ各執筆者の希望を叶える形で項目ごとの執筆担当者を決めた。執筆を支援するため，江夏が第1章・第5章・第6章の，岸野が第2章・第8章・第10章の，西村が第3章・第7章・第11章の，松浦が第4章・第9章・第12章の編集責任を担った。各執筆者により各項目の初稿が提出された後，章ごとでの検討会を編著者が主宰し，執筆者がそれに参加した。検討会での議論を通じ，本書の質向上と研究者同士の交流が実現した。

　編著者としては，若手研究者1人1人に対し，一連の執筆プロセスでの献身的な関与について心から感謝したい。そして，それとともに，今後の人事労務管理研究の活性化に向けた，研究コミュニティ，あるいは社会全体を巻き込んだ，熱く，楽しいアクションを心より期待したい。

　本書のルーツにあるのは，佐藤博樹（東京大学名誉教授），藤村博之（労働政策研究・研修機構理事長，法政大学名誉教授），八代充史（慶應義塾大学教授）の3氏によって有斐閣から2000年に初版が，2006年に新版が刊行された『マテリアル人事労務管理』である。佐藤・藤村・八代の3先生は，編著者

が同書の趣旨を受け継ぎ，『新・マテリアル人事労務管理』というタイトルを使用することを快諾くださった。また，本書の構成や内容については，編著者に全権を委譲してくださった。12章100項目という構成は，昨今の人事労務管理のありようや，それを取り巻く状況を踏まえつつ，種々の教科書の副読本として本書を利用するための汎用性も重視して，編著者が定めた。そして各項目の内容は，それぞれの執筆者が新しく執筆したものである。ただ，旧著から位置づけ・内容があまり変わらなかった項目を中心に，以前の記述を参考に執筆されている部分ももちろんある。3先生のご厚意，そして度重なる知的および精神的な支援に対し，重ねて御礼申し上げたい。

　最後に，企画から刊行まで順調に作業が進行した背景にあるのは，有斐閣書籍編集第二部の得地道代さんの多大なご尽力のおかげである。40名を超える関係者がいるにもかかわらず，企画から刊行まで2年程度の期間しか要さなかった。得地さんの卓越した全体調整，および編著者や執筆者への温かい励ましの賜物であり，編著者一同，心より御礼申し上げたい。

　　　　2023年7月

江夏幾多郎・岸野早希・西村純・松浦民恵

編著者紹介

江夏 幾多郎（えなつ・いくたろう）　　　　編集分担　第**1**章，第**5**章，第**6**章

神戸大学経済経営研究所准教授，博士（商学）（一橋大学）

2008 年，一橋大学大学院商学研究科博士後期課程単位取得満期退学。名古屋大学大学院経済学研究科講師・准教授を経て，2019 年より現職。

専攻　人的資源管理論，雇用システム論

主要著作　『人事評価の「曖昧」と「納得」』（NHK 出版，2014 年）

『人事管理——人と組織，ともに活きるために』（共著，有斐閣，2018 年）

『コロナショックと就労——流行初期の心理と行動についての実証分析』（共著，ミネルヴァ書房，2021 年）

『日本の人事労務研究』（共編著，中央経済社，2023 年）　ほか

岸野 早希（きしの・さき）　　　　編集分担　第**2**章，第**8**章，第**10**章

九州大学大学院経済学研究院准教授，博士（経営学）（神戸大学）

2017 年，神戸大学大学院経営学研究科博士後期課程修了。流通科学大学商学部講師を経て，2019 年より現職。

専攻　人的資源管理論，ワーク・ライフ・バランス

主要著作　「1on1 ミーティングの現状と課題に関する一考察——国内大手メーカー A 社の事例研究」（共同執筆，『キャリア・カウンセリング研究』第 24 巻第 2 号，2023 年）

"The effect of supervisor characteristics on subordinates' work-life balance: A dyadic analysis in Japan" (*Journal of Organizational Culture, Communications and Conflict*, vol. 19, no. 3, 2015)　ほか

西村 純（にしむら・いたる）　　　　編集分担　第**3**章，第**7**章，第**11**章

中央大学商学部助教，博士（産業関係学）（同志社大学）

2010 年，同志社大学大学院社会学研究科博士課程後期課程修了。労働政策研究・研修機構研究員を経て，2023 年より現職。

専攻　労使関係論，人的資源管理論

主要著作　『スウェーデンの賃金決定システム——賃金交渉の実態と労使関係の特徴』（ミネルヴァ書房，2014 年）

『雇用関係の制度分析——職場を質的に科学する』（共編著，ミネルヴァ書房，2020 年）

『雇用流動化と日本経済——ホワイトカラーの採用と転職』（共著，労働政策研究・研修機構，2023 年）　ほか

松浦 民恵（まつうら・たみえ）　　　　編集分担　第**4**章，第**9**章，第**12**章

法政大学キャリアデザイン学部教授，博士（経営学）（学習院大学）

2010 年，学習院大学大学院経営学研究科博士後期課程単位取得満期退学。日本生命，ニッセイ基礎研究所，東京大学社会科学研究所，法政大学キャリアデザイン学部准教授を経て，2019 年より現職。

専攻　人的資源管理論，労働政策

主要著作　『営業職の人材マネジメント——4 類型による最適アプローチ』（中央経済社，2012 年）

『シリーズ ダイバーシティ経営 働き方改革の基本』（共著，中央経済社，2020 年）

『セーフティネットと集団——新たなつながりを求めて』（分担執筆，日経 BP 日本経済新聞出版，2023 年）　ほか

執筆者紹介 （五十音順）

穴田 貴大（あなだ・たかひろ）
　　　　　　　008．022．053．089
追手門学院大学経営学部特任助教
専攻 人的資源管理論

有馬 教寧（ありま・ゆきやす）　　　**032**
同志社大学大学院総合政策科学研究科博士後期課程
専攻 組織心理学

池田 梨恵子（いけだ・りえこ）　**069．070**
同志社大学働き方と科学技術研究センター嘱託研究
員・講師
専攻 仕事の社会学

今永 典秀（いまなが・のりひで）　**026．028．063**
名古屋産業大学現代ビジネス学部准教授
専攻 インターンシップ，人材育成

于 松平（う・しょうへい）　**050．054．056．075**
大分大学経済学部講師
専攻 人的資源管理論，中小企業論

江夏 幾多郎（えなつ・いくたろう）
　　　　　　　002（共同執筆），**006**（共同執筆）
＊編著者紹介参照。

閻 亜光（えん・あこう）　　　　　　**016**
日本文理大学経営経済学部助教
専攻 人的資源管理論，ダイバーシティ・マネジメント

大曽 暢烈（おおそ・のぶよし）　　　**036**
名古屋経済大学経営学部准教授
専攻 人的資源管理論，組織行動論

大平 剛士（おおひら・つよし）　**071．079**
大阪商業大学総合経営学部専任講師
専攻 経営組織論，人的資源管理論

小澤 彩子（おざわ・あやこ）　**030．068．076**
株式会社日本政策投資銀行設備投資研究所研究員
専攻 労働経済学

岸田 泰則（きしだ・やすのり）　**078．084．085**
釧路公立大学非常勤講師
専攻 組織行動論，人的資源管理論

岸野 早希（きしの・さき）
　　　　　　　002（共同執筆），**006**（共同執筆）
＊編著者紹介参照。

吉楽 ひかる（きちらく・ひかる）**040．062．099**
学習院大学大学院経営学研究科博士課程後期
専攻 人的資源管理，従業員の創造性マネジメント，
　　　社会心理学

車田 絵里子（くるまだ・えりこ）　　**033**
社会医療法人愛仁会千船病院事務部部長
関西学院大学大学院経営戦略研究科博士課程後期課程
関西学院大学女性活躍推進研究センター客員研究員
専攻 人的資源管理論，経営組織論，組織行動論

小西 琴絵（こにし・ことえ）　　**049．059**
前・鈴鹿大学国際地域学部講師
専攻 人的資源管理論，キャリア論

小山 はるか（こやま・はるか）　**029．065**
法政大学大学院政策創造研究科博士後期課程
専攻 人的資源管理論，組織行動論，キャリア開発論

佐藤 優介（さとう・ゆうすけ）　**009．020．074**
慶應義塾大学大学院システムデザイン・マネジメント
研究科特任講師
専攻 経営組織論（組織デザイン論，組織学習論）

Shin Hayoung（しん・はよん）　**045．080**
京都産業大学経営学部准教授
専攻 組織行動論

菅原 佑香（すがわら・ゆか）　　**039．060**
SOMPOインスティチュート・プラス株式会社上級研究員
グローバル・コンパクト研究センター研究員
専攻 人的資源管理論，労働経済学，サステナビリティ

園田 薫（そのだ・かおる）
　　　　　　012．015．024．057．091
東京大学社会科学研究所特任助教
専攻 産業社会学，組織社会学，雇用関係論，人的資
　　　源管理論

高崎 美佐（たかさき・みさ）　**010．027．092**
お茶の水女子大学学生・キャリア支援センター専任講師
専攻 組織行動論，人的資源管理論

髙橋 冬馬（たかはし・とうま）　　　　　　094
　東北大学大学院経済学研究科博士課程後期
　専攻 人事労務管理論，中小企業論

田上 皓大（たがみ・こうた）　　005．072．100
　独立行政法人労働政策研究・研修機構研究員
　専攻 産業社会学，社会階層論

田村 祐介（たむら・ゆうすけ）　019．044．093
　松山大学経営学部講師
　専攻 人的資源管理論，マネジメント・コントロール論

中津 陽介（なかつ・ようすけ）　　　043．098
　滋賀大学経済学部特任講師
　専攻 組織行動論，人的資源管理論

中野 浩一（なかの・こういち）　　　031．047
　共栄大学国際経営学部専任講師
　専攻 人的資源管理論，組織行動論

西村 純（にしむら・いたる）
　　　　　　002（共同執筆），006（共同執筆）
　＊編著者紹介参照。

西村 健（にしむら・たけし）　083．086．095
　松山大学経済学部准教授
　専攻 労働経済学

羽生 琢哉（はにゅう・たくや）　038．061．081
　慶應義塾大学大学院システムデザイン・マネジメント
　研究科特任助教
　専攻 産業・組織心理学，生涯発達心理学

林 嶺那（はやし・れおな）　　　　025．035
　法政大学法学部教授
　専攻 行政学，人事行政論

平本 奈央子（ひらもと・なおこ）　055．077．097
　国士舘大学経営学部講師
　専攻 人的資源管理論，組織行動論

福田 隆巳（ふくだ・るい）
　　　　　003．034．046．066．073
　東京大学大学院経済学研究科特任研究員
　専攻 労働経済学，社会保障論

藤澤 理恵（ふじさわ・りえ）　007．037．064
　東京都立大学経済経営学部助教
　専攻 組織行動論，人的資源管理論

松浦 民恵（まつうら・たみえ）
　　　　　002（共同執筆），006（共同執筆）
　＊編著者紹介参照。

松永 伸太朗（まつなが・しんたろう）　048．087
　長野大学企業情報学部准教授
　専攻 労働社会学，ワークプレイス研究

丸子 敬仁（まるこ・たかひと）　　021．042
　北九州市立大学経済学部専任講師
　専攻 人的資源管理論，雇用システム論

丸山 峻（まるやま・たかし）　　　017．018
　新潟大学経済科学部講師
　専攻 人的資源管理論，経営組織論

三浦 友里恵（みうら・ゆりえ）　001．023．052
　専修大学商学部講師
　専攻 人的資源管理論

矢野 良太（やの・りょうた）　　　014．067
　大阪経済大学経営学部准教授
　専攻 人的資源管理論，労働CSR

山口 塁（やまぐち・るい）　　　　013．096
　独立行政法人労働政策研究・研修機構研究員
　専攻 産業社会学，人事労務管理

山本 華（やまもと・はな）　004．041．051．058
　横浜国立大学大学院国際社会科学府博士課程後期
　専攻 組織行動論，人的資源管理論

姚 静雅（よう・せいが）　　　　　　011
　名古屋大学大学院教育発達科学研究科博士後期課程
　専攻 産業・組織心理学

渡部 あさみ（わたなべ・あさみ）　082．088．090
　岩手大学人文社会科学部准教授
　専攻 人的資源管理論（労働時間管理，労使関係）

＊ 各項目の内容は，執筆担当者個人の見解であり，
　当該執筆者の所属組織を代表するものではない。

執筆者紹介

v

目　　次

＊ 図表の出所は巻末参考文献に挙示した。

本書に収録した図表のロー（raw）データ・セットを
ダウンロード販売いたします。
詳しくは以下のウェブサイトをご覧ください。

https://www.yuhikaku.co.jp/books/detail/9784641166196

第 **1** 章

人事労務管理と企業経営

001 企業戦略と人事労務管理

図　人事管理とそれを取り巻く要因

表1　人事施策の立案・運用に影響を与えうる環境要因

	平均値 （5件法）	標準偏差
自社の従業員の意識や能力	4.20	0.598
人事管理にかかわる法制度の動向	4.17	0.712
これまでの人事管理のあり方	3.58	0.731
情報技術の進展状況	3.54	0.814
社外の人材市場の動向	3.44	0.893
企業の所有者（株主，出資者等）の意向	3.18	1.222
他社の人事管理上の取り組み	3.17	0.833

（注）　従業員数100名以上の企業134社が回答し，外資系企業が12社含まれている。

表2　戦略に応じた組織編成と人事管理の方針

	防衛者	分析者	探索者
環境変化	小さい	中程度。ないしは大小の入り混じり	大きい
組織のあり方	集権的，職能・専門性ベースの組織編成	中間ないしは両極的な組織特性の入り混じり	分権的，製品・市場ベースの組織編成
人材獲得の主要方針	内部での育成，綿密な管理ルールの体系化，プロセス評価，内的公平性	多くの面で「防衛者」の手法に準ずるも，一部で「探索者」的側面も	外部からの獲得，限られた管理ルール，結果評価，外的公平性

　人事労務管理（以下，人事管理）がどのような姿であるべきかは，人事管理を取り巻くさまざまな要因との関係に依存する（**図**）。人事管理に影響を与える要因は，その企業が事業を展開する国・地域の労働市場や法制度，社会規範といった組織外の要因と，戦略をはじめ，組織構造，従業員の意識や能力といった組織内の要因の，2つに大別される。

　神戸大学と日本能率協会が2017年に実施した調査から，企業の人事部長が自社の人事施策の立案・運用に影響を与えうる要因をどのように認識しているかを確認することができる（**表1**）。組織外の要因では，「人事管理にかかわる法制度の動向」の影響が大きく，「企業の所有者（株主，出資者等）の意向」や「他社の人事管理上の取り組み」の影響は相対的に小さいことがわかる。一方，組織内の要因では，「自社の従業員の意識や能力」の影響が大きい。

　こうした組織内外の要因のうち，法制度の動向のように多くの企業が等しく影響を受けるものもあるが，その企業がどのような産業に属しどのような戦略をとるかは個別企業に応じて異なるため，とりうる人事管理に違いがもたらされる。このような戦略と人事管理とのかかわりは，戦略的人的資源管理論として近年多く論じられており，その中でも，戦略の違いによって適合する人事管理が異なるという考え方は，コンティンジェンシー・パースペクティブと呼ば

	平均値 （5件法）	人事部の 戦略的な関与	人事部の 機能性	組織 パフォーマンス
（人事による）変革管理の促進	3.1	0.49***	0.65***	0.20*
事業戦略と人事戦略の統合	3.0	0.46***	0.54***	0.33***
変革管理を支援する人事データの供給	3.0	0.45***	0.60***	0.23*
事業の意思決定に対する分析支援	2.8	0.43***	0.58***	0.24**
データに基づいたタレント戦略	2.7	0.31***	0.50***	0.22*
厳格なデータに基づく人事管理の意思決定	2.7	0.44***	0.60***	0.18※

（注）　※：$p<0.10$，＊：$p<0.05$，＊＊：$p<0.01$，＊＊＊：$p<0.001$。

れる。

その一例として，R. E. マイルズとC. C. スノーにより，3つの戦略のタイプによって効果的な人事管理は異なることが示されている（表2）。具体的に，「防衛者」は，安定的に競争優位性のある事業を展開し，規律を遵守した従業員を要するため，長期雇用を前提とした慎重な採用や選抜，丁寧な能力開発といった人事管理を選好する傾向がある。その対極にある「探索者」は，新たに競争優位性のある事業を模索する上で外部からも人材を調達するため，経済的な刺激の強い報酬体系を構築しやすい。これらの中間といえる「分析者」は，従来の事業を基盤として改良を図っていくため，主に「防衛者」に準じ，「探索者」の要素も取り入れた人事管理を行う。

では，実際にどれだけの企業が戦略とのかかわりを考慮して人事管理を行っているかというと，2010年にアメリカ企業の人事部長190名から回答を得たJ. ブードローとE. E. ローラー3世によれば，「事業戦略と人事戦略の統合」を行っているとした企業は5件法で平均が3.0にとどまっており，戦略と人事管理の適合性は必ずしも留意されていない。ただし，「事業戦略と人事戦略の統合」は，少なくとも組織パフォーマンスなどのアウトカムと正の相関があることがわかっている（表3）。

このように，企業戦略と人事管理を関連づける重要性が示唆される中で，主たる人事管理の担い手である人事部はどのような活動に時間を割いているのだろうか。日本（2017年）とアメリカ（2010年）の人事部の時間・エネルギー配分を確認すると，非戦略的な業務の時間配分が

（単位：％）

	日本 （2017年）	アメリカ （2010年）
人事施策の運用に関する支援（人事施策の実施と運営）	31.4	30.4
人事情報の蓄積・整理	22.3	13.6
人事制度や施策の開発と展開（新しい制度や方式を開発すること）	21.7	16.7
経営のパートナーとして戦略面に従事（経営陣の一員となり，戦略的な人事計画，組織設計，戦略的変革に携わること）	17.3	26.8
内部監査と統制	11.5	12.5

（注）　日本（2017年）の調査では，5項目のおおよその割合で回答を得ているため，合計が100％とはならない。

多く，戦略的な業務が圧迫されていることが見て取れる（表4）。両国の人事部は共通して，「人事施策の運用に関する支援」という現場の管理職のサポートに多くの時間を割いている。また，日本の人事部はアメリカの人事部に比べ，「人事情報の蓄積・整理」に時間を割いている分，余計に「経営のパートナーとして戦略面に従事」する時間が少なくなっている。しかし，「人事情報の蓄積・整理」が人事部の戦略的な業務に役立つ可能性も考えられる。前述したアメリカ企業の調査結果によると，人事部がデータに基づいて事業や人事管理の意思決定を支援することが，人事部の戦略に対する関与や機能性を高め，組織パフォーマンスに寄与することが示唆されている（表3）。つまり，蓄積・整理する人事情報の種類や方法，目的を再考すれば，「人事情報の蓄積・整理」は非戦略的な業務にとどまらず，戦略的な業務に活用されうるのである。

●三浦　友里恵

002 戦後の人事労務管理

終戦直後の人事労務管理は，労働運動の影響を大きく受けてきた。GHQにより合法化された労働組合は，ストライキに加え，自主的に調達・生産・販売などを行う「生産管理闘争」を展開した。また，労働者の必要生計費に配慮された「電産型賃金」が労働組合側から提案され，労使紛争を通じて成立した。

一連の動きに対応するため，企業は人事労務管理の体系化を目指した。生活の安定化という労働者側の要求に応えつつ，彼らによる企業への積極的な貢献を引き出すため，査定付き定期昇給が普及した（田中恒行の分析による）。こうした人事労務管理により，労使関係における対立的な側面は徐々に弱まっていった。

1950年代には職務給導入が目指されたものの，結局は1970年以降に職能給と職能資格制度がセットで普及・定着した。背景の1つには職務分析の大変さがあるが，職務遂行能力といった属人的な要素に着目して従業員を管理することが従業員の動機づけや配置転換の行いやすさにつながるという企業側の判断もあった。

職能給や職能資格制度が有する思想は，日経連能力主義管理研究会編『能力主義管理』（1969年）で体系的に提示された。そこでは，技術革新や従業員の高年齢化・高学歴化が進む中，年功主義的な色彩を弱め，企業や従業員の生産性により連動した待遇を提供すべきことが謳われた。企業の生産性への着目は総額人件費の高騰抑制を，従業員の生産性への着目は従事する業務や職務に必ずしも特化しない職務遂行能力の定義を，そしてその定義に基づく従業員への個別的な報酬・配置転換・能力開発を，それぞれ推進した。企業による雇用保障と従業員による「社命」の受容が両立する，総じて企業主導的な色彩を持つ日本的な人事労務管理の体系が，この時期に一定の完成を見た。それは，その価値が市場で決定される職務を媒介に，企業と労働者の間で雇用契約が結ばれ，結ばれ直すという，日本以外の国々での「常識」とは異なるものだが，複雑な経営環境への組織的な適応を促す点で一定の成果を見た。

職務遂行能力に基づく待遇，能力開発機会の提供は，企業内のすべての従業員に等しく適用されるとは限らなかった。1980年代以降今日まで段階的に見られる男女雇用機会均等，複線型人事制度の導入は，能力主義管理の適用範囲の拡大につながった。しかし，定年延長や定年後再雇用制度の導入，非正規雇用の拡大と均等・均衡処遇の実施は，能力主義管理の方針とは必ずしも一致しないものであったといえる。こうした，一企業内における人事労務管理の分化・多様化は，日本経営者団体連盟が1995年に示した『新時代の「日本的経営」』における「雇用ポートフォリオ」論でも明確に示された。

これらと並行して1990〜2000年代には，依然残る年功序列，総額人件費の膨張，従業員の就業・キャリア意識の多様化への対応が多くの企業で見られた。給与や賞与の一部を従業員個人の業績に連動させる「成果主義」的な報酬，経営戦略上の役割（ミッション）に基づいて従業員の社内等級や報酬ベースが決定する仕組みが，職能資格制度を中核とした従来の人事労務管理の部分的な修正として導入された。自己申告制や社内公募制など，従業員の要望も反映させた業務配分や配置転換の動きも見られたが，企業主導型という大枠は変わらなかった。

2000年以降の人事労務管理においては，「働き方」の多様化と「働かせ方」の多様化が同時に進んでいる。前者は，ワーク・ライフ・バランスのために勤務の時間や場所を従業員が選択しやすくすること，副業・兼業さらには休業のしやすさにつながった。後者は，職務や勤務地をあらかじめ限定した正規雇用や，従来よりも専門性の発揮を期待し，それに報いる専門職制度などにつながった。また，職務内容に紐づいた就労条件に関する企業と従業員との合意に立脚した「ジョブ型」の雇用契約へも，従来の企業主導的な能力主義管理そのものを刷新するものとして関心が集まりつつある。

● 江夏幾多郎・岸野早希・西村純・松浦民恵

1946 年	労働組合法施行（団結権，団体交渉権，争議権の確立）；電産型賃金（生活保障給）の成立
47 年	身分制撤廃運動の開始（職員と工員の間の差別的待遇の是正）
48 年	日本経営者団体連盟（日経連）設立（創立宣言「経営者よ正しく強かれ」）
49 年	労働組合の推定組織率 55.8 ％で戦後のピーク
50 年代前半	日本労働組合総評議会（総評）の創立；大企業で退職金制度が普及
50 年	管理者教育（MTP），監督者訓練（TWI）開始；日本科学技術連盟（日科技連）『品質管理』
53 年	日経連「基本的労働政策に関する見解」（定期昇給制度の普及）
50 年代後半	大企業に続き中小企業でも 55 歳定年制が普及
55 年	日本生産性本部設立；8 単産共闘で春闘スタート；日経連『職務給の研究』
58 年	就業者に占める雇用者比率が 50 ％を超える；J. C. アベグレン『日本の経営』
60 年	三井三池争議（戦後最大級の労使争議）；年間総実労働時間のピーク（2432 時間）
62 年	八幡製鉄，富士製鉄，日本鋼管の職務給導入（併存型職務給）
60 年代後半	大企業で QC サークルが導入される；労使協議制の広まり
68 年	大学紛争の影響により，就職活動における自由応募が普及
69 年	日経連能力主義管理研究会編『能力主義管理：その理論と実践』
70 年代	パートタイマーの活用拡大；職能資格制度の普及；職場のホワイトカラー化
72 年	勤労婦人福祉法の施行（女性労働行政の開始）
73 年	変動相場制への移行；第 1 次石油危機に伴う低成長経済への移行
74 年	株式の個人保有比率が 33 ％まで低下（企業集団の確立）；春闘の賃上げ率 32.9 ％
70 年代後半	減量経営下でのマイクロエレクトロニクス機器の普及と非正規労働力の活用；整理解雇の 4 要件の確立；「ヨーロッパ並賃金」の実現
76 年	第 3 次雇用対策基本計画（雇用調整給付金制度，60 歳定年延長，職業転換対策など）
86 年	男女雇用機会均等法の施行；労働者派遣法の施行；高齢者雇用安定法の施行
87 年	日本労働組合総連合会（連合）の成立；円高不況に伴う失業増加（5 月時点で失業率 3.1 ％）
88 年	改正労働基準法施行（週 40 時間労働制の明記；フレックスタイムなど労働時間の弾力化）
90 年代	人事処遇制度の見直しの動き（成果給，目標管理制度，年俸制など）
90 年	改正入管法施行（専門技術・技能を持つ外国人就労の認可）；有効求人倍率が 1.43 に
92 年	育児休業法施行（後の育児・介護休業法。介護休業，所定外労働免除などが順次義務化）
93 年	パートタイム労働法施行；外国人技能実習制度（就労付き研修制度）が新設
94 年	高齢者雇用安定法改正（60 歳未満定年の禁止）
95 年	日経連『新時代の「日本的経営」』（雇用ポートフォリオ論の提唱）
97 年	就職協定廃止（98 年新卒採用から）
99 年	改正男女雇用機会均等法の施行（ポジティブ・アクションなど）；改正派遣法の施行（ネガティブ・リスト化など）；有効求人倍率が 0.49 に
2000 年代	等級制度や賃金制度における脱年功の模索（役割主義，職務主義）
02 年	失業率が 5.5 ％に増加；所得水準の上昇を伴わない景気拡大の開始
03 年	労働組合の推定組織率が 19.6 ％に；非正規社員の比率が 30.4 ％に
04 年	製造業務への労働者派遣が解禁；労働基準法改正（雇用契約期間の上限が 1 年から 3 年に）
05 年	少子化対策として次世代育成支援対策推進法施行
06 年	改正高年齢者雇用安定法の施行（段階的に 65 歳までの雇用確保が義務化）
07 年	改正男女雇用機会均等法施行（男女双方に対する性差別の禁止，間接差別禁止など）
08 年	「リーマン・ショック」に伴う正規雇用者や派遣労働者などの雇用喪失
12 年	改正派遣法の施行（日雇い派遣の原則禁止，グループ企業内派遣の規制など）
14 年	政労使会議における政府からの賃上げ要請（「官製春闘」の始まり）
15 年	改正派遣法の施行（許可制への一本化，期間制限の見直しなど）
17 年	雇用類似の働き方（ギグワークなど）に関する政策の検討開始
19 年	働き方改革関連法の施行（労働基準法，パートタイム労働法などの法改正などが順次施行）
20 年	「コロナ・ショック」に伴うパートタイム雇用者の雇用機会喪失；日本経済団体連合会『2020 年版 経営労働政策特別委員会報告』（日本型「ジョブ型」の提唱）
21 年	改正高齢者雇用安定法の施行（70 歳までの就業機会の確保）

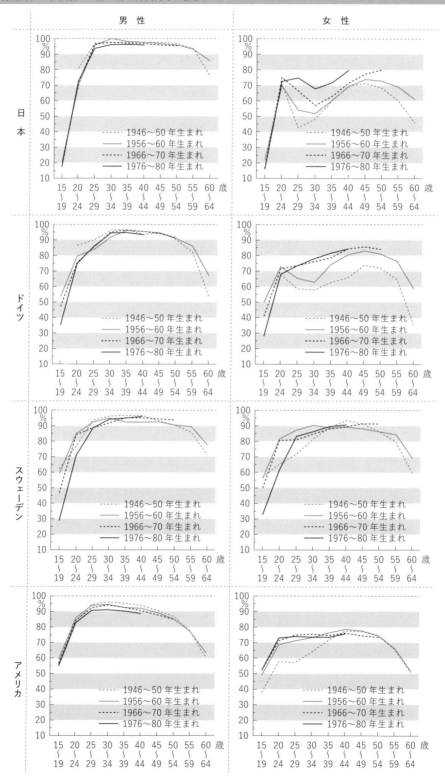

図1　各国男女の世代別・加齢に伴う労働力率の推移

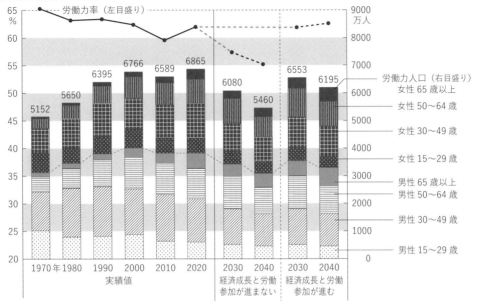

図2 労働力人口の推移と見通し

(注) 「経済成長と労働参加が進まない」ケースは, ゼロ成長 (2021 年以降の実質経済成長率, 物価変化率がゼロ), 労働参加状況不変 (2017 年労働力率で固定) のシナリオ。「経済成長と労働参加が進む」ケースは, 実質経済成長年率約 2 ％の実現に加え, 保育所定員拡大, 家庭と仕事の両立支援の拡大, 短時間就業の拡大, 各種就労支援の拡大などを想定し, 幅広い年齢層の労働参加が拡大するシナリオ。

　日本の高齢男性および幅広い年齢層の女性の労働力人口が増加傾向にある。労働力人口とは, 15 歳以上の就業者人口に, 完全失業者人口 (求職中の無業者) を足し合わせた数値である。**図1**で, 人口に占める労働力人口の割合である, 労働力率の男女別・世代別の傾向を見ていく。高齢者の労働力率については, 1956〜1960 年生まれの世代では従前世代に比べ, 男性は 60 歳以降の値が高く, 女性は 40 代後半以降の値が高い傾向にある。

　他国と比較すると, 在学率が高いことを背景に, 日本の 10 代は男女どの世代も他国より労働力率が低い。一方で, 男性の労働力率はどの世代も 20 代から 50 代の間に一貫して 9 割を超え, 50 代以降の水準も含め他国より安定的に高い値を示す。女性は, ドイツと同様に, 新しい生年世代ほど労働力率が大きく上昇する傾向が見られる。とくに, 1976〜1980 年生まれ世代の日本女性の 30 代のくぼみの底が浅くなっている。女性の非婚化に伴うフルタイム就業の増加や有配偶者の短時間就労の機会の増加など

が関連しよう。

　国立社会保障・人口問題研究所によれば, 日本の将来見通しについては, 継続的な人口減少が見込まれている。労働力人口はどのように想定できるだろうか (**図2**)。労働政策研究・研修機構の推計に基づくと, 「経済成長と労働参加が進まない」シナリオでは, 2020 年から 2030 年にかけて労働力人口が約 785 万人減少する。一方で, 「経済成長と労働参加が進む」シナリオでは, 同約 312 万人減にとどめることができる。「男女共同参画基本計画」や「働き方改革関連法」などによる働きやすさの向上が想定されており, 高齢者と女性の労働参加の拡大の継続を想定した, 楽観的な見通しである。

　過去数十年の間に女性と高齢男性の労働参加の拡大という労働力供給構造の変化が生じ, それに対応した雇用管理の整備がなされてきた。近時では, 生産活動を補完する情報技術や外国人雇用への関心が高まっている。労働力人口の量だけでなく質的変容を前提にした対応が今後も求められる。

●福田 隆巳

図　2021年（一部2020年）の全産業・平均労働費用の平均配分（30人以上企業）

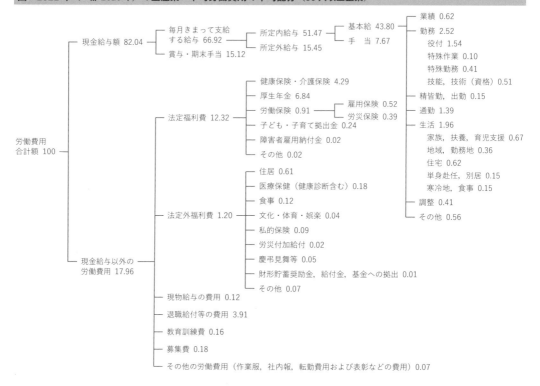

使用者が人を雇用することにより発生する費用は，図の通り大きく2つに分類できる。1つは直接従業員に支払う現金給与であり，全体の約80％を占める。もう1つは現金給与以外の労働費用であり，法定福利費，法定外福利費，教育訓練費など従業員の豊かな社会生活や職業生活に資するものである。

図は常用労働者（事業所，企業等に所属している労働者のうち，期間を定めずに雇用されている者，1カ月を超える期間を定めて雇用されている者または調査月前の2カ月にそれぞれ18日以上雇用されている者のいずれかに該当する者）の全体で算出されているが，実際は雇用形態によってその内容は大きく異なる点に注意が必要である。現金給与だけでなく，法定外福利費等も正規雇用労働者と非正規労働者は異なる規定が適用されていることが多い。

日本の製造業を例にとった場合，労働費用構成をフランス，スウェーデン，オランダ，アメリカ，ドイツ，韓国，イギリスの諸外国と比較すると，日本は現金給与以外の占める割合が低く，必ずしも企業福祉の手厚い国とはいえない（藤村博之）。しかし，労働政策研究・研修機構によれば，日本の退職給付等の費用の割合は，これらの国の中で韓国に次いで2番目に高く，退職金の充実が特徴的である。

近年では，リモートワークの普及により通勤手当の代替として在宅勤務手当を支給したり，転勤制度の撤廃により単身赴任手当が廃止されたりするケースが出てきている。今後も働き方の変化や社会情勢，企業の戦略等のさまざまな要因により，手当の新設・改廃が実施されるだろう。

●山本　華

企業規模別平均労働費用

表　企業規模別・常用労働者1人1カ月平均労働費用（2020年〔平成31／令和元会計年度〕）

		計	1000人以上	300～999人	100～299人	30～99人
労働費用総額		408,140円	450,720円	415,532円	391,151円	352,005円
現金給与額		334,845円	365,787円	340,495円	323,761円	292,370円
現金給与以外の労働費用	計	73,296円	84,933円	75,037円	67,390円	59,635円
	退職金等の費用	15,955円	22,985円	17,295円	12,071円	7,732円
	法定福利費	50,283円	54,348円	50,804円	48,024円	45,819円
	法定外福利費　計	4,882円	5,639円	4,567円	4,546円	4,414円
	住　居	2,509円	3,974円	2,506円	1,832円	960円
	医療保健（健康診断含む）	729円	768円	710円	756円	660円
	食　事	493円	174円	427円	690円	849円
	文化・体育・娯楽	163円	141円	161円	176円	183円
	私的保険	373円	111円	157円	367円	1,027円
	労災付加給付	88円	35円	67円	123円	159円
	慶弔見舞等	184円	168円	198円	204円	172円
	財形貯蓄奨励金，給付金，基金への拠出	48円	64円	34円	45円	41円
	その他	296円	204円	309円	353円	362円
	現物給与の費用	481円	444円	276円	893円	318円
	教育訓練費	670円	802円	710円	664円	424円
	募集費	718円	481円	980円	833円	675円
	その他の労働費用	306円	233円	404円	359円	253円

　労働費用には企業規模間の格差が存在する。平均労働費用総額は，従業員数1000人以上規模で約45万円，30～99人規模で約35万円と，両者には約10万円の差がある。以下で説明するように，この格差は，雇用慣行や経営戦略が企業規模ごとに異なることに起因している。

　現金給与額（賃金）には企業規模間格差が顕著に現れている。1000人以上規模の現金給与額は，30～99人規模よりも約7万円大きい。労働経済学で二重構造論として知られる企業規模間の賃金格差では，「大企業（の労働者）は賃金や訓練機会に恵まれた第一次労働市場に，中小企業（の労働者）は賃金や訓練機会が乏しい第二次労働市場に属する」と考える。つまり，職業能力の訓練機会が整備されている大企業の労働者の能力は相対的に高い。したがって生産性も向上するため，大企業では収益率がより大きく，結果的に支払う賃金も多い。

　また，現金給与以外の労働費用に関しても大企業の支出額のほうが大きい。1000人以上規模が30～99人規模の何倍の金額を支払っているかに注目すると，「退職金等の費用」は約3倍（2万2985円÷7732円），「法定福利費」は約1.2倍（5万4348円÷4万5819円），法定外福利費の「住居」は約4.1倍（3974円÷960円）である。大企業では転勤が多いため，「住居」への支出が大きくなっている。

　一方で，たとえば法定外福利費の「私的保険」など，中小企業のほうが多く支出している項目もある。「私的保険」には，従業員を被保険者とする生命保険等の保険料の企業負担分が含まれている。金融論では，大企業と比べて資金調達が困難である中小企業は，将来の経営リスクへの対処として，経営者を被保険者とする生命保険の法人契約を行うことが多いと考えられている。経営資金が不足した場合，この生命保険を解約することで資金調達を行うのである。中小企業では，このような法人契約の生命保険が従業員にも適応されることが多いために，大企業よりも「私的保険」の支出が大きいと考えられる。また，経営資金のゆとりが小さい中小企業ほど，節税目的で，人件費の一部を従業員の生命保険など福利厚生費として支出しようとする傾向も強いだろう。　　　●田上　皓大

006 人事管理の担い手

図　さまざまな人事担当者

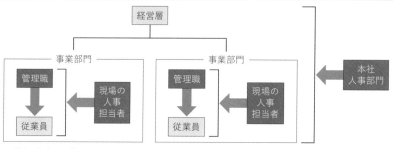

（注）　矢印は，管理および支援のための働きかけを表す。

　従業員の働きがいや働きやすさを実現しつつ組織目標を達成するため，さまざまな人々が人事管理に携わっている（**図**）。その最たるものが，人事管理を専門とする部門や担当者である。全社的な方針やそれに基づく施策の設計は，本社人事部門が主導して行われることが多い。そして，企業規模がある程度以上になると，人事施策の運用等の実務，さらには現場の従業員や管理職の支援のため，事業部門（事業所）ごとに人事担当者が配置されることもある。

　従業員1人1人に日々かかわり，管理監督や諸々の支援を行うのはライン管理職である。人事機能の分権化の程度によって，ライン管理職が担う人事機能は異なる（▶007）。人事機能が本社に集約されている場合，ライン管理職のかかわりは部下の業務配分や育成・評価に限定されるが，事業部門に人事担当者が配属され，人事機能の多くが本社人事部門から移管される場合には，ライン管理職が採用や配置転換に関する決定を行うことも増える。

　人事管理上の決定を人事担当者とライン管理職のいずれが行おうとも，両者は常に密接にかかわっている。たとえば，新卒者を採用する際の判断を本社人事部門が行うとしても，判断材料となる募集者についての情報を収集するのはライン管理職を含む現場の人々である。また，従業員の評価や能力開発をライン管理職が効果的に行えるようにするための，使いやすい施策を立案する責任を，本社人事部門は負っている。

　人事担当者，とくに本社人事部門は，全社的・中長期的な視点に立って人事施策や人員計画を作成する。その際には，とくに部門をまたぐ昇進や異動において見られるように，部門最適・短中期的な視点に立つライン管理職，あるいは従業員本人と意見が対立することがある。円滑な人事管理のための利害調整も，人事担当者の重要な役割となる。

　近年の人事部門は，事業や組織の変革への積極的関与を期待されつつも，十分にできていない（▶001）。こうした状況を打開する糸口となるのが，「ビジネスパートナー」（BP）という役割である。BPは主に事業部門の人事担当者によって担われ，本社人事部門とライン管理職との橋渡し役を果たす。BPの担当者は事業部門内ないし本社人事部門から選ばれ，経営上のビジョンが部門内に浸透する働きかけや，部門内の意見や課題を経営側に提言する役割を担う。全社的・経営的な視点と部門最適な現場の視点を併せ持ち，担当する部門の成長に貢献することが求められている。

● 江夏幾多郎・岸野早希・西村純・松浦民恵

007 人事権の所在

表　人事に関する最終意思決定者

（単位：%）

		人事部門／どちらかというと人事部	ライン／どちらかというとライン	実施していない
新規学卒者の採用	日系企業	81.5	18.5	—
	外資系企業	15.3	84.7	—
中途採用者の採用	日系企業	45.0	55.0	—
	外資系企業	8.5	91.5	—
同一職能内の人事異動	日系企業	54.8	45.2	—
	外資系企業	18.8	62.3	18.9
職能を超える人事異動	日系企業	73.4	26.6	—
	外資系企業	15.2	84.8	—
昇進人事	日系企業	83.3	16.7	—
	外資系企業	34.9	65.1	—

（注）　日系企業170社・外資系企業215社による回答，2016～2017年調査。

人事権の所在については，日系企業では中央集権的，欧米などの外資系企業ではライン分権的であるということが指摘されてきた（平野光俊などによる）。**表**は2016～2017年に実施された調査であるが，日系企業の人事部門集権／外資系企業のライン分権の傾向が，近年においても維持されていることが見て取れる。

このような違いは，取り扱う（取り扱いたい）人的資源（人的資本）の性質と，それらを確保する雇用戦略に影響を受けたものと考えることができる。人事部門が人と職務の情報を集約し異動先を調整する中央集権的な体制は，日本企業で重視されてきた，現場すり合わせ型の業務遂行に適した相互理解の土壌を育み，人材の再配置による内部調達を有効化して人基準の適材適所を実現し，基幹社員の雇用保障に貢献してきた。また，労働市場の流動性が低い日本では，部下に対するライン管理職の人事権濫用が生じやすい。そうしたことを抑止するため，中央集権的な体制が選択されてきたとの指摘もある。

表の日系企業において，最終意思決定をラインが行う割合が最も高いのが「中途採用者の採用」であることも，上記の議論を裏づける。職務を基準とし，人材の外部調達による適所適材を重視する雇用戦略には，人事権のライン分権が適合する。

人事権の所在について，近年2つの新しい論点がある。第1に，日系企業に職務基準のマネジメントが導入された場合に，どのような人事業務がラインへ分権化されていくかということである。人事部集権が適合的であった人基準の人材マネジメントが，ライン分権が適合的とされる職務基準の人材マネジメントへと変化するとき，人事権の所在もまた再検討される可能性がある。

第2に，労働力人口の減少や仕事に対する価値観の多様化に対応し，異動・配置・能力開発といった人事管理上の意思決定において，より従業員の自己決定を尊重するよう制度やその運用を転換する企業が増えている。いわば，人事権を弱め個人の「キャリア権」に配慮する転換といえ，組織機能を損なわないような人事権の弱め方や，人事権とキャリア権の新しいバランスが議論の対象となるだろう。

誤解のないよう書き添えておくが，人事の分権化は，本社人事機能の存在意義や業務の縮小を意味しない。組織と個人のニーズのすり合わせに加え，現場ごとの人材育成の一方で全社視点の経営者育成を行うなど，人事による戦略的な介入が求められる場面はむしろ増えるといえよう。

● 藤澤　理恵

008 新しい組織のあり方と人事労務管理

　近年，ICT の急速な発展や顧客ニーズの多様化，製品のサイクルの短期化など，企業は不確実性の高い状況への対応が迫られている。こうした中，外部の技術やアイデアを取り入れることで，時間やコストを抑えるとともに顧客の要望にも応えるオープン・イノベーションの重要性が提唱されている。H. W. チェスブロウによると，オープン・イノベーションは，従来のクローズド・イノベーションと異なり，「組織内部のイノベーションを促進するために，意図的かつ積極的に内部と外部の技術やアイデアなどの資源の流出入を活用し，その結果，組織内で創出したイノベーションを組織外に展開する市場機会を増やす」ものである。多くの企業では，既存事業の変革や新たな事業の創出のため，新しい組織のあり方や人事労務管理が模索されている。

　実際に企業が新たな事業に挑戦する場合，既存の組織とは切り離す形で別部門や別会社を設立している。これによって，既存の組織とは異なる役割を持つ組織に権限を委譲することとなり，素早い意思決定や社外との協業が可能になる。また既存の組織と切り離すことで，新たな挑戦や試行錯誤を促す風土の形成や，新たな報酬制度を導入する狙いもある。ほかにも，スタートアップ企業に投資を行うコーポレート・ベンチャー・キャピタル（CVC），組織・部門を横断してつくられるプロジェクト・チームやタスクフォースを立ち上げる企業もある。

　このような新しい組織をつくり，運用するために，さまざまな新しい人事管理が行われている。たとえば，高度専門人材（▶099）に対する特例の報酬制度の導入があげられる。これは特定のスキルや経験を持つ人材を対象に，既存の組織と異なる給与体系を設けることで，新たな組織の中核を担う人材の雇用を可能にするものである。このような報酬制度は，現在の従業員や中途採用者だけでなく，新卒採用者を対象とする企業も見られる。

　また，新たなスキルの習得を目指すリスキリング施策や，大学院等の教育機関で学び直すリカレント教育（▶065）を提供する企業も見られる。さらに，NPO や地方自治体で社会貢献に取り組むプロボノの整備，社内・社外の仕事を請け負う副業・兼業制度（▶063）などを設ける企業もある。

　ほかにも，さまざまな交流を生み出すために，従業員以外も利用可能なコワーキング・スペースの整備やリゾート地でテレワークができるワーケーション制度を導入する企業もある。

　こういった新たな人事管理は，従業員のキャリアの自律を促すとともに，新たな学びを得る越境学習（▶064）の機会を生み出し，イノベーションの創造につながるのである。

●穴田　貴大

表　クローズド・イノベーションとオープン・イノベーションの特徴

クローズド・イノベーション	オープン・イノベーション
社内に優秀な人材を雇うべきである	社内すべてが優秀な人材である必要はない。社内に限らず社外の優秀な人材と共同して働けばよい
研究開発から利益を得るためには，発見，開発，商品化まで自前で行わなければならない	外部の研究開発によっても大きな価値が創造できる。社内の研究開発はその価値の一部を確保するために必要である
自前で発明すれば，1 番にマーケットに出すことができる	利益を得るためには，必ずしも基礎から研究開発を行う必要はない
革新的な製品を最初に生み出した企業が成功する	優れたビジネスモデルを構築するほうが，製品をマーケットに最初に出すよりも重要である
業界内でベストのアイデアを（自社で）数多く生み出せた者が勝つ	社内と社外のアイデアを最も有効に活用できた者が勝つ
自社のアイデアから競争相手が利益を享受できないように，自社の知的財産権を管理すべきである	他社に知的財産権を使用させることにより利益を得たり，他社の知的財産権を購入することにより自社のビジネスモデルを発展させたりすることも考えるべきである

人事労務管理におけるデータ活用

日本企業はこれまで，その時代の人事課題に合わせて人事データを活用してきた。清瀬一善によれば，過去の歴史を振り返ると1990年頃までは全社員戦力化のために査定や職歴などの過去の人事データの蓄積を参照し，人材開発や配置転換，さらには社内公募を行うことから始まり，2000年頃からは人事データのデジタル化が進むと同時に，国内あるいはグローバルの次世代リーダー選抜や育成のためのデータ活用が進んだという。また，従業員の満足度やエンゲージメントの強さ，それらとかかわりの強い要因を特定するための社内サーベイも多く見られるようになった。

2010年代後半になると，次世代リーダーといった一部ではなく全従業員を対象としたデータ活用の動きが再び見られるようになった。また，従業員の心身に関して直接的にとられたデータ（バイタル・データ）など従来取得されてこなかったデータが活用対象になったり，組織の中に偏在していたさまざまなデータが統合されたりした。こうした「ビッグ・データ」の構築により，従業員データは，全社員の戦力化だけでなく，企業として大きな課題であるイノベーション創出や働き方改革を推進するために活用されることとなった。積極的なデータ活用により企業が向き合う人事課題についても，高精度のジョブ・マッチングや離職防止を通じた組織の活性化といった，従来にない広がりを見せるようになった。このような人事データ活用は，「ピープル・アナリティクス」と呼ばれている。

ピープルアナリティクス&HRテクノロジー協会は，ピープル・アナリティクスを「エビデンス（証拠）に基づく人材マネジメントを実現するための，人材にまつわるさまざまなデータの活用」と定義している。ピープル・アナリティクスを推進していくには，以下の2つが重要となる。

1つ目は「取り扱うデータ」である。旧来の人事データに加え，最近では従業員に対するアンケート調査や従業員のバイタル・データ，そしてネットワーク情報など，多岐にわたるデータが利用できるようになった。そのため分析テーマに応じてデータの選択と収集が必要となる。

2つ目は「分析の枠組みと手法」である。手計算やExcelによる集計から発展し，現在では記述統計や相関・因果推論などの推測統計など，統計ソフトを活用した分析も行われている。また最近では，AIを活用した機械学習も行われている。そのため探求したい分析テーマに応じて，「取り扱うデータ」と「分析の枠組みと手法」を定義し推進していくことが重要といえる。

ピープル・アナリティクスの具体的な事例としては，人材と職場の相性が人材育成に影響するという仮説をもとに分析を行ったセプテーニ・ホールディングスや，システムのデータを「HR Data Lake」というデータベースに取り込んで一元的に管理できるようにし，ダッシュボードによる採用活動のリアルタイムでの可視化や退職者分析をもとにオンボーディング（入社後の支援）施策につなげているLINEなどがあげられる（『労政時報』第3999号）。

このように経営の意思決定に重要なピープル・アナリティクスだが，HR総研が2021年に調査した「社員データの収集・活用の現状」によれば，「データは収集できているが，分析が十分でない」が33％，「収集すべきデータはわかっているが，課題があり収集できない」が21％，「推進が必要と考えているが，どのようなデータを収集すべきかわからない」が17％などとなっており，十分にできていない現状が窺える（図）。とくに大企業では，「データは収集できているが，分析が十分でない」と回答した割合が約5割近くになっているというのが実情だ。同じ調査の「人事データの収集・活用における課題」に関する回答によれば，「データの分析をするための人材・ノウハウが不足している」が最多で49％，次いで「人事関連の情報の管理が一元化されていない」が43％，「人事関連の情報がデジタル化されていない」が34％などとなっている。このように「人的リ

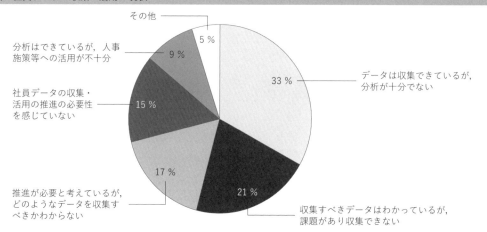

図　社員データの収集・活用の現状

- その他　5%
- 分析はできているが，人事施策等への活用が不十分　9%
- 社員データの収集・活用の推進の必要性を感じていない　15%
- 推進が必要と考えているが，どのようなデータを収集すべきかわからない　17%
- 収集すべきデータはわかっているが，課題があり収集できない　21%
- データは収集できているが，分析が十分でない　33%

ソース不足」が課題としてトップにあげられており，人事データを活用できる人材の確保やスキルアップの機会および時間確保がデータ収集・活用における大きな課題といえる。

　またピープル・アナリティクスと併せて，人事情報を正確かつ効率的に管理・活用することが，今後の日本企業の人材マネジメント能力の向上と強くかかわりを持つとされることが多い。日本企業が人材マネジメントの変革を行う際には，「収集・管理すべき人事情報が増加し，正確に把握しきれない」「人材マネジメントに関する情報が各所に散在し，有効に参照できない」という課題を抱えていることが指摘されている。

　そのため日本でも近年「HR テクノロジー」の需要が高まってきている。HR テクノロジーとは，「人事・労務業務分野で用いられるシステムやアプリケーションの総称」と定義される。過去には主に従業員の給与計算や勤怠管理などで HR テクノロジーが活用されていたが，近年では人材活用や人材育成領域において HR テクノロジーの利用が拡大し，業務効率化だけでなくピープル・アナリティクスに必要なデータ収集にも貢献している。

　そして最近では，人材を「資本」として捉え，その価値を最大限に引き出すことで中長期的な企業価値向上につなげる「人的資本経営」の重要性が官民で唱えられている。HR テクノロジーを活用してピープル・アナリティクスを実施

し，組織の実態についての正確な理解に基づいて人事施策を導入・運用することは，その実現につながりうる。そして，すでに人的資本を情報開示するガイドラインとして，2018 年 12 月に国際標準化機構（ISO）が ISO30414 を発表している。しかし人的資本経営においては，単に指標の可視化を推し進めるだけでなく，人事戦略との紐づけや，分析の結果から人事施策に落とし込んで実行していくなど，粘り強い活動が行えるかも課題といえるだろう。

　人事データや HR テクノロジー，そして人的資本指標の活用は，今後ますます重要になっていくと考えられる。その一方で，採用していない人や離職した人のデータ等は活用できないといったビッグ・データの質における課題や，データ活用の際の個人情報保護の順守など，さまざまな課題や留意点が残されている。

●佐藤　優介

第**1**章　人事労務管理と企業経営

第 **2** 章

人事労務管理と従業員

図1　余暇と仕事のどちらに生きがいを求めるか（男女計）

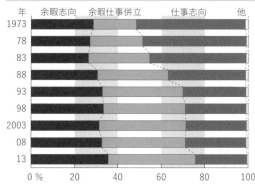

（注）　余暇志向：「仕事よりも，余暇の中に生きがいを求める」「仕事はさっさとかたづけて，できるだけ余暇を楽しむ」を合算。

図2　職場での望ましい人間関係（男女計）

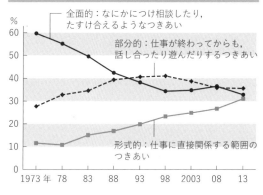

図3　夫が家事・育児をすることに対する考え（男女計）

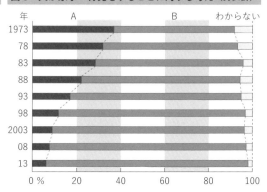

（注）　A：「台所の手伝いや子どものおもりは，一家の主人である男子のすることではない」に賛成。B：「夫婦は互いにたすけ合うべきものだから，夫が台所の手伝いや子どものおもりをするのは当然だ」に賛成。

図4　家庭と職業の選択（女性）

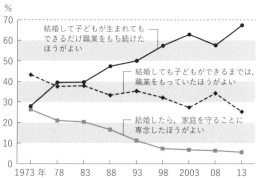

　高度経済成長期終盤の 1973 年以降，5 年おきに実施されている継続調査から，労働者の就業観・就業意識の変化として次のことが読み取れる。

　この 40 年で，「仕事志向」が 5 割程度から 2 割程度まで減少し，仕事も仕事以外もバランスがとれた生活を望む者が増えている（**図1**）。また，職場での望ましい人間関係について，仕事以外の場面でも人間関係を継続することを望む者が多かったものが，近年では仕事と仕事以外で一線を引くようなつきあい方を望む者が増えている（**図2**）。これらの変化を踏まえると，従業員が仕事だけでなく仕事以外の生活に注力でき，さらには人間関係を含めた公私の境界管理ができるような人事労務管理が求められると考えられよう。

　伝統的な性別役割分業意識の希薄化も進んでいる。夫も家事・育児を担う存在であると考える者が 2013 年には 9 割を超え（**図3**），結婚して子どもが生まれても就業継続を希望する女性の割合も増えた（**図4**）。すなわち，性別を問わず家事・育児をはじめとした仕事以外の生活への参加を希望し，配偶者からも期待されている。性別にかかわらず，仕事と仕事以外の生活の両立が実現できるような環境整備が，人事労務管理には求められる。

　今後は，従業員の多様性が複雑化することが想定されるため，育児・介護などライフステージに関連した対応だけでなく，すべての多様な従業員が仕事と仕事以外の生活の両立を実現できるような，人事労務管理による支援が期待される。

●高崎　美佐

011 就業が労働者にもたらすもの

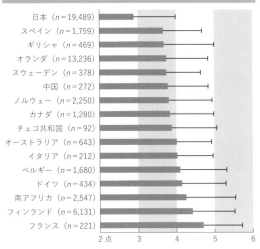

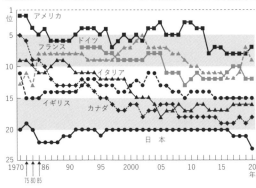

（注）　1）「仕事に関する調査」（Utrecht Work Engagement Scale：UWES）を活用した国際比較の結果を示す。

2）　質問項目は，「活力」に関して，①仕事をしていると，活力がみなぎるように感じる，②職場では，元気が出て精力的になるように感じる，③朝に目がさめると，さあ仕事へ行こう，という気持ちになる，「熱意」に関して，④仕事に熱心である，⑤仕事は，私に活力を与えてくれる，⑥自分の仕事に誇りを感じる，「没頭」に関して，⑦仕事に没頭しているとき，幸せだと感じる，⑧私は仕事にのめり込んでいる，⑨仕事をしていると，つい夢中になってしまう。回答は，0点：まったくない，1点：ほとんど感じない（1年に数回以下），2点：めったに感じない（1カ月に1回以下），3点：時々感じる（1カ月に数回），4点：よく感じる（1週間に1回），5点：とてもよく感じる（1週間に数回），6点：いつも感じる（毎日）。

3）　棒グラフは，質問項目①～⑨に対する回答の総得点を9で除した，1項目当たりの平均的な得点を示す。

4）　棒グラフから右に伸びている線は，平均値＋1標準偏差の上限を示す。この範囲内にサンプルの68％が含まれる。

就業が労働者にもたらすものは，単にお金だけではない。就業することは，労働者に活力や喜び，満足感といった働きがいをもたらす。この働きがいを捉えるにあたって近年着目されているのが，「ワーク・エンゲージメント」（work engagement）という，W. B. シャウフェリが提唱した概念である。具体的には，仕事に関連するポジティブで充実した心理状態を指し，「仕事から活力を得ていきいきとしている」（活力），「仕事に誇りややりがいを感じている」（熱意），「仕事に熱心に取り組んでいる」（没頭）の3つが揃った状態として定義される。

W. B. シャウフェリとP. ダイクストラによると，ワーク・エンゲージメントが高い労働者は，生産性が高く健康状態も良好であるとされる。彼らは，自分の仕事に献身的に打ち込み，没頭し，熱心に取り組むため，生産性が高い。また，ワーク・エンゲージメントが高い労働者は，仕事そのものに楽しんで取り組んでいる点で，仕事中毒（ワーカホリック）とは異なる。そのため，ワーク・エンゲージメントが高い労働者は，健康状態も良好であることが多い。

ワーク・エンゲージメントの定義に基づき，国際比較も可能となるユトレヒト・ワーク・エンゲージメント尺度（Utrecht Work Engagement Scale）が開発された。国際比較すると，日本の労働者のワーク・エンゲージメントは3点以下と，他国に比べて低い状況にある（**図1**）。一方，2020年に日本の労働者の時間当たり生産性は，OECD 38カ国中23位であった。1970年以降の推移を見ても，日本は一貫して20位前後という，比較的低い順位を行き来しており，主要先進7カ国においては常に最下位である（**図2**）。労働者のワーク・エンゲージメントを高め，生産性の向上につなげられるような環境整備が，日本の人事労務管理には求められている。

● 姚 静雅

012 エンプロイアビリティ

図　エンプロイアビリティの概念図

エンプロイアビリティ（employability）とは，雇用（employ）と能力（ability）を組み合わせた概念であり，組織で雇用されるための能力を指す。日経連の「日本型エンプロイアビリティ」の提起に代表されるように，日本では1990年代から議論が盛り上がり，また雇用の流動化が進み，1つの組織にとどまらないバウンダリーレス・キャリアの構築が注目される昨今，労働者にとってエンプロイアビリティを高めることは重要性を増している。

しかし，このエンプロイアビリティという概念に明確な指標を与えて定義することは難しい。なぜなら，これを持っていれば必ずどんな組織にも雇用されるというスキルや能力を特定することが困難だからである。エンプロイアビリティの概念化は，現在勤務している組織で継続的に雇用されるための能力と他の組織に転職するための能力（内的／外的エンプロイアビリティ），よりよい職務機会を得るための能力と異なる職務に移動するための能力（質的／量的エンプロイアビリティ）など，さまざまな補助線を伴い，どの局面のエンプロイアビリティを想定するのかによって，必要となるスキルや能力もまた異なる。

研究者・実務家の間でもエンプロイアビリティの構成要素をどのように捉えるかは異なっているが，図に示したC. M. ファン・デル・ハイデとB. I. J. M. ファン・デル・ハイデンによる整理は比較的よく用いられている。彼らは，エンプロイアビリティは5つの構成要素によって成り立つとする。すなわち，仕事を遂行するための専門知識を意味する「職業的知識」，外部環境の変化に対応するための「予測と最適化」，職務内容以外の変化に適応するための「柔軟性」，組織内部で協働するための「共同意識」，利害関心の相反を調和するための「バランス」という5つの要素が，エンプロイアビリティを高める要因だと理解されている。ほかには，資格や学歴などの顕在化・外部化された基準，職業経験や理解力・コミュニケーション能力等の一般的なスキルなどの潜在的要因だけでなく，適切な自己評価や自己マネジメント能力などの主観的な要素をエンプロイアビリティの構成要素と認識しているケースも多い。

エンプロイアビリティの向上は，労働者にとってはキャリアの可能性を広げることを意味するが，企業にとっては従業員の転職につながる可能性がある。実際に日本の民間企業に調査を行った山本寛によると，従業員の内的エンプロイアビリティ向上は職務への満足やコミットメントを生む一方で，外的エンプロイアビリティの向上は退職意思に寄与していた。つまり企業にとって労働者のエンプロイアビリティを高めることは，優秀な人材を惹きつけ，企業へのコミットメントをもたらす要因になると同時に，離職の問題につながる諸刃の剣となりうるのである。

●園田　薫

013 キャリアコンサルティング

図1 キャリアコンサルタント登録者に対して「多い相談」

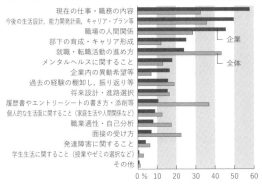

（注） 複数回答3つまで。

図2 キャリアコンサルティングを行った効果

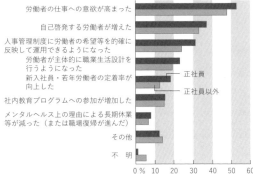

（注） 複数回答。

図3 キャリアコンサルティングを行う上での問題点

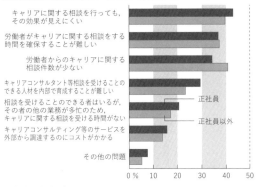

（注） 複数回答。

　社会経済環境の変化に伴い，企業内外における個人の主体的なキャリア形成がいっそう重視されるようになっている。個人が自らのキャリアを考え，そして専門家がこれを手助けするような機会や手法については，これまでも「キャリアガイダンス」「キャリアカウンセリング」といった形で考察がなされ，発達してきた。こうした中，2016年に創設された国家資格である「キャリアコンサルタント」は，有資格者が労働者の職業の選択，職業生活設計または職業能力の開発および向上に関する相談に応じ，助言や指導を行う役割を担うことを目的としている。

　労働政策研究・研修機構が2017年に実施した調査によれば，キャリアコンサルタントの活動の場は企業だけにとどまらず，需給調整機関（派遣会社，ハローワーク等）や学校・教育機関，地域（地域若者サポートステーション，女性センター等）にも広がる。キャリアコンサルタントが受ける相談も多岐にわたるが，こと企業を主な活動の場としている場合は，仕事や職場，人事管理に直接関係する内容のものが多い（**図1**）。

　企業の視点から，キャリアコンサルティングの現状を見てみよう。厚生労働省実施の調査（2020年度）によれば，キャリアコンサルティングを行う仕組みを導入している事業所は38.1％であり，これら導入事業所のうちキャリアコンサルタントが相談を受けているのは11.0％

である。キャリアコンサルティング導入の目的は，従業員の自己啓発を促したり，仕事に対する意識を高めたりすることであり，実際にその効果を感じている事業所も一定数存在する。だが実施にあたり，キャリアコンサルティングの効果が見えづらく，職場でその必要性が十分に認識されていないことが課題となっている様子も窺える（**図2，図3**）。

　企業がキャリアコンサルティングを充実させるには，キャリアコンサルタントの導入等，その実施体制を整えるだけでなく，従業員や職場がその重要性をいっそう認識することも必要となる。また，従業員の主体的な社内キャリアの形成を可能とするような他の人事施策との関連を整理の上，相乗効果が期待できるキャリアコンサルティングを企業が実施することも課題となろう。

●山口 塁

労働契約を取り巻く法的ルール

表　雇用契約を結ぶ際の労働条件の明示に関する法令（抜粋）

労働基準法　第15条

使用者は，労働契約の締結に際し，労働者に対して賃金，労働時間その他の労働条件を明示しなければならない。この場合において，賃金及び労働時間に関する事項その他の厚生労働省令で定める事項については，厚生労働省令で定める方法により明示しなければならない。

労働基準法施行規則　第5条

使用者が法第15条第1項前段の規定により労働者に対して明示しなければならない労働条件は，次に掲げるものとする。ただし，第1号の2に掲げる事項については期間の定めのある労働契約であつて当該労働契約の期間の満了後に当該労働契約を更新する場合があるものの締結の場合に限り，第4号の2から第11号までに掲げる事項については使用者がこれらに関する定めをしない場合においては，この限りでない。
1　労働契約の期間に関する事項
1の2　期間の定めのある労働契約を更新する場合の基準に関する事項
1の3　就業の場所及び従事すべき業務に関する事項
2　始業及び終業の時刻，所定労働時間を超える労働の有無，休憩時間，休日，休暇並びに労働者を二組以上に分けて就業させる場合における就業時転換に関する事項
3　賃金（退職手当及び第5号に規定する賃金を除く。以下この号において同じ。）の決定，計算及び支払の方法，賃金の締切り及び支払の時期並びに昇給に関する事項
4　退職に関する事項（解雇の事由を含む。）
4の2　退職手当の定めが適用される労働者の範囲，退職手当の決定，計算及び支払の方法並びに退職手当の支払の時期に関する事項
5　臨時に支払われる賃金（退職手当を除く。），賞与及び第8条各号に掲げる賃金並びに最低賃金額に関する事項
6　労働者に負担させるべき食費，作業用品その他に関する事項
7　安全及び衛生に関する事項
8　職業訓練に関する事項
9　災害補償及び業務外の傷病扶助に関する事項
10　表彰及び制裁に関する事項
11　休職に関する事項

　企業は人事労務管理の制度設計や運用を自由に行えるわけではなく，労働法に代表されるさまざまな法令による制約のもとで行う必要がある。そしてもちろん，労働者を企業に受け入れる際に使用者と労働者が結ぶ労働契約（ないしは雇用契約）についても法令の定めに従わなければならない。

　労働契約法第6条に，「労働契約は，労働者が使用者に使用されて労働し，使用者がこれに対して賃金を支払うことについて，労働者及び使用者が合意することによって成立する」とある通り，締結した労働契約のもとで労働者は働き，使用者はその対価として賃金を支払う。この労働契約を結ぶ際には，労使が対等な立場における合意に基づくこと，仕事と生活の調和に配慮することなどが，同法により求められる。

　また，労働契約を結ぶためには，労働者がいつ，どこで，どのような労働を行い，使用者は何を基準に，いくら賃金を支払うのかといった労働条件を決めて明示する必要がある。一般に労働契約は，雇用契約書など書面で結ぶことが多いが，労働契約自体は書面がなくとも口約束でも成立する。しかし，労働条件については，労働契約を結ぶ際に，使用者から労働者に明示しなければならない。

　労働条件の中でも労働契約を結ぶ際に使用者が労働者に明示しなければならない事項は，労働基準法第15条および労働基準法施行規則第5条で定められている（**表**）。また，施行規則第5条に記載の事項のうち，1から4までの6つの事項については書面で交付する必要がある（労働者が希望した場合，出力して書面にできる方法であればeメールなどで明示することも可能）。この書面が一般に労働条件通知書と呼ばれるものである（**図**）。

　この労働条件の明示は，1998年の労働基準法改正で義務化された。労働政策研究・研修機構によると，その背景の1つには，雇用形態が複雑になるなど，働き方が多様化することで生じる労働条件の複雑化がある。大阪府 商工労働部 雇用推進室 労働環境課によると，これも踏まえて，労働条件明示の義務化には労働者と使用者の間での労働条件の認識不一致から起こるトラブルを防ぐ意図がある。しかし，ここで

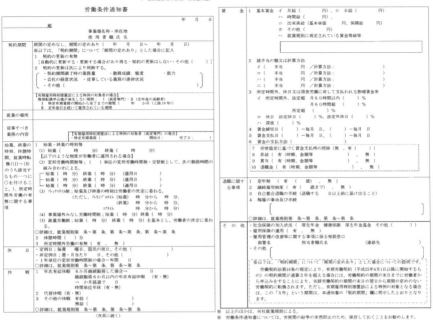

明示される事項のうち，就業の場所や従事すべき業務の内容は具体的に記されず，包括的な内容が記されることも少なくない。労働条件が曖昧になることで起こりうるトラブルの防止のためにも交付が義務づけられたものであるが，濱口桂一郎が指摘するように職務が曖昧になりがちな日本的経営のもとでは，具体的に労働条件を明記した書面を交付することはまだまだ難しいのかもしれない。

こうして労働契約が結ばれ，その際の労働条件に従って労働者は使用者のもとで働き始めるわけだが，その労働条件は途中で変わることもある。浜村彰らによれば，労働者と使用者双方の合意があれば労働条件を変更することができる。また，労働協約が新たに締結・変更された場合や就業規則が変更になった場合には，一定の条件下で，それらに合わせて労働条件が変更される。

そして，労働契約もいつか終わりを迎える。上林憲雄らによると，労働契約の終え方は大きく4つに分けられる。1つ目は，契約期間の満了である。労働契約の期間に定めがある場合，その日を終えれば労働契約は期間満了となり，契約更新がなければ雇い止めとして労働契約は終了する。ただし，契約期間満了後も繰り返し更新されてきた労働契約の場合，雇止め法理に基づき，使用者からの更新拒否が無効になることもある。2つ目は定年で，一定の年齢になったときに労働契約を終了するものである。これは主に期間の定めがない労働契約を終えるために用いられる。ただし，定年として定められる年齢は法律により60歳以上とされている。3つ目は辞職（自発的退職ともいわれる）で，労働者側からの労働契約終了の申し出である。契約期間の定めがある場合は途中で契約を終了することは原則としてできないが，やむをえない場合や使用者が承諾した場合は期間途中に契約を終了できる。一方，契約期間の定めがない場合は，2週間前までに労働者から申し出れば契約を終了できる。4つ目は解雇で，使用者側からの労働契約終了の申し出である。この場合，使用者は30日前に解雇を予告するか，解雇予告手当を支払う必要がある。また，解雇権濫用法理に代表されるように，合法的に解雇するためにはさまざまな条件を満たす必要があり，場合によっては解雇が無効となる。そのため，日本では一般に人を解雇するのが難しいといわれる。

●矢野　良太

015 人事労務管理における差別是正の法制

　企業で働く労働者は，さまざまなカテゴリーを有しており，そのカテゴリーの違いは企業内部での処遇や条件に差を生んでしまうことがある。たとえば性別というカテゴリーに注目すると，男性労働者に比べて女性労働者が不当に低い待遇・条件によって働いている状態が，歴史的に続いている。さらに，一度こうしたカテゴリーによる差異が生じると，統計的データに基づいた合理的判断によって処遇の差が正当化されてしまう統計的差別，ある言明を事実だと思い込むことで予言されたことが実現してしまう予言の自己成就といったプロセスによって，そのカテゴリー間の差異が維持・強化されてしまう。つまり，カテゴリーの差異に基づく差別に対しては，法的措置による積極的な是正が必要となるのである。

　労働者に対する差別を是正する法制で最も基礎的なものは，1947 年に制定された労働基準法の第 3 条であろう。均等待遇の原則とされる第 3 条では，「使用者は，労働者の国籍，信条又は社会的身分を理由として，賃金，労働時間その他の労働条件について，差別的取扱をしてはならない」と定められている。この労働条件には，賃金や労働時間のみならず，昇進，昇格，配置転換，懲戒，福利厚生など，職場における労働者の待遇すべてが含まれる。一方，第 3 条で議論の俎上に載せられているのは国籍・信条・社会的身分というカテゴリーであり，本条の禁止する差別事由に「性別」は含まれていない。水町勇一郎によると，労働基準法の別条にて時間外労働や深夜労働等に関する女性保護の規定が定められているためであり，意図的に性別に関する記述は省かれている。

　女性に関する差別禁止の枠組みは，労働基準法の第 4 条にて規定されている。第 4 条では「使用者は，労働者が女性であることを理由として，賃金について，男性と差別的取扱いをしてはならない」とし，主に賃金についての差別的な取り扱いのみを禁止としている。そのため，採用・配置・昇進などの労働条件については不問とされており，これらの違いに起因する賃金格差もまた是正の対象となっていなかった。そこで，採用・配置・昇進等の男女差別については，公序や不法行為という一般法理から導かれる男女平等取扱法理や，女性の労働市場進出を背景として 1985 年に制定された男女雇用機会均等法などが，その是正を対象としてきた。前者は結婚退職制や男女別定年制を公序違反として認め，整理解雇や昇進差別などに関しても女性差別が生じないように取り締まってきた。後者の男女雇用機会均等法は当初，定年・解雇，教育訓練の一部，福利厚生の差別を禁止するに過ぎなかったが，1997 年の改正に伴って，募集・採用および配置・昇進・教育訓練について

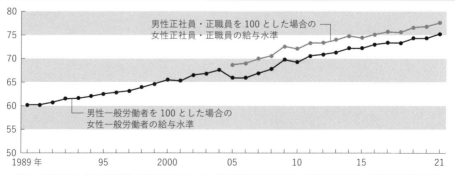

図　男女間所定内給与格差の推移

男性正社員・正職員を 100 とした場合の女性正社員・正職員の給与水準

男性一般労働者を 100 とした場合の女性一般労働者の給与水準

（注）　2005 年における雇用形態の区分変更によって，常用労働者は正社員・正職員と正社員・正職員以外とに区分されることになったため，2 本の折れ線グラフを示している。

の差別も禁止され，2006年の改正では女性に限定しない性別による差別禁止が定められるなど，度重なる改正ごとに性別を理由とする直接差別が厳格に禁止されるよう変化している。

また2006年の均等法改正によって，性別以外の事由による措置ではあるが実質的には男女差別となるおそれのある間接差別が，第7条によって禁止されることとなった。これに該当する措置として厚生労働省令で定められているのは，身長・体重・体力の要件，転居を伴う転勤の要件，昇進における転勤経験である。さらに2015年には女性活躍推進法が10年間の時限立法として制定され，女性雇用に対してさらなる格差是正が図られている。

これだけ法整備が進んでいる一方で，現実問題として，いまだに男女間の給与格差は存在している。**図**に，男性を100とした場合の女性の給与水準をグラフにして示した。近年になるにつれ，その水準は上昇しているものの，2021年時点でも女性は，同じ職務形態で働く男性よりも2割程度，給与の水準が低いという結果となっている。

もちろん，性別や，労基法第3条に定められた国籍・信条・社会的身分のほかにも，不当な待遇・労働条件を享受する可能性のあるさまざまなカテゴリーにおいて，差別是正の法制が存在する。たとえば労働形態に関しては，正社員・非正社員における賃金や雇用保障の格差が問題視されている（▶098）。

また労働者の年齢に関する規制について，日本には定年制が存在している。多くの先進諸国では「年齢による能力低下という偏見に基づく差別は禁止されるべきである」として定年制は年齢差別と見なされ，人権保障や雇用政策の観点から禁止されている。日本の現行法上は，定年制そのものが年齢差別となるわけではないが，定年到達により本人の希望や能力の有無にかかわらず労働契約を終了させる行為や，人員整理において年齢そのものを基準とする行為については，違法行為と見なされる傾向にある。2007年の雇用対策法（労働施策の総合的な推進並びに労働者の雇用の安定及び職業生活の充実等に関する

表　障害者雇用に対する差別禁止の周知状況

	回答数	割合（％）
全員に周知（予定を含む）	510	60.3
一部に周知（予定を含む）	69	8.2
周知していない	231	27.3
無回答	36	4.3
全 体	846	100.0

法律）改正では，事業主の努力義務となっていた労働者の募集・採用にかかわる年齢制限について，その制限の禁止が義務化されている。

最後に，障害者差別の禁止に対する法制を取り上げる。2006年に国連総会で採択された障害者権利条約の批准に向けて，日本でも2011年には障害者基本法の改正，2013年には障害者差別解消法の制定および障害者雇用促進法の改正が行われた。障害者基本法では差別の禁止と社会的障壁の除去が基本原則となっており，障害者差別解消法では障害を理由とする差別解消を推進する基本的な事項が，障害者雇用促進法では雇用分野における障害者差別の禁止，合理的配慮の提供義務などが定められた。人事労務上の問題に限定すれば，障害者雇用促進法第34条にて募集・採用に関する差別が，第35条にて賃金・教育訓練・福利厚生その他の待遇についての差別が禁止されており，その指針については第36条1項・2項にて定められている。

しかし，障害者雇用の差別禁止に関する取り組みには改善の余地がある。**表**の通り，2020年に厚生労働省が行った調査によると，地方公共団体のうち差別禁止の旨を全体に周知していないと答えたのは全体の27.3％であった。雇用における差別禁止は，今後も周知していく必要があるだろう。

●園田　薫

人事労務管理における差別是正の法制

図1 国別・外国人労働者割合（2021年度）

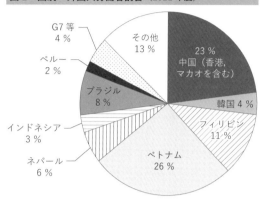

図2 産業別・外国人労働者割合（2021年度）

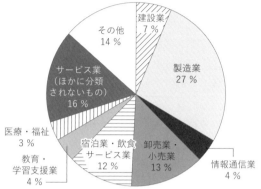

　厚生労働省によると，2021年度，日本で勤務する外国籍の労働者数は172万7221人に上り，前年度より0.2％増加した。外国籍の労働者の届け出が義務化されてから，過去最多となっている。

　労働者の内訳を見ると，2019年まで最も多かった中国籍の労働者が2020年に2位になり，代わりにベトナム籍の労働者が最多となった（**図1**）。2021年度にはベトナム籍の労働者が約26％を占め，23％で2位となった中国籍より3％も多い。出入国在留管理庁によると，技能実習という在留資格の全種類において，ベトナム籍の労働者が過半数を占めており，技能実習生制度がベトナム籍労働者が増加した要因と考えられる。また，産業別に外国籍労働者の内訳を見ると，製造業27％，サービス業（ほかに分類されないもの）16％，その他14％の順に多くなっている（**図2**）。

　このように国際化が進展する日本企業の職場では，外国人労働者と日本人労働者のどちらにも，職場の国際化に伴う問題が生じている。井口泰は，外国人労働者が抱える問題として，日本国内で適正な雇用を得て自立するのが困難であることを指摘し，言語や一般教育の訓練といった支援策が求められると主張している。

　外国人労働者は，日本語が母国語ではないことで，就職活動から実際の勤務まで，日本語によるコミュニケーションの壁にぶつかる可能性が高い。また，文化・風習の違いから，仕事スタイルや交友関係の捉え方が異なるため，職場にミスコミュニケーションが生じかねない。

　一方，日本人労働者が外国人との交流に不慣れだと，ともに働く際にとまどいを抱く。とりわけ，「場の雰囲気を読む」「忖度」などといった日本人労働者に見られる価値観とは異なる労働観・判断基準を外国人労働者が持つ場合，協働に支障をきたすおそれにつながる。神田すみれによると，日本語能力が高い外国人労働者についても，文化・習慣の違いによる異文化トラブルが生じる可能性があり，日本人労働者と外国人労働者の相互理解や異文化リテラシーの向上を急ぐ必要があるという。

　厚生労働省の外国人雇用ルールによれば，外国人労働者に対しては，募集から再就職の援助まで，在籍期間中あらゆる側面での配慮が企業に求められている。しかし，実際には多くの日本企業で受け入れ体制が整っておらず，急増する外国人労働者に十分な対応ができていない。今後も増加が見込まれるため，企業には，職場で外国人労働者に適切な対応ができるような体制整備が求められる。

　準備が整わない職場で外国人労働者の受け入れを開始すると，多くの問題が生じる。職場の国際化に関しては，単に外国人労働者の数を増やすのではなく，一緒に勤務する従業員のマインドをはじめ，国籍を問わず誰もが働きやすい職場をいかに提供できるかを，職場で議論していくことが望まれる。

●闇 亜光

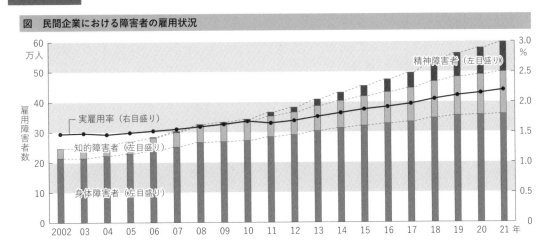

図　民間企業における障害者の雇用状況

障害者の雇用に関して企業に課せられている義務には，差別禁止（▶015）のほかに，法定雇用率の達成と，合理的配慮の提供がある。

法定雇用率の達成義務は，障害者雇用促進法第43条に定められており，事業主は障害者の実雇用率が法定雇用率以上となる人数の障害者を雇用しなければならない。民間企業を対象とした法定雇用率は，2021年3月に2.3％へ引き上げられた。実雇用率の算定対象は，週20時間以上勤務している身体障害者・知的障害者・精神障害者である。週10時間以上勤務している精神障害者・重度身体障害者・重度知的障害者も今後は算定対象とする方針が，第116回労働政策審議会障害者雇用分科会（2022年4月）において示され，2024年4月施行の法改正が検討されている。従業員100名以上の企業が法定雇用率を達成していない場合，不足人数1人につき月額5万円の障害者雇用納付金が徴収される。なお，この支払いによって障害者雇用の義務を法的に免れるわけではなく，障害者雇用促進法第46, 47条で定められているように，「障害者の雇い入れに関する計画」の作成の命令，計画の適正実施の勧告，社会的制裁としての企業名公表などがなされる。

合理的配慮の提供義務は，障害者雇用促進法第36条の2〜4において定められている。障害者と健常者との均等な待遇の確保や，障害者の能力の有効な発揮の支障となっている事情を改善するための措置にあたる「配慮」を，過度の負担を伴わない限り，事業主は障害のある従業員・求人応募者に提供しなければならない。

民間企業における障害者の実雇用率は上昇傾向であり，とくに近年は精神障害者雇用の進展が著しい（図）。しかし，2021年6月1日現在の実雇用率は2.20％と，法定雇用率の2.3％を下回っており，法定雇用率達成企業割合も47.0％にとどまる。また，2015年から2016年にかけて行われた障害者職業総合センターの調査によれば，企業に雇用された障害者の就職1年後の職場定着率は60％以下である。障害者の低い職場定着率の背景の1つが，障害者の能力と雇用後の業務のミスマッチである。業務内容が高度すぎること，あるいは簡単すぎたり業務量が少なすぎたりすることが，離職を招いてしまう。このミスマッチを防ぐためには，業務量の確保のほか，「障害者」として一括りに捉えるのではない，個々の障害者の能力や希望に応じた人材活用が重要である。障害者の雇用拡大や就労継続の促進といったこれらの課題に個々の企業が対処するために，特例子会社（障害者雇用促進法第45条の2で定められた，雇用されている障害者を親会社に雇用されていると見なすことが可能になる一定要件を満たした子会社）での雇用や，官民の就労支援機関との連携を通じた専門知の蓄積・活用が求められている。　●丸山　峻

図1 インクルージョン・フレームワーク

	所属意識 低	所属意識 高
独自性の価値 低	**排 除** (exclusion) 組織において個人が, 独自性を持つ部内者と 見なされていない状態	**同 化** (assimilation) 個人が部内者として扱われているものの, 組織で支配的な規範・文化に従い, 独自性が軽視されている状態
独自性の価値 高	**区 別** (differentiation) 個人が部内者とは扱われていないが, 個人の独自性が 組織・集団の成功に重要であると 見なされている状態	**インクルージョン** (inclusion) 個人が部内者として扱われており, 独自性を発揮することが 奨励・許容されている状態

　M. D. C. トリアナらによると，人事労務管理領域の研究で取り上げられてきた組織・職場のダイバーシティのカテゴリは，性別，人種／国籍，年齢，障害の有無，宗教，LGBTQ＋の6つに大別される。だが，ダイバーシティとは，これら6つに限定されたものではない。D. ヴァン-クニッペンバーグらは，ダイバーシティを，「あの人は自分とは違う」というような認識を形成しうる，あらゆる属性についての個人間の差異のことだと定義している。このような差異について，性別や年齢といった知覚しやすいものは「表層的ダイバーシティ」と呼ばれ，パーソナリティや知識・経験といった容易には知覚できないものは「深層的ダイバーシティ」と呼ばれる。

　従業員のダイバーシティが高まることは，組織や職場に好影響と悪影響のいずれもをもたらしうる。好影響として，組織にイノベーションや，よりよい意思決定をもたらす可能性がある。その一方で，悪影響として，従業員間の対人的トラブルの増加や，従業員の意欲やパフォーマンスの低下を引き起こしうる。このような好影響・悪影響は，表層的ダイバーシティと深層的ダイバーシティのどちらによっても生じうるものである。それゆえ，表層的ダイバーシティだけでなく深層的ダイバーシティについても，組織の現状を把握することが重要である。

　組織がダイバーシティによって生じる不利益を回避し，より多くの利益を享受するためには，多様な従業員の管理（ダイバーシティ・マネジメント）を適切に行うことが求められる。ダイバーシティ・マネジメントの目指すべき結果として参考にすべき考え方が，L. M. ショアらの提唱するインクルージョン・フレームワークである（**図1**）。人間には，安定した対人関係を形成し維持するために，組織・集団の部内者（インサイダー）として認められたいという欲求がある。それと同時に，自分自身の独自性や個性を尊重してもらいたいという欲求も人間は併せ持っている。これらの2つの欲求が満たされているという認識の高低によって，インクルージョン・フレームワークは，従業員の置かれている状態を①排除，②同化，③区別，④インクルージョンという4つに区分する。インクルージョンとは，個人が部内者として扱われており，独自性を発揮することが奨励・許容されている状態である。多様な従業員のインクルージョンが実現することで，組織がダイバーシティから利益を享受することが期待できる。インクルージョンの重要性を踏まえ，単なる「ダイバーシティ推進」ではなく，従業員構成を多様にした上で多様な人材の個性を尊重することなどを目指す方針を社内外に示す，「ダイバーシティ＆インクルージョン（D&I）推進」という標語を掲げる企業も増加している。

　インクルージョンを念頭に，多様な従業員の

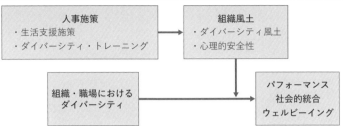

社会的統合とそれによるパフォーマンスやウェルビーイングの向上を目指すのが，ダイバーシティ・マネジメントの重要な役割である。Y. R. F. ギョームらによると，ダイバーシティと組織・職場の成果との関係を左右する主要因に，組織風土がある（**図2**）。具体的には，心理的安全性やダイバーシティ風土が含まれる。心理的安全性とは，組織・集団で気兼ねなく意見を述べても安全だという信念を指す。ダイバーシティ風土とは，組織がダイバーシティを重視している程度についての従業員の認識や解釈のことである。

こうした組織風土をつくり出すための人事施策に，ワーク・ライフ・バランス等の実現を促進する生活支援施策がある。より多くの従業員のインクルージョンを実現するためには，障害者やLGBTQ＋も含めた従業員の多様なニーズを汲み取って生活支援施策に反映すべきである。たとえば，透析治療を必要とする従業員に対して通院のための勤務時間の短縮・変更を認めることや，従業員の同性婚に対し法的婚姻と同等の休暇や手当等を提供することなどが考えられる。

しかし，特定の従業員グループに配慮した施策が引き起こす問題をL. M. レスリーは指摘している。そのような施策の存在によって，他の従業員が不公平さを感じたり，「対象従業員は手助けが必要」というような認識を抱いたりしかねない。その結果として，対象従業員に対する，無意識的なものも含めた差別や偏見が強まるおそれがあるというのだ。

インクルージョンを実現するための生活支援施策を実行しつつ，このような問題を防ぐには，障壁にかかわらず全従業員に同一の処遇や条件を提供する「平等」（equality）ではなく，個々の事情に応じて異なる処遇や条件を提供することを通じて障壁を取り除く「衡平」（equity）の意義を多くの従業員が共有していることが必要である。実際に衡平の考え方を組織内に浸透させるためには，近年一部の企業に見られる「ダイバーシティ，エクイティ＆インクルージョン」（DE&I）という標語を掲げることが有効な手段となりうるだろう。また，標語のみにとどまらず，ダイバーシティ・トレーニングの実施を通じて，ダイバーシティとその重要性や，主にマイノリティが直面する組織における障壁について従業員の理解を促すことも必要である。

●丸山 峻

第 **3** 章

社員等級制度

社員格付け制度とは

＊図表の出所は巻末参考文献参照（以下同様）。

図1　社員格付け制度と他の人事施策との連動性

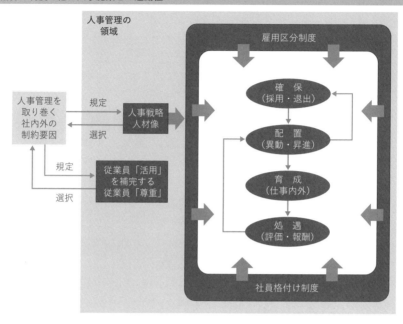

　社員格付け制度とは，従業員の貢献の大小を何らかの基準で測定，序列化することを指す。組織内の顕在的な序列として，役職や社員等級がある。役職は組織上のポジションを意味するものである。役職はその会社での立場を明示し，役職で組織における上下関係もわかる仕組みになっている。具体的には人事部長などである。社員格付け制度は，能力・職務・役割など何かの基準によって設計した社員等級に基づき，序列を設定したものである。たとえば1等級，2等級，3等級などといった形をとる。

　図1に示すように，組織は，社員格付け制度をベースにして各々の従業員に対し配置や人材育成，処遇を行う。つまり，さまざまな人事制度が社員格付け制度を基礎情報とする。この意味において，社員格付け制度は人事管理におけるオペレーティング・システム（OS）の役割を果たす。また，社員格付け制度がOSであるとすると，個々の人事制度はアプリケーションといえる。

　社員格付け制度と人事諸施策がOSとアプリケーションの関係にあると考えると，OSである社員格付け制度と，アプリケーションである人事諸施策は連動する必要がある。これを内的整合性と呼ぶ。

　内的整合性とは，社員格付け制度と，育成制度や処遇制度といった個々の人事施策とが，組織全体として一貫している状態を指す。

　たとえば**図2**の社員格付け制度において，3格を有するグループリーダーが，班をまとめ上げる仕事に就任し，仕事を遂行している状況は，社員格付け制度と配置とが一貫していることを意味する。つまり，内的整合性が高い状態といえる。反対に内的整合性が低い状態とは，3格を有する社員が，1格-Ⅱである習熟過程にあるオペレーターの仕事を公式に割り当てられている状況である。つまり，社員格付け上で有している技能レベルと実際の配置との間にズレが生じている状態を，内的整合性が低いという。

　こうした中では，いかにして組織が従業員を格付けるのかが問題となる。社員格付け制度の設計基準には，「人」基準と「仕事」基準の2つがある。「人」基準とは，年齢・勤続年数・潜在能力といったものを基準として社員等級を

図2 ある企業の職能資格制度

資格		職掌系列		
		管理職業 （管理職系・企画職系）	専門職業	
			専門職系	専任職系
管理・専門職	参事	部・場・所長 次・室長 主幹	研究主幹 技術主幹 主幹（○○）	主幹
	主幹			
	副主幹	次・室長 主席部員	主席研究員 主席技師 主席部員（○○）	主席部員
	主査Ⅰ	課・室長 主任部員	主任研究員 主任技師 主任部員（○○）	主任部員
	主査Ⅱ			

資格	職級	職務（イメージ）	職位呼称（例）	職掌
一般層	副主査格	－	課長代理，掛長担当職務	課長補佐，課長代理 掛長，研究員，部員	
	5格	5級	掛長担当職務		
	4格	4級	主任担当職務	主任，副部員	
	3格	3級	班長，グループリーダー， 超ベテランオペレーター職務	班長	
	2格-Ⅱ	2級	一人前のオペレーターの職務		
	2格-Ⅰ				
	1格-Ⅱ	1級	習熟過程にあるオペレーターの職務		
	1格-Ⅰ				

Ⅰ．管理・専門職（非組合員）
  1. 専門職掌の区分の定義
    （1）専門職系　A. 高度な専門知識・能力を必要とする特定職務を専門的に担当している者。
                B. 世間一般に通用する専門能力または資格の保持者で，現にその能力・資格を生かした職務を担当している者。
    （2）専任職系統　A. 担当職務（特定の業務分野）についての長年の経験があり，すぐれた技術・能力を生かしてその道のエキスパートとして，職務を担当している者。
                B. スタッフ部署において専門的知識能力・判断力を要する職務を担当している者。
  2. 企画職系の定義
    戦略スタッフとして事業計画等を企画・立案し関係部署との調整を図りつつ具体化を行う企画的職務に就いている者。
Ⅱ．一般層（組合員）
  1. 職　級　（1）顕在化された職務内容を評価・分類したもの。
          （2）「全体職級判定基準」により判定する。
          （3）一般層の処遇の基本である。
  2. 資　格　（1）現に上位職級に就いている者，および上位職級に就くことが近く予定されている者について，昇格目安をもとに昇格を行う。
          （2）昇格者数は，会社の適正職位数（＝職級数）との比較で理想的には決定されうることになる。
  3. 職　掌　（1）役割期待・能力を発揮し活用するレベル・職務内容を区分原理として3区分したもの。
          （2）職掌ごとの役割期待。
             ①総合職Ⅰ……管理・専門職候補層
             ②総合職Ⅱ……中堅層
             ③一　般　職……実務層

（注）　専門職系のうち，①研究開発分野については，研究主幹・主席研究員・主任研究員の職位呼称を，②生産技術分野については，技術主幹・主席技師・主任技師の職位呼称を，③事務系等の分野については，主幹（○○）等の職位呼称を，原則とする。

設計する方法である。日本企業は伝統的に「人」基準で格付けを行ってきており，その代表例が**図2**にある職能資格制度である。

　一方，「仕事」基準とは，職務に注目して格付ける方法である。「仕事」基準では，従業員に割り当てられた職務の価値に基づいて従業員を格付ける。アメリカの人事管理のもとで用いられることが多いのが「仕事」基準である。

●田村 祐介

020 役職と社員等級

図　等級と役職の対応関係

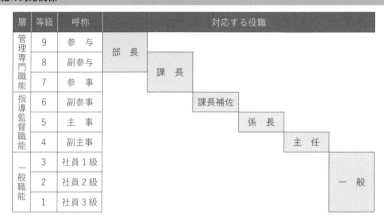

層	等級	呼称	対応する役職
管理専門職能	9	参　与	部長
	8	副参与	課長
	7	参　事	
指導監督職能	6	副参事	課長補佐
	5	主　事	係　長
	4	副主事	主　任
一般職能	3	社員1級	一　般
	2	社員2級	
	1	社員3級	

従業員をランク付けするシステムとして，役職と社員等級制度がある。この2つはそれぞれどのような関係にあるのだろうか。日本の代表的な制度である職能資格制度に基づき，この点を確認しよう。図に示す通り，多くの企業において，部長や課長などの役職と参与や参事などの資格の関係は一対一ではなく，緩やかな対応となっており，柔軟に運用されている。そのため，同じ資格を持つ者であっても，一致した役職に就く者とそうではない役職に就く者が存在する。

職能資格制度は，「昇格先行，昇進追随」という形で運用されている。ある課長が部長に求められるレベルの能力を有していたとしても組織内のポスト数は限られているため，実際に部長になれるわけではない。その際，職能資格制度では，所定の職能要件を満たすことで従業員をより上の資格に「昇格」させることができるので，その課長をまず部長対応の資格に昇格させる。そして，ポストに空きが生じた際に，昇格した従業員の中から上の役職に「昇進」する者を選ぶのである。このように，役職昇進は，特定の役職に対応する資格の在籍者の中から実際に昇進する者を選出するという形で実施される。

では，日本において社員等級制度はどのような変遷をたどってきたのだろうか。かつて日本の大企業では，業種にかかわらず職能資格制度が導入されていた。その背景には，労働供給側の従業員を育成すれば企業が成長するという考えがあった。

しかし2000年代初頭における成果主義の導入以降，それまで能力開発やモチベーション管理を重視して設計されていた人事制度が，企業戦略や組織構造への適合を重視して設計されるようになった。その結果，職能資格制度を維持する企業もあれば，職務等級や役割等級などを導入する企業も出てくるなど，社員等級のバリエーションが増している（▶023）。こうした経緯を経て，日本企業が採用する社員等級は，ほぼ単一だったものが多様に拡散することとなった。

これに応じて社員等級制度と役職との対応関係も変化している。2010年代半ば以降は，再び制度が改定される兆候も見られる。自社にとって望ましい社員等級制度と役職の対応関係についての模索が続いているのである。

● 佐藤　優介

021 職能資格制度

表　職能資格制度のイメージ

等級		モデル年数		代表的な対応職位の下限	昇格基準
		最短	標準		
管理職能	9　参　事	— （—）	— （49歳）	部長（本社） 総支配人	—
	8　上席主事	— （—）	5年 （44歳）	部長（事業所） 次長（本社） 総支配人代理	人事考課
	7　主　事	— （—）	5年 （39歳）	課長，事業所次長 営業店支配人 主席課長代理	人事考課
中間管理職能	6　副主事	— （32歳）	5年 （34歳）	店　長 課長代理	人事考課
	5　主事補	4年 （28歳）	5年 （29歳）	店　長 主　任	人事考課
	4　主　務	3年 （25歳）	4年 （25歳）	主　任	人事考課
一般職能	3　上級社員	3年 （22歳）	3年 （22歳）	（大学卒）	人事考課 経験年数
	2　中級社員	2年 （20歳）	2年 （20歳）	（高専卒） （短大卒）	人事考課 経験年数
	1　初級社員	2年 （18歳）	2年 （18歳）	（高校卒）	人事考課 経験年数

　職能資格制度は，1970年代に台頭した能力主義をもとに成立した社員等級制度である。能力主義とは，日本経営者団体連盟（現，日本経済団体連合会）が考案した日本独自の経営管理の考え方であり，従業員の職務遂行能力（▶042）に基づき，育成・配置・処遇を決めていこうというものである。職能資格制度は，当時の日本企業の人材活用に適合した社員等級制度の構築が目指される中で誕生した制度である。

　奥林康司らによると，職能資格制度のもとでは，資格と職位の2つの肩書きが従業員に付与されることになる（**表**）。資格とは，職務遂行能力（課業をこなすための能力）の難易度に応じて序列づけされたものである。給与等の処遇は，この資格をもとに決定される。職位とは，部長や課長といったポストを指す。資格が上がることを昇格と呼び，職位が上がることを昇進と呼ぶ。職能資格制度においては，原則として昇格者の中から昇進候補者が選ばれる（「昇格先行，昇進追随」▶020）。このことは，職能資格制度には序列として資格と職位の2つの肩書きがあるが，基本となる序列は資格（職務遂行能力をもとにした序列）であることを示している。

　なお，職能資格制度とよく比較される社員等級制度に，職務等級制度がある。こちらは「職務」をもとに序列づけをする（▶022）。一般的に職能資格制度と職務等級制度の違いは，等級（資格）が「職務遂行能力」という労働供給側の要因（従業員）を階層化しているか，あるいは「職務」という労働需要側の要因（ポジショ

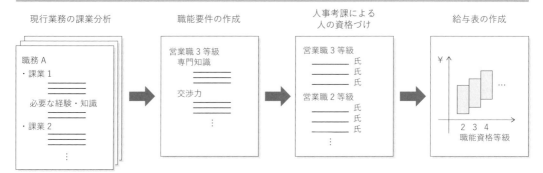

図 職能資格制度（職務遂行能力による従業員の序列づけ）

現行業務の課業分析

職務A
・課業1
必要な経験・知識
・課業2

職能要件の作成

営業職3等級
専門知識

交渉力

人事考課による
人の資格づけ

営業職3等級
氏
氏
氏
営業職2等級
氏
氏
氏

給与表の作成

職能資格等級

ン）を階層化しているかという点にある。

職能資格制度のメリットとしては，①人の異動を柔軟に実施できること，②ジェネラリストの育成に適していることがあげられる。これらメリットは資格と職位が分かれているために生じる。たとえば人事部長から営業部長への配置換えを参与という資格を持つ従業員の中で行うことで，処遇の変更なく実施できる。配置転換が容易なことから従業員にさまざまな職種を経験させることができ，それはジェネラリストの育成に貢献する。他方でデメリットには，①年功的な運用に陥りやすく，②人件費が上昇しやすいことがあげられる。これらデメリットは，資格の根拠となる職務遂行能力の把握が難しく，能力の向上を勤続年数の長さで代替させることから生じる。勤続年数をもとに資格が上昇すれば年功序列的な運用に近くなる。それは従業員の処遇が勤続年数とともに上がることを意味し，長期雇用が前提の日本企業では総人件費の増大につながる危険がある。

では，職能資格制度の設計には，どのような作業が必要なのだろうか（図）。楠田（2003）によると，まず資格の数をいくつにするかが検討される。資格の数が多いと，昇格機会は増えるが，各資格間に差をつけるのが難しい。他方で少ないと，1つの資格で期待される職能要件の幅が広くなりすぎるという問題が生じる。

資格の数が設定されると，次に各資格に相当する職務遂行能力を確定するための職能要件の検討が始まる。職能要件は，職務調査によって抽出される。職務調査は，①課業（これ以上分割されない仕事の最終単位）の洗い出しと評価，②

個別課業分担の把握，③等級（資格）基準の設定の，3つからなる。まず①では，現状の自社内にどのような課業があるかが調査される。そして各課業が難易度別に分類される。難易度の決定には，自社内の現場の人々の意見が重視される。次に②では，現状において課業がどのように従業員へと分担されているかが把握される。そして③で，等級基準が設定される。等級基準は，習熟要件，修得要件，職歴要件という3つの観点から決定される。習熟要件には，課業とその課業に求められる大まかな能力（たとえば，企画力，指導力など）が記される。修得要件には，それら能力を修得するのに必要な手段が具体的に記される。たとえば，どのような書籍を読めばよいかや，受けるべき研修，取得すべき資格などである。職歴要件には，各資格が求める能力を修得するための必要経験年数が記される。なお，こうした職能要件を確定させるための職務調査は，業態や取引相手企業の変化などが生じるごとに実施する必要がある（楠田, 2004）。

このように職能資格制度の設計手順を見ていくと，序列づけの基軸となっている資格の確定には，職務調査を実施して職務遂行能力を確定させていくことが必須であることがわかる。しかしながら，実際の職能資格制度の運用では，職務調査が厳密に行われず，勤続年数をもって能力が向上していると見なされていた場合が多かった。職能資格制度のデメリットとして年功序列に陥る可能性を前述したが，日本企業の多くは，職務調査を行わずに職能資格制度を導入していたため，実質的に年功序列型の社員等級制度となってしまったといえる。　●丸子 敬仁

図1　職務等級制度（職務価値によるポジションの格付け）

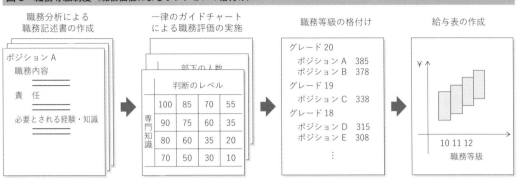

職務等級制度とは，職務（job）に基づき従業員が格付けされる仕組みのことである。ここでいう職務とは，いくつかの課業（task）をひとまとめにしたものであり，職責（responsibility）を伴う。職務等級制度では，組織内で必要となる職務が調査され，その職務の内容や必要なスキルが分析される（職務分析，job analysis）。そして，分析された職務は，責任や難易度によって職務評価（job evaluation）が行われ，職務価値（job size）が決定される。その後，職務価値に基づいて，いくつかの段階が設けられた職務等級（job grade）が職務に設定される。また，職務分析や職務評価によって，職務内容が文書化された職務記述書（job description）が作成される。これによって，その職務を担う従業員の価値や従業員への期待が示されることになる。こうした職務等級制度は，主に欧米で用いられる社員格付け制度である（**図1**）。

職務評価にはさまざまな方法があるが，代表的なものに，コンサルティング会社であるヘイグループが開発したヘイ・システムがある。ヘイ・システムはエドワード・ヘイによって開発されたものである。これは，人が仕事を行い，成果を出すための共通的なステップを踏まえて開発されている。具体的には，インプット（必要な知識や経験），スループット（問題解決の難しさ），アウトプット（行動や成果が組織に与える影響の度合い）という3つの段階に整理し，それらに対応した基準をもとに，職務の重要度や困

難度といった職務価値を評価するというものである。必要な知識・経験が多く，問題解決が難しく，生み出される最終的な組織の成果へ与える影響が大きいほど，職務価値は高くなるであろうという考えに基づいて，職務の価値を測定するシステムである。3つの段階のそれぞれについて測定基準が設定されており，インプットは，ノウハウ（専門性，管理運営ノウハウ，人間関係スキル），スループットは問題解決（必要な思考の抽象度や挑戦度），アウトプットはアカウンタビリティ（職責として期待される成果の大きさ）が設定されている。全体の概要は**図2**の通りである。

職務等級制度における賃金は，担う職務に設定された職務等級に基づいて決まる職務給となる。同じ職務であれば，どの従業員がその職務を担っても原則的には賃金は変わらない。職務給の水準は市場相場をもとに決定される。

職務等級制度における昇進は，欠員となった上位等級に位置づけられる職務に就く場合や，担当する職務の職務価値が見直されて上位の等級に位置づけられる場合に生じることになる。また昇進の際に飛び級が行われる場合もある。反対に，職務価値の小さい職務に異動になると降級となることもある。つまり，処遇と配置が連動しており，賃金は等級に応じて変動する。ただし，国によって慣行は異なるが，本人の合意がない異動は行われないことが一般的である。

職務等級制度の採用には，メリットとデメリ

図2　ヘイ・システムによる職務評価の概要

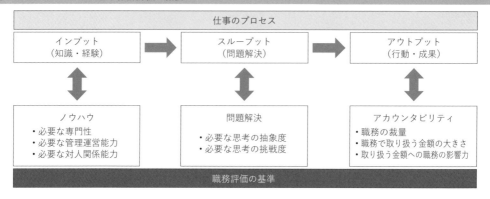

ットの両方がある。メリットとしては，企業にとっては年功的な処遇が避けられ，職務に見合った報酬を従業員に提供できることがある。また，職務が限定的かつ明確になっているので，職務特有の専門能力を獲得し蓄積しやすくなることや，社内外とりわけ社外からの人材調達が容易になること，空きポストを埋めるための社内人材を抱えるコストを削減できることがあげられる。

　従業員にとっては，職務記述書に基づき評価されるため，処遇の透明性が高まることがあげられる。また，現在の職務において高い評価を得たり，上位等級の職務へ昇進したりするために必要な成長目標が明確なものとなる。さらに，報酬水準は市場相場によって決まるため，自分と同じ職務に従事している人々の報酬の相場を知ることが容易となり，自身の報酬の妥当性を判断することができる。

　一方で，デメリットとしては，職務を管理する上で，膨大な時間と労力が必要なことがあげられる。これは，職務の統廃合が行われた際や定期的な見直しの際，企業は新たに職務分析・職務評価を行う必要が生じるためである。また，上位等級の職務に空きが生じない限り昇進の見込みがないため，従業員の流出や従業員の意欲が損なわれる可能性がある。さらに，職務を重視するため，業務分担の硬直や，異なる職種・組織における連携の悪化，従業員の柔軟な配置が難しいことがあげられる。

　こうした問題に対して，業務や配置の柔軟性

を高めるために，ブロードバンディングを実施する企業もある。ブロードバンディングとは，類似した職務を大括りにする職群（job family），さらにそれらを包括する職種（job function）を設け，職務設計を簡素化するものである。この場合，職務等級は職群に紐づけられ，大括りにされる。一例をあげると，人事（human resources）という職種には，給与担当（payroll）という職群がある。この給与担当の職務記述書には，「従業員に正確かつ迅速に給与が支払われることを保証する」という職責のもと「残業代・ボーナスの計算，税金や控除の計算」という一般的な内容が記載され，細かな記載は行われない。これによって柔軟な業務配分が可能になる。人事の職群としては，ほかにも，採用担当（recruitment）や研修担当（training）などがある。ただし，こうした職群の構成は，企業によって異なる場合がある。

　2017年の神戸大学と日本能率協会の調査によれば，近年の日本企業の社員格付け制度は，職務等級制度，職能資格制度，役割等級制度と多様化している。対象企業130社のうち，職務等級制度を採用している企業は15社（約12％）であり，職能資格制度を採用している企業は44社（約34%），役割等級制度を採用している企業は71社（約55%）である。職務等級制度は主流とはいえない状況である。　●穴田 貴大

図　社員等級制度の導入率推移

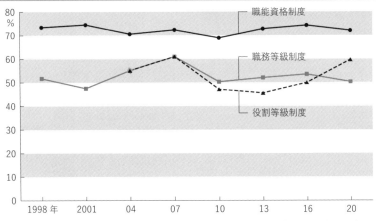

（注）　1）　2004 年および 2007 年調査では，「職務等級制度」と「役割等級制度」を同一項目
　　　　　　として尋ねている。
　　　　2）　産労総合研究所の会員企業を対象としている。

　1990 年代後半から 2000 年代初頭の成果主義導入以降，さまざまな社員等級制度が登場している。産労総合研究所による社員等級制度の導入率推移を確認すると，職能資格制度の割合が継続的に高いが，2000 年代に職務等級制度と役割等級制度の割合が増加している。その後 2010 年代からは，職務等級制度が一定の割合を維持する一方，役割等級制度が再び増加傾向にある。

　近年増加する役割等級は，従業員の保有する能力を重視した職能資格制度から，従業員がその時点で発揮している能力や職責を重視した制度への転換が目指される中で生まれた等級制度である。

　職能資格制度と役割等級制度では，制度設計の前提が異なっている。石田光男と樋口純平によると，職能資格制度は，右肩上がりの市場環境下において，企業の保有する人的資源の能力向上が，結果として製品やサービスの需要を生み出し，制度上増大する賃金コストを市場が吸収してくれることを暗黙の前提としていた。しかし，個人が保有する能力の対価は，市場環境の変化により変動しうる。役割等級制度は，市場環境が変化しやすい時代背景を受け，保有す

る能力と生産性の連鎖は市場に規定された不安定な連鎖であるという前提に立ち，社員の序列の再設計を試みたものである。

　役割等級は，職能資格制度と同様に「人」に着目して序列を設計している（前出の石田と樋口による）。具体的には，部門の長である管理職においては部門の役割（ポストの重要性）に基づいて序列を設定し，一般社員においては個々人の能力がどれだけ伸長し，どの程度専門性を発揮できているかに基づいて序列を設定する。

　このように，役割等級制度をはじめとした，職能資格制度以外の等級制度の導入が進んでいる。その目的として，高騰する人件費の抑制に加え，市場の変化に伴って再構築される経営戦略や組織構造との適合，人材開発機能の確保という複数の目的を両立できるような等級制度を企業が目指していることも見逃してはならない。

●三浦　友里恵

024 グローバル企業における等級制度

表　グローバルな等級のイメージ

Global Grade	カンパニー（A社）			
	日本本社	X国B社	Y国C社	Z国D社
Top Exe.	社　長			
Grade A	副社長	CEO		
			総経理	
	事業部長	COO		
			副総経理	
Grade B	本部長	GM		President
			部経理	
	部　長		科　長	VP
		Director		
Grade C				Director

図　日立における管理職の等級制度

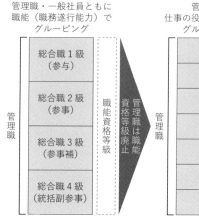

改訂前
管理職・一般社員ともに職能（職務遂行能力）でグルーピング

改訂後
管理職は仕事の役割の大きさでグルーピング

管理職：総合職1級（参与）／総合職2級（参事）／総合職3級（参事補）／総合職4級（統括副参事）

職能資格等級　資格等級廃止　管理職は職能

役割等級（日立グローバル・グレード）：X／A／B／C／D／E／F

　経営のグローバル化が進む中で，国内外の優秀な人材の発掘・育成・配置を可能にする制度の構築を試みる企業が増えてきた。その一環として，グローバルに統一された等級制度を導入する企業も散見される。グローバルな等級制度のもとでは，各国の優秀な人材を発掘し，それをグローバルなポジションに最適配置することが目指される。こうして優れた人材の戦略的な管理を指向するにあたり，多国籍企業を中心に統一的な格付けの基準が求められている。

　しかし，等級をグローバルに統一する道のりは単純ではない。なぜなら，国際的に見たとき，本社と支社，日本と海外などの違いによって，同じ企業グループの中でも与えられた役割は異なるし，そこで働く人々の職務内容は多様だからである。また，企業によって本国と海外現地法人との権限関係のあり方もさまざまなため，企業にとって最適な等級制度も異なってくる。

　グローバル企業において等級制度を整えるには，まず同じ企業グループにある各国の会社のポジションと，そのポジションごとの格付けを一元的に把握することが必要とされる。たとえば日立では，管理職以上の約5万ポジションをグループ・グローバル共通の基準で格付けする日立グローバル・グレーディング（HGG）を，2013年から導入している。同社の先駆的な事例だけ

でなく，グローバル基準の等級制度を実施しようとする企業では一般に，表のように日本本社の社長を頂点とし，各社の役職に対応した，グローバルな等級が定められていることが多い。

　表で例示したように，グローバル・グレーディングにおいて，日本本社の事業部長とX国のCEOなど，どちらのポジションが上なのかを明確に定めた場合，国内の等級制度もそれに整合する形に変更する必要がある。そのため日立では，図のように，2014年から新たな等級制度を国内の全管理職に対しても導入し，従来の職能資格等級制度を廃止した。同社では，人事や財務といった職種に基づく役割ではなく，各職種の中での貢献度や事業規模の大きさによって，職務評価を行っている。具体的には，「影響」「折衝」「革新」「知識」という4つの要素と，各要素に対する2～3の評価次元を用いて，該当する職務の役割の大きさを算出し，X～Fまでの7段階に格付けしている。新たな評価体系では，同じ職位でも役割の大きさによって適用グレードに差を設けることが可能になる。

　グローバルに一律な等級の制度化に関する取り組みは，日本企業においても緒に就いたばかりである。グローバルな等級制度の整備は，管理職以上のポジションを中心に行われている現状にあるといえるだろう。

●園田　薫

第 **4** 章

雇用管理

＊
図表の出所は巻末参考文献参照（以下同様）。

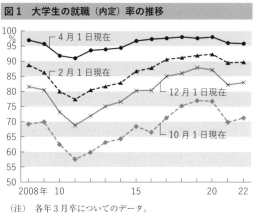

図1　大学生の就職（内定）率の推移

4月1日現在
2月1日現在
12月1日現在
10月1日現在

2008年　10　　15　　20　22

（注）　各年3月卒についてのデータ。

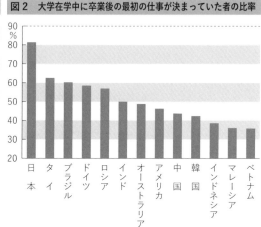

図2　大学在学中に卒業後の最初の仕事が決まっていた者の比率

日本　タイ　ブラジル　ドイツ　ロシア　インド　オーストラリア　アメリカ　中国　韓国　インドネシア　マレーシア　ベトナム

　採用とは，企業内の労働需要が，現に保有する労働力を上回っている場合，企業が外部労働市場から労働力の調達を図ることを指す。企業の外部から労働力を調達する際，派遣や請負といった外部人材の活用に基づく方法と，企業が労働者を直接雇用する方法がある。後者の直接雇用をする場合には，契約期間の定めを設けるのか（無期契約／有期契約），職種や勤務地を限定するのか，などで多様性が見られ，そこには必要な労働力のタイプ，企業の置かれた状況や戦略等が反映されている。

　採用方法には，欠員の発生に合わせて即戦力の補充を行う中途採用の方式と，中長期の採用計画に基づき採用後の能力開発を予定して行われる定期採用の方式などが存在する。この定期採用に関して日本の大きな特徴は，新卒一括採用と呼ばれる，国際的に見て珍しい慣行が存在するところにある。

　新卒一括採用とは，企業が採用者の多くを，一定の時期に一括して採用する新規学卒者によって確保する仕組みのことである。実際の採用は4月に実施されるが，事実上の採用決定（内定）はそれ以前に行われる。時期によって変動はあるものの，卒業年度の10月1日時点でおよそ6〜7割の大学生が内定を得ており，卒業と同時に9割以上の学生が就職する（図1）。13カ国の都市圏において大学卒以上で働いている

20〜39歳の男女を対象とした調査によると，大学在学中に卒業後の最初の仕事が決まっていた者の割合は，日本において81.4％であり，2位のタイ（62.6％）等を大きく上回っている（図2）。

　新卒一括採用の際には，大まかな採用区分に基づき，曖昧な募集要件が設定されることが多い。たとえば，事務職・技術職という業務内容の違いで区分する職種別採用や，総合職・一般職といった幹部候補としての位置づけや転勤の有無などで区分するコース別採用などが実施されている。ただ，いずれにしても応募者に求められる要件は概括的で，求職者には特定の専門性や経験を求めず，学校での専攻が問われないことも多い。こうした採用慣行の背景には，幅広い経験を積みながら組織人として従業員が成長することへの期待があるといわれている。

　日本において新卒一括採用が定着している背景として，企業と求職者双方のメリットが指摘されている。第1に，一定の時期に一括して採用が実施されるため，企業は採用コストを抑制でき，求職者にとっても効率的に就職活動が実施できる。第2に，同一の採用過程を通じて年齢等で類似性を有する同期集団を形成することができるため，従業員の間に組織の一員としての意識を醸成しやすくなる。第3に，若年者の失業率を低下させ，彼／彼女らの安定した雇用

の機会を生み出してきた，という効果がしばしば指摘される。職業経験の少ない若年者は，労働市場において不利な立場に置かれることによって失業のリスクが高くなるほか，学校卒業後，一定期間を経ると正社員としての就業機会が制約される確率も高くなる。それが，新卒一括採用という学校卒業と就職とを切れ目なく結びつける仕組みによって，若年者は安定した雇用を享受できるようになったといわれる。

　他方，新卒一括採用にはデメリットも指摘されている。第1に，求職者間の雇用される機会の格差である。学校卒業時に好景気で募集人数が増大していれば，求職者は雇用機会に恵まれる一方で，たまたま卒業時に不景気で採用数が絞り込まれていると，安定した雇用機会を逸するリスクが高まる。正社員の多数を新卒者によって確保する新卒一括採用の仕組みにおいては，こうした機会格差が，その後の経済格差として固定化する。

　第2に，企業と求職者の間のミスマッチである。この仕組みのもとでは，学生が十分な職業経験のないまま就職することとなる。そのため，企業と新卒者の間で期待や適性のミスマッチが生じ，就職後の定着率を低下させる要因になっていると指摘されることがある。実際，新卒者の卒後3年以内の離職率は，高卒者で4割，大卒者で3割に及ぶ。こうした不一致を解消するための施策の1つが，インターンシップ制である。在学中の職業経験を通じて学生は自らの志望や適性を明確化することができるため，企業と学生とのミスマッチを小さくする効果が期待されている。

　上述のようなデメリットを受けて，新卒一括採用を見直す必要性も指摘されており，企業側にも徐々に変化が見られる。日本経済団体連合会が2021年に実施した企業に対する調査によると，将来的には新卒者の採用割合が減らされていく傾向を見て取ることができる（**図3**）。同調査からは，新卒者に対する採用方法として，調査時点から5年ほど先には新卒一括採用を減少させ，通年採用や職種別・コース別採用，ジョブ型採用（企業があらかじめ明確に定義した職務

図3　新卒者と既卒者の採用割合

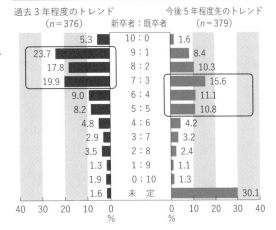

図4　採用方法（新卒一括採用，通年採用，ジョブ型採用等）

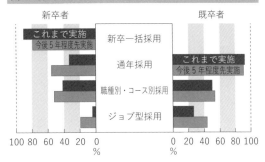

（注）　1）　新卒者・これまで実施：n＝370，新卒者・今後5年程度先実施：n＝362，既卒者・これまで実施：n＝354，既卒者・今後5年程度先実施：n＝350。
　　　　2）　複数回答。

内容に基づいて必要な人材を採用すること）を増加させようとする傾向も読み取れる（**図4**）。新卒一括採用という日本に特徴的な人事慣行の，今後の動向が注目される。

●林　嶺那

026 インターンシップ

インターンシップについては，「学生が在学中に自らの専攻，将来のキャリアに関連した就業体験を行うこと」（1997年の文部科学省・厚生労働省・経済産業省による3省合意）という定義が，広く浸透してきた。

学生にとって，インターンシップへの参加は，①業界・業種の理解が深まる，②仕事内容や職場の雰囲気を具体的に知ることができる，③自分自身のスキルや能力，将来設計を考えるきっかけになる，といった効果が期待できる。

企業にとってもインターンシップは，①実践的な人材の育成，②大学等の教育への産業界等からのニーズの反映，③企業等に対する理解の促進や魅力発信，などの意義がある。企業等の実態を学生に対して伝え，理解を深めてもらう機会になるのである。学生が，インターンシップによって業界や業種，職種，業務内容などへの理解を深めることで，就業希望の促進，入社後のミスマッチ解消，就職後の活躍や定着（離職率の低下），企業への忠誠心・愛着の増加などへとつながる可能性がある。

日本ではインターンシップがキャリア教育の一体験として位置づけられてきた。主に大学を中心に，採用とは切り離されたキャリア教育の一環として，大学外で就業するという形で実施され，発展してきたのが特徴である。

しかし2010年代に入ると，日本におけるインターンシップの取り組みに対する認知度が向上し，企業が採用を主目的として実施する短期間の取り組みが増加し始めた。さらに2020年代に入ってからは，新型コロナウイルスの感染拡大によって，オンラインでのインターンシップが急増した。内閣府による2021年の調査によると，約7割の学生がインターンシップに参加し，約5割は複数回参加している。ただし，インターンシップ参加者のうち，最長期間は半日または1日が約8割を占め，それらの中で就業体験を伴うものは3割に過ぎない。

日本経済団体連合会は，産学によるキャリア形成支援のプログラムを4つの類型に整理し，それぞれの定義を2022年に公表した（表）。そこでは，現在の採用に傾斜した超短期のプログラムは「オープンカンパニー」とされ，就業体験を伴う一定期間以上の「インターンシップ」とは明確に区別されている。　　●今永 典秀

表　経団連によるインターンシップの類型

類型	性質	主な特徴	採用活動の可否	就業体験の有無
オープンカンパニー	個社や業界に関する情報提供・PR	企業・就職情報会社・大学キャリアセンター主催のイベント・説明会を想定。超短期（1日）	不可	なし
キャリア教育	働くことへの理解を深めるための教育	企業のCSRとして実施するプログラムや，大学主導の授業など	不可	任意
汎用的能力・専門活用型インターンシップ	就業体験を通じて，学生にとっては自らの能力の見極め，企業にとっては学生の評価材料の取得	汎用的能力活用型は短期（5日以上），専門活用型は長期（2週間以上）。参加期間の半分以上は職場で就業体験	採用活動開始以降に限り，可	必須
高度専門型インターンシップ	就業体験を通じて，学生にとっては実践力の向上，企業にとっては学生の評価材料の取得	ジョブ型研究インターンシップなどを試行中（主に大学院生向け）	採用活動開始以降に限り，可	必須

027 就職と離職

図1 高校生の就職活動

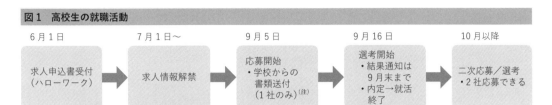

6月1日	7月1日〜	9月5日	9月16日	10月以降
求人申込書受付（ハローワーク）	求人情報解禁	応募開始 ・学校からの書類送付（1社のみ）(注)	選考開始 ・結果通知は9月末まで ・内定→就活終了	二次応募／選考 ・2社応募できる

（注）　高校生は7月以降に教員との面談などを経て応募先を決め，書類と推薦状を学校から提出することで応募する。

図2　大学生の「標準的な」就職活動（2025年卒）

	4月	5月	6月	7月	8月	9月	10月	11月	12月	1月	2月	3月
卒業前年度（学部3年，修士1年）	ナビサイトプレ登録 →		インターンシップ応募・参加 →						プレエントリー →			●（新卒採用求人情報広報解禁） エントリー
卒業年度（学部4年，修士2年）	→	●（選考開始） 面接→内々定	→				内定					

（注）　このスケジュールは政府の要請に準じたものであり，新卒者の採用活動を行うすべての企業がこのスケジュールで採用を行っているわけではない。

　学生が在学中に就職活動を行い採用の内定を得て，卒業と同時に就職するのは，日本に特徴的な学校から仕事への移行の仕組みである。その上で，在学中の就職活動と学業との両立，および人材獲得をめぐる過当競争を防止する観点から，採用・就職に関してルールが設けられてきた。

　高等学校卒業者の採用・就職は，行政（厚生労働省，文部科学省），高校，主要経済団体（日本経済団体連合会，日本商工会議所，全国中小企業団体中央会）の申し合わせにより，**図1**に示したようなスケジュールで行われる。就職希望の生徒は学校からの推薦を受けて1社のみに応募するという「一人一社制」が特徴だが，この制度には就職先の選択肢が限定されるなどデメリットもあり，見直しが進められようとしている。

　卒業後就職を希望する大学生・大学院修士課程学生の採用活動は，経済団体による就職協定（〜1997年），倫理憲章（〜2012年），採用選考に関する指針（〜2018年），政府の要請（〜2023年現在）などによって，求人情報開示や選考活動開始が規定されている。**図2**の通り，卒業前年度6月頃から就職に関する活動を開始し，「イ

ンターンシップ」を経験しながら，卒業前年度3月からエントリー（応募）・説明会などで情報を収集し，卒業年度6月に選考がスタートするというスケジュールが想定されているが，実際には6月早々に内々定が出されるケースも少なくない。

　図3は，新卒で就職した企業を3年以内の早期に離職した割合および新規大卒者の求人倍率である。早期離職が社会問題となった2000年初頭，早期離職割合が中学卒業者の場合7割，高校卒業者の場合5割，大学卒業者の場合3割であったことから，七五三問題といわれてきた。高校卒業者の早期離職割合は，2010年辺りから4割程度に改善している。一方，大卒者の早期離職割合は1987年以降，最小23.7％（1992年3月卒）・最大36.6％（2004年3月卒）と幅はあるものの3割前後で推移しており，改善の兆しが見られていない。また，大卒求人倍率と大卒者の早期離職割合との関連を見ると，不況で求人倍率が低い時期に新卒者として就職した場合に早期離職割合が若干高くなる傾向が見られる。不況期は求人数が少ないために安定した雇用が得づらいだけでなく，就職先の選択肢が狭

図3 新卒就職者の3年以内離職率（学歴別）

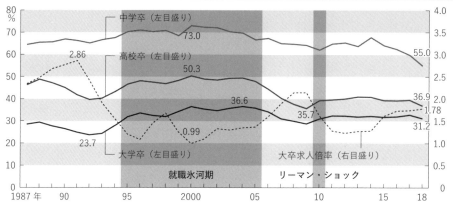

（注）1）各年3月卒業者についてのデータ。横軸は卒年を表すため，たとえば図中2018年の数値は，2018年3月卒業者の3年以内離職率，すなわち2021年3月末時点での離職率を示す。なお，それぞれの最大値・最小値・最新値は，グラフ内にも数値を記載した。
　　　2）リーマン・ショックが起こった2008年9月には2009年3月卒業者（2009年4月入社者）の就職活動はほぼ終わっており，その影響を受けたのは2009年以降に就職活動を行った2010年代前半の卒業者であった。

表　はじめて就職した会社を離職した理由

（単位：％）

	全　体[1]	正社員のみ	はじめて就職した会社での勤続期間[2]		
			3カ月未満	3カ月〜6カ月未満	6カ月〜1年未満
仕事が自分に合わない	**20.1**	**20.8**	**38.6**	**35.1**	**31.9**
自分の技能・能力が活かされなかった	7.7	9.0	7.1	15.0	8.6
責任のある仕事を任されたかった	1.4	1.7	1.5	1.4	0.7
ノルマや責任が重すぎた	13.9	13.9	19.8	17.5	9.7
会社に将来性がない	12.0	15.6	4.8	7.2	10.6
賃金の条件がよくなかった	23.4	27.4	11.8	16.6	25.7
労働時間・休日・休暇の条件がよくなかった	30.3	32.3	36.0	31.9	33.7
人間関係がよくなかった	**26.9**	**25.1**	**38.7**	**37.4**	**43.1**
不安定な雇用状態が嫌だった	7.0	7.4	6.5	5.5	7.4
健康上の理由	9.2	7.9	18.3	13.3	12.6
結婚・子育てのため	10.8	7.4	1.2	3.7	4.2
介護・看護のため	1.3	0.9	5.8	0.5	0.3
独立して事業を始めるため	0.5	0.6	0.1	—	0.0
家業を継ぐまたは手伝うため	1.0	1.3	0.0	0.3	0.3
1つの会社に長く勤務する気がなかったため	3.6	4.0	0.8	3.2	1.2
倒産・整理解雇または希望退職に応じたため	2.5	2.8	1.2	1.2	1.3
雇用期間の満了・雇い止め	5.4	4.1	7.3	7.3	7.4
その他	15.3	16.6	11.5	14.2	16.1

（注）1）調査時点で最終学校卒業後はじめて勤務した会社で働いていない満15〜34歳の労働者。
　　　2）はじめて就職した会社での就業形態は問わない。

いため不本意な就職につながり，早期離職に至りやすい可能性がある。

　さらに，はじめて就職した会社を1年未満で離職した者に対して，離職理由を尋ねた結果を見ると，「労働時間・休日・休暇の条件がよくなかった」「人間関係がよくなかった」「賃金の条件がよくなかった」「仕事が自分に合わなかった」が上位にあげられている（**表**）。入社前

の想像と現実が異なるという心理的な経験（リアリティ・ショック）は，その程度によっては早期離職につながることがある。

　新卒者を募集する事業主に対しては，若年雇用推進法によって職場情報の提供が義務づけられている。企業が実態に基づく幅広い情報を応募者に提供することで，早期離職の防止が期待される。　　　　　　　　　●高崎　美佐

リクルートワークス研究所によると，企業の採用に関しては，2012〜2021年度の間ほぼ一貫して，新卒採用と中途採用の比率が3対7程度の構成となっている。そうした中で，採用手法に関しては，主に中途採用について，多様な手法が見られるようになってきている。

採用に関する一般的な手法としては，①求人広告，②人材紹介，③イベント（合同企業説明会・企業展，会社説明会），④ハローワーク，⑤自社採用（ウェブサイト等の活用）などが実施されてきた（**表**）。

②人材紹介には，登録者に対して広く紹介を行う形態に加え，業界や職種などを限定したセグメント特化型，人材紹介会社のエージェントが人材にアプローチする「サーチ型」，再就職支援に特化した内容も存在する。

⑤自社採用に関しては，企業の社員が知人を紹介する「リファラル採用」と呼ばれる手法も活用され，企業と相性のよい人材へのアプローチ，さらには離職率の低下が期待されている。さらに，表中には記載されていないが，「アルムナイ採用」として，一度働いて転職や退職した人材を再び採用する手法も活用されつつある。

X（旧 Twitter）をはじめとした SNS を採用に向けて補助的に活用するケースも増え，企業は自社の採用ニーズに合致した人材を，さまざまな手法で獲得するようになってきている。

新しい手法として，人材のプラットフォームを有する企業の情報の中から，求職者に対して求人企業が直接アプローチする，⑥ダイレクトリクルーティングが注目されている。自社の採用ニーズに合致した人材に求人企業が直接アプローチする点が特徴である。転職検討者がオファーを求めて登録する「一般登録型」と，個人側からの発信など SNS 要素を持つ形態の「SNS 型」がある。

近年ダイレクトリクルーティングの採用割合は増加する傾向にあり，こうした取り組みは中途採用のみならず新卒採用でも展開されるようになってきている。

企業は，自社が望む採用する人材像を明確にし，ダイレクトリクルーティングなど新たな手法の特徴を理解した上で，これまでの手法と併せて自社にとって有益な採用戦略を立案し，実行することが重要である。　　　　●今永 典秀

表　中途採用の主な採用手法

大分類	小分類	概　要
①求人広告		各種メディアに求人を掲載し，求職者が応募
	汎用型	多様な職種・業種向けに利用される求人広告
	セグメント特化型	業界・職種・レイヤーを絞った求人広告
	転職潜在層向け	上記にあてはまらない新しい形態の求人広告
②人材紹介		職業紹介会社経由のマッチングによる採用
	一般登録型	多様な職種・業種に対応した登録型の人材紹介
	セグメント特化型	業界・職種・レイヤーを絞った登録型の人材紹介
	サーチ型	エージェントから人材にアプローチする人材紹介
	再就職支援型	再就職支援形式の人材紹介
③イベント		イベント等の対面マッチングを契機とする採用
④ハローワーク		ハローワークでの求人掲載経由での採用
⑤自社採用		上記の各種サービスを利用しない中途採用
	一般応募	自社ウェブサイト等を経由しての応募による採用
	リファラル	社員紹介経由の採用
⑥ダイレクトリクルーティング		求職者に対して求人企業が直接アプローチ
	一般登録型	転職検討者がオファーを求めて登録する形態
	SNS 型	個人側からの発信など SNS 要素を持つ形態

029 配置転換

表1 配置転換の実施状況

（単位：％）

		n	定期的に行う	定期的ではないが，行う	めったに行わない	まったく行わない	無回答
	計	5,792	15.5	52.9	25.4	4.1	2.0
正規従業員規模	100人未満	3,675	9.8	50.8	31.5	5.7	2.1
	100～300人未満	1,568	22.1	59.4	15.9	1.1	1.5
	300～1000人未満	316	38.9	50.0	9.5	0.0	1.6
	1000人以上	89	59.6	37.1	2.2	0.0	1.1

表2 配置転換の目的

（単位：％）

		n	従業員の人材育成	従業員のモチベーションの維持・向上	従業員の処遇・適材適所	事業活動の変化への対応	異動による組織の活性化	雇用調整	その他	無回答
	計	3,965	66.7	47.3	76.7	55.0	62.5	17.8	1.3	1.1
正規従業員規模	100人未満	2,227	62.3	43.6	73.7	50.5	56.3	17.7	1.4	1.3
	100～300人未満	1,278	70.0	49.5	80.4	60.3	67.4	17.8	1.0	0.5
	300～1000人未満	281	80.4	61.2	83.6	65.1	80.1	18.9	0.4	1.1
	1000人以上	86	90.7	70.9	86.0	70.9	86.0	24.4	2.3	0.0
配置転換の実施状況	定期的に行う	899	83.2	65.2	84.3	57.5	83.0	18.9	1.6	0.0
	定期的ではないが，行う	3,066	61.8	42.0	74.5	54.3	56.5	17.5	1.2	1.4

（注）　配置転換を行う企業（配置転換を「定期的に行う」「定期的ではないが，行う」）を対象に集計，複数回答。

　社員を職務に就けることを配置，その職務を異なる職務に移動させることを配置転換と呼ぶ。一般的には，配置転換は所属部署の変更を伴うものが多く，職務が変更されても長期出張や応援等の一時的なものは配置転換とは呼ばない。配置転換は広く実施されており，とくに大企業では定期的に実施されるケースが多い（表1）。

　日本企業の人事管理の特徴として，長期雇用を前提とし，雇用契約が職務を明確にしない形で労働時間や就業場所に関しても包括的に締結され，企業の裁量が広く認められる点があげられる。また，そのような中で，配置転換は企業の人事権の行使による業務命令であり，社員側が拒否できる余地は小さいとされる。欧米の場合は，職務と勤務地を含む雇用契約が結ばれることが一般的であり，配置転換の際には雇用契約の変更と本人の同意が必要となる。日本では配置転換が企業主導型であるという点が，欧米と大きく異なる点である。

　配置転換は，戦後期には管理職候補の育成が主な目的で限定的に行われていたが，高度経済成長期に入ると，企業は事業拡大や新拠点設置に伴って企業内部における労働力の移動が必要となり，その対象者が拡大された。その後，経済の低成長期に入ると，企業が規模や活動を縮小する際の雇用調整手段の1つとなり，解雇回避措置としても配置転換が行われるようになった。

　配置転換の目的を企業に尋ねた調査結果では，「従業員の処遇・適材適所」「従業員の人材育成」「異動による組織の活性化」「事業活動の変化への対応」と回答する企業が多くなっており

表3　配置転換の分類と特徴

	異　動 （配置換え，転勤）	在籍出向	転籍出向
雇用契約	所属企業と契約	所属企業（出向元）との契約を維持したまま，出向先企業とも契約	所属企業（出向元）との契約を終了し，転籍先企業と契約
勤務先	所属企業の事業所	出向先企業の事業所	転籍先企業の事業所
指揮命令権	所属企業	出向先企業	転籍先企業

（**表2**），企業側にとっては，市場や技術の変化といった環境変化に柔軟に応じた人材配置ができる点や，社員に多様な経験をさせ，多能工的な人材を育成・確保できるといった利点がある。一方で，専門的な人材が育ちにくい点や，個人の意思や能力と関係のない配置によって社員がキャリア形成に希望を持てなくなったり，転居を伴う転勤により本人・配偶者のキャリアや家庭生活に支障が生じるといった問題点もある。

配置転換については，同一企業内で行われる「異動」が最も一般的である。異動は，同一事業所内で所属部署が変更される「配置換え」と，勤務地（所属事業所）が変更される「転勤」から構成され，「転勤」には転居が必要になる場合もある。異動以外の配置転換としては，社員の身分を維持したまま，他社の指揮命令下で業務に従事させる「在籍出向」や，社員がこれまで雇用関係にあった企業を退職し，他の企業に籍を移す「転籍出向」がある（**表3**）。

「在籍出向」は主に，子会社・関連会社の技術・経営面での支援や，社員の育成，能力開発を目的として実施される。多くの場合，出向先は子会社・関連会社といった企業グループ内である。

また，主に中高年層を対象に，ポスト不足や定年延長対策，外部環境変化に対応する人員調整を目的として，「在籍出向」さらには「転籍出向」が行われる場合もある。

「在籍出向」と「転籍出向」が大きく異なる点は，「転籍出向」では，社員がそれまで雇用関係があった元の企業との雇用関係が終了する点にある。そのため，転籍先企業の倒産等，転籍先で職務を失った場合に元の企業に復帰することができない。また，「配置換え」「転勤」

「在籍出向」は特別な条件がない限り，就業規則や労働契約に基づき企業側の命令で実施できるのに対し，「転籍出向」は原則として本人の個別同意が必要とされる。ただし，「転籍出向」はいわゆる転職と異なり，雇用関係にある企業が転籍先を決定し，退職・再就職のプロセスにかかわることが一般的である。

働き方の多様化やワーク・ライフ・バランス，共働き世帯の増加といった変化を背景に，配置転換のあり方にも変化が求められてきている。とくに転居を伴う「転勤」は，キャリアや生活への影響が大きいことから，一部企業では配偶者の転勤への対処として「勤務地変更制度」「配偶者転勤休職制度」「再雇用制度」の適用や，転居を伴う転勤がない「地域限定職」の導入も行われてきた。また，近年では転勤制度を廃止あるいは見直す企業も出てきており，コロナ禍を契機にテレワークが普及したことも議論を後押しした側面がある。これまで日本企業は，長期雇用保障の見返りに，社員に対して企業主導型の配置転換に対応する柔軟性を求めてきた。しかし，外部環境や経営状況の変化に伴って，必ずしも長期雇用の保障がされない昨今，多様化する個人のキャリアや生活に配慮する動きも出てきている。

●小山　はるか

030　雇用調整

図1　景気変動と雇用調整実施企業割合の推移（製造業）

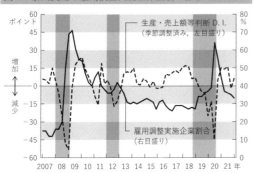

(注)　「生産・売上額等判断D.I.」は，前期と比べて「増加」と回答した事業所の割合から「減少」と回答した事業所の割合を差し引いたもの。濃い網かけ部分は内閣府の景気基準日付（四半期基準日付）による景気後退期を示す。

産業構造の変化や景気変動といった外的ショックに対応するために，企業が雇用の量や質的構成を最適化することを雇用調整という。**図1**で日本の製造業企業による雇用調整の変化を追うと，雇用調整を実施する企業は，景気後退局面で増加し，景気拡張局面では減少する傾向にあることが確認される。

雇用調整の手段には一般に，採用抑制や希望退職者募集，整理解雇，有期雇用労働者の契約更新停止・解雇といった人員削減を伴うものに加え（労働者数の調整），人員削減を伴わない手段も含まれる。人員削減を伴わない調整手段と

しては，残業規制や操業短縮等によって労働日数・労働時間を調整する手法のほか，出向や配置転換等のように企業間・企業内の労働需給ギャップを縮減・解消する手法も用いられる。新型コロナウイルス感染症流行下にあった2020年には（**図2**），最初の緊急事態宣言が発出された2020年4〜6月期を中心に，「残業規制」や「一時休業」（従業員を在籍させたまま一時的に休業させること，一時帰休ともいう），「配置転換」，「休日の振り替え，夏季休暇等の休日・休暇の増加」等が雇用調整手段として活用された。

なお日本では，制定法上は「解雇自由」の原則が維持されているが，労働契約法第16条により，「客観的に合理的な理由を欠き，社会通念上相当であると認められない場合」は解雇権の濫用として無効とされる。また整理解雇を行うためには，判例として蓄積された「整理解雇の4要件」（①人員削減を行う経営上の必要性，②解雇回避努力義務，③解雇対象者の選定基準・適用の合理性，④解雇対象者や労働組合に対する十分な説明・協議等，適正な手続きの妥当性）を満たす必要がある。こうしたことを背景に，日本においては前述のように，解雇に先んじ労働時間や日数の調整等を中心とする雇用調整手段が広くとられている状況にある。

●小澤　彩子

図2　主な雇用調整手段の実施状況（製造業，2020年）

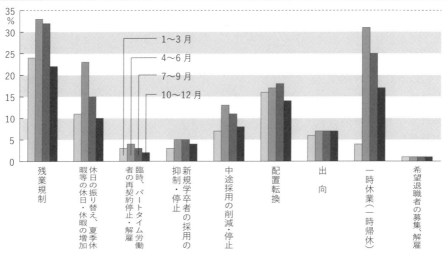

(注)　複数回答。

図1　定年年齢別企業数割合の推移

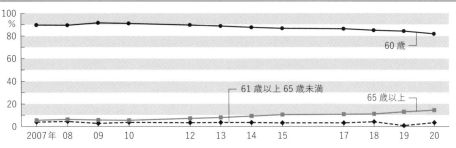

（注）　母数は定年制があると回答した企業。2011年と2016年はデータがない。

　日本企業の高齢従業員にかかわる雇用制度の代表例は，定年制であろう。定年制とは，従業員が一定年齢に到達したときに自動的に雇用関係を終了させる仕組みである。とくに正社員は原則として無期雇用契約であることから，彼／彼女らが自発的に退出しない限り，年月が経つにつれ企業全体が高齢化していく。また，従業員が高齢化すると健康上のリスクが高まる，高齢従業員が上位のポストを占めたままでは若手従業員の育成が阻害される，といった点も，高齢従業員の雇用管理上の課題として指摘されている。そこで企業は定年制を設けることにより，従業員を円滑に退出させて，組織の新陳代謝を促し活性化することができる。従業員も，定年制のおかげで定年年齢までは雇用機会の確保が期待できる。

　定年制は，戦後の高度経済成長期に日本企業で広く普及・定着した制度である。人事院が行った「民間企業の勤務条件制度等調査」によれば，2020年時点でも99.5％の企業で採用されており，定年年齢を60歳に設定している企業が81.8％を占める（図1）。しかし後述の通り，現代において定年制は，定年年齢の引き上げや，定年制そのものの廃止が社会から期待される傾向にある。

　定年年齢は原則的に企業が決定するものであるが，定年後の従業員は公的年金を頼りに暮らす場合が多いことから，定年退職後の生活に障りのないよう公的年金の支給開始年齢を参照して設定されてきた。しかし，平均寿命が延びて社会全体の高齢化が進展すると，社会保障制度維持の観点から公的年金の支給開始年齢が遅れるようになった。これに伴って，高齢従業員の就業機会の確保に関する社会的要請が強まった。また，人口減少により社会全体で労働力が不足することから，労働力の一端としても高齢従業員の活躍が期待されている。以上を背景として高齢従業員の雇用にかかわる法制度が整備されてきている。

　現在，高年齢者雇用安定法（2021年4月改正）によって，定年は「60歳を下回ることができない」（第8条）とされ，事業主に対してはさらに，65歳までの雇用確保の義務と70歳までの就業機会の確保の努力義務が設けられており，定年制の廃止の検討も含めた対応が求められている。

　高齢従業員を定年後も継続して雇用する制度を継続雇用制度と呼ぶが，そこにはさまざまな制度が含まれる（表）。たとえば再雇用制度とは，定年により一度雇用契約を解消した後に再度雇用契約を結ぶ制度である。勤務延長制度は，定年を経ても雇用契約を継続する制度である。また，子会社等の関連企業に出向することで雇用を継続する場合もある。なお，これらの中で代表的なのは再雇用制度である。

　再雇用制度の実態について，まず再雇用の場合は嘱託・契約社員となるケースが多く，以前と同じような仕事内容で働きやすさに配慮することが多い（図2）。その一方で多くの場合，給与は定年前と比較して減額される。労働政策研

表　継続雇用制度の有無別・制度の内容別企業数割合（2020 年度）

（単位：％）

項目／企業規模	計	継続雇用制度がある	制度の内容							継続雇用制度がない	不明
			再雇用制度のみ	再雇用制度・勤務延長制度両方	再雇用制度・特殊関係事業主（子会社等）での継続雇用	勤務延長制度のみ	勤務延長制度・特殊関係事業主（子会社等）での継続雇用両方	特殊関係事業主（子会社等）での継続雇用のみ	再雇用制度・勤務延長制度・特殊関係事業主（子会社等）での継続雇用全部		
規模計	100.0	96.5	(90.4)	(4.3)	(0.9)	(4.1)	(—)	(0.2)	(0.1)	3.4	0.1
500 人以上	100.0	96.6	(93.4)	(2.1)	(2.5)	(1.4)	(—)	(0.3)	(0.2)	3.3	0.1
100 人以上500 人未満	100.0	97.0	(91.2)	(4.4)	(0.9)	(3.3)	(—)	(0.2)	(0.1)	2.9	0.1
50 人以上100 人未満	100.0	95.5	(88.2)	(5.0)	(0.3)	(6.4)	(—)	(0.1)	(—)	4.2	0.2

（注）　母集団は定年制がある企業。( ) 内は継続雇用制度がある企業を100 とした割合。

図 2　継続雇用者の配置における配慮

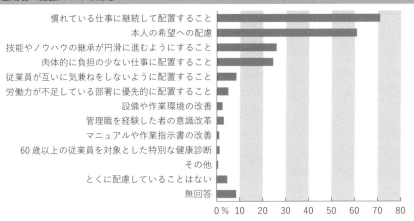

（注）　複数回答。

究・研修機構による 2020 年の調査によれば，定年直前の賃金を 100 としたとき，継続雇用者の賃金は平均で 78.7 まで減少することが示されている。また同調査では，60 歳代前半層に対して何らかの評価制度を導入している企業は 29.3 ％であり，約 7 割の企業が評価制度を導入していないことも示されている。つまり，高齢従業員の働きぶりが処遇に反映されておらず，インセンティブ設計の点で課題があることが示唆される。

　高齢従業員の雇用をめぐる議論は社会全体の高齢化への対応を起点としているため，これまでは，いかに雇用を確保するかに力点が置かれ，高齢従業員を企業内で戦力としてどう活用するかという視点は相対的に弱かったといえる。しかし，先述の通り今後高齢従業員の活躍に期待するならば，彼／彼女らの就業ニーズに即した上で，評価処遇制度の設計や必要に応じたリスキリングなど，高齢従業員活用のための取り組みを進めていく必要があるだろう。

● 中野　浩一

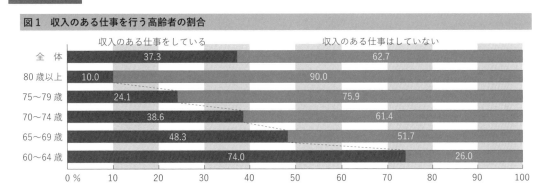

図1　収入のある仕事を行う高齢者の割合

図2　何歳頃まで収入を伴う仕事をしたいか

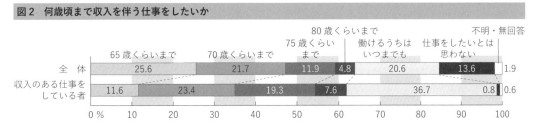

図3　働く理由に関する調査結果

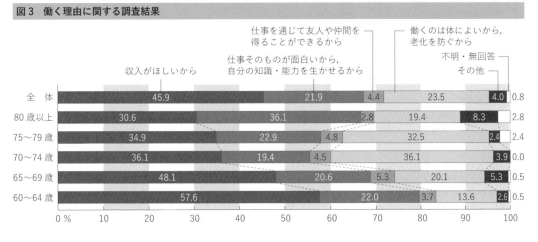

　政府の後押しもあり，働く高齢者は増加傾向にある。2020年に内閣府が行った調査によると，収入のある仕事をしている割合は，60歳以上全体で37.3％と，3人に1人の高齢者が働いていることがわかる。また，年代別に見ると，年齢が高くなるにつれて働く高齢者の割合は低下するものの，70代後半でも4人に1人の高齢者が働いている（**図1**）。

　「何歳頃まで収入を伴う仕事をしたいですか」という問いに対しては，60歳以上の高齢者の約2割，現在収入のある仕事をしている高齢者の約4割が，「働けるうちはいつまでも」と回答している。また，「70歳くらいまで」とそれ以上の期間との回答を合計すれば，60歳以上の高齢者の約6割，仕事をしている高齢者の約9割が，70歳以上まで働きたいと考えていることがわかる（**図2**）。

　諸外国と比較した調査においても，日本における高齢者の就業意欲は，アメリカやドイツ，スウェーデンと比較しても高いことがわかっている（内閣府「令和2年度 第9回 高齢者の生活と意識に関する国際比較調査（全体版）」）。

　高齢者が働く理由について，60歳以上全体では経済的理由の「収入がほしいから」が最も

図4　高齢者の就業形態　　　　　　　　図5　仕事を見つけた主な方法

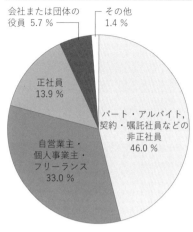

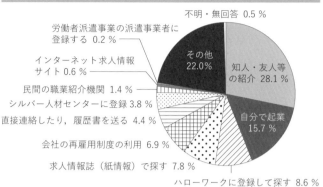

多く，「働くのは体によいから，老化を防ぐから」や「仕事そのものが面白いから，自分の知識・能力を生かせるから」といった項目が続いている。これを年代別に見ると，60代前半では「収入がほしいから」が多く6割弱を占めるものの，年齢が上がるにつれて意識は多様化し，仕事の面白さや健康維持といった経済的な報酬以外の理由も増加してくる（**図3**）。

　働き方の特徴としては，パート・アルバイト，契約・嘱託社員などの非正社員の割合が高いことがあげられる。また，自営業主などの割合が3割強に上ることも注目される（**図4**）。高齢者が定年退職後に起業するケースも増えてきており，個人事業主やフリーランスとしての独立が，それまで培ってきた知識や経験などを活かしやすいという利点に加えて，働く場所や時間を自由にコントロールできるなど，魅力的な働き方であることが窺える。

　60歳以上の高齢者が仕事を見つけた方法では「知人・友人等の紹介」「自分で起業」などが上位にあり，それまでに構築してきた人脈や経験などを活かしながら，新しい仕事につなげている高齢者が多く存在することがわかる（**図5**）。
　　　　　　　　　　　　● 有馬　教寧

第 **5** 章

企業内キャリア形成

＊
図表の出所は巻末参考文献参照（以下同様）。

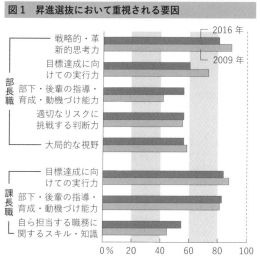

図1 昇進選抜において重視される要因

部長職
- 戦略的・革新的思考力
- 目標達成に向けての実行力
- 部下・後輩の指導・育成・動機づけ能力
- 適切なリスクに挑戦する判断力
- 大局的な視野

課長職
- 目標達成に向けての実行力
- 部下・後輩の指導・育成・動機づけ能力
- 自ら担当する職務に関するスキル・知識

2016年　2009年

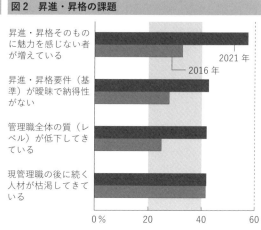

図2 昇進・昇格の課題

- 昇進・昇格そのものに魅力を感じない者が増えている
- 昇進・昇格要件（基準）が曖昧で納得性がない
- 管理職全体の質（レベル）が低下してきている
- 現管理職の後に続く人材が枯渇してきている

2021年　2016年

　昇進選抜で重視される要因を従業員300人以上の企業102社に尋ねたリクルートマネジメントソリューションズ（RMS）の調査（2016年）によると，部課長各層における上位3要件として，部長層ではとくに戦略的・革新的思考によってものごとを構想して大局的視野から判断し実行することが，課長層ではとくに担当職務に関するスキル・知識があがっている（**図1**）。ここで部長とは，経営的視点から部門の最終意思決定を行う，部門の責任者である。プレイヤーとして実務に携わるのではなく，経営戦略を示して部門をマネジメントし，事業計画の目標達成に導く役割を担う。課長とは，経営戦略に基づき戦術を実行する役割を担う，現場の責任者である。各役職の上位要件は，これらの役割遂行に求められる能力として整合的である。2009年実施の同調査と比較しても，上位要件は不変であった。このことから，経時的な環境変化にかかわらず，管理職に期待される役割はおおむね維持され，普遍的な要件が上位要件に現れていると考えられる。

　経時的な変化として，部長層は「部下・後輩の指導・育成・動機づけ能力」を重視する企業の割合が増している（＋14.5ポイント）。目新しい要件ではないが，同じく上位要件の戦略的思考力や実行力が個人の能力発揮という意味合いが強いのに対し，指導・育成・動機づけ能力は，自分以外の他者の成長を促し，組織のパフォーマンス向上に波及させる能力である。経営戦略が実効性を伴うためには，組織構成員の協同が欠かせない。個としての能力発揮はもちろん，周囲を伸ばし動かす力がますます重視されていることが，従来からの変化といえよう。

　他方，昇進選抜の課題として，RMSの2021年調査（対象：従業員300人以上の企業491社）との比較では，「昇進・昇格要件（基準）が曖昧で納得性がない」とする企業が増加（2016年27.7％→2021年42.6％），「管理職全体の質（レベル）が低下してきている」とする企業も増加している（2016年24.8％→2021年41.8％）。加えて，「昇進・昇格そのものに魅力を感じない者が増えている」（2016年32.7％→2021年57.4％）という，従業員の管理職に対する関心の低下もある（**図2**）。これら課題の背景としては，事業環境の変化による人材のミスマッチの拡大や，必ずしも管理職をキャリアの目標としない働き方の多様化などがあげられる。

　このように，人事施策が適切に運用されているとは限らない様子が窺えることから，管理職に求める要件に基づいて，彼／彼女らの能力開発や能力発揮が叶う仕組みの整備が欠かせない。具体的には，複線的なキャリアパスの設計，社内公募など自律的なキャリア選択の設定といった施策が考えられるだろう。　●車田　絵里子

034 日本型雇用における「遅い昇進」

図1　大企業・大学卒労働者の年齢別・役職者比率（2020年）

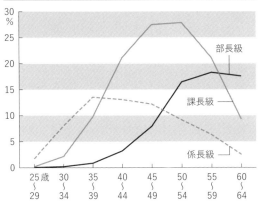

（注）　「賃金構造基本統計調査」において，従業員規模1000人以上の企業に勤める大学卒・一般労働者（役職者と非役職者の合計）に各役職者が占める割合。

図2　各国の同一年次入社社員の昇進選抜の時期（2021年）

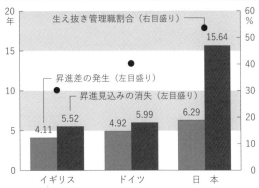

（注）　1）　英独日比較調査では，年齢・性別の構成が各国同様となるように割当抽出され，標本規模は各国とも700人台。そのうち，勤務先企業の従業員規模が1000人以上の管理職についての結果。
　　　　2）　管理職は，部課長クラス，役員層を指す。

　日本の大企業の雇用管理には，役職者の選抜が入社後の遅い時期になされる，いわゆる「遅い選抜」が存在する。2020年の「賃金構造基本統計調査」に基づくと，従業員規模1000人以上の企業（以下，大企業）において，大学卒の一般労働者に占める部長級の役職者の割合は，5.2％となっている。昇進時の年齢を示すものではないが，同部長級職の分布を年齢別に見ると，50代前半に値が高まり約16.5％という値を示し，50代後半で約18.3％と最も高い値に達する（図1）。

　他国と日本との昇進管理の違いを，2021年に実施された英独日のホワイトカラー労働者個人を対象としたウェブ調査における，大企業管理職の回答結果から見ていく。第1に，日本では，平均して入社後約6.3年後に同一年次入社社員の間で昇進に差が生じる（図2）。ここでの同一年次入社は，日本の場合は「新規学卒同一年次入社」と読み替えて差し支えなかろう。この年数が5年未満であるイギリスおよびドイツと比べ，日本はやや長くなっている。第2に，日本の遅い選抜を示すデータとして，同一年次入社社員の中から昇進の見込みがなくなる者が現れるのは平均して入社の約15.6年後である。この年数が約6年程度であるイギリスやドイツ

と比べ，日本では，昇進の見込みがなくなる時期がキャリアの後半に到来する。

　日本でもこの時期までに「資格昇進」（昇格）の差はつくが，この間は挽回が可能であり，この時期を境に挽回の可能性がなくなる「役職昇進」のトーナメントへと移行するとの見方がある（多様な選抜のルールにつき，たとえば，今野浩一郎と佐藤博樹のレビューを参照されたい）。一方で，入社後の早い段階で企業による社員の適性・能力の見定めがなされ，有望な社員に対する特定の仕事・職場・事業所の配置を通じた，暗黙裡の実質的な選抜が存在する可能性は残れる。

　遅い選抜の結果，キャリアの後半期に非管理職にとどまる者，課長や部長まで昇進する者，さらにそれ以上の経営層に昇進する者へと，役職昇進の分岐が生じる。昇進には昇給や責任・権限の増加が伴い，さらに，昇進することで次の昇進への挑戦権が得られる。つまり，昇進は社員の働きぶりに対する大きな報酬であり，意欲的に働く動機づけとなる。より具体的には，日本は他国に比べ昇給幅が大きくないものの，一般に上位の役職ほど昇進時の賃金の上昇幅が大きいこと，昇進が他企業に対しても労働者の市場価値を高める情報となることなどの理由で，

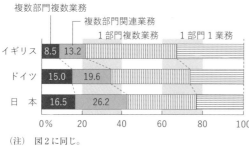

図3　各国の管理職の業務経験の範囲（2021年）

	複数部門複数業務	複数部門関連業務	1部門複数業務	1部門1業務
イギリス	8.5	13.2		
ドイツ	15.0	19.6		
日本	16.5	26.2		

（注）　図2に同じ。

労働者が意欲的に働く動機づけとなる。企業にとっては，企業外部に労働者の能力にかかるシグナルを送ることになろうとも，昇進選抜が社員へ動機づけを与えることや適切な人材配置を促すことにより，生産性の向上につながる利がある。

さらに，遅い選抜とともに，幅広い業務経験に基づく人材育成の雇用慣行が存在し，後述の通り，企業に利をもたらす能力開発と管理職選抜へとつながる。大企業の配置管理では，部署や事業所の定期的な異動が人事部門主導で行われ，社員は幅広い業務経験を通し技能蓄積をしていく。日本の大企業における管理職の回答によると（図3），これまでに複数の職能部門を経験した者の割合は約42.7％に上っており，同割合が約21.7％のイギリス，約34.6％のドイツよりも高い。このように，日本の大企業では定期的な人事異動により複数の職能分野や業務を経験している社員が多くなる。

それでは，昇進の可能性がない者が多く出現する，決定的な選抜の時期をキャリアの後半にまで遅らせるのはなぜか。キャリアの遅い時期まで昇進見込みが残る人事制度の機能の理論的説明として，以下をあげることができる。第1に，多くの社員に長期にわたり昇進期待を抱かせることで，社員の仕事意欲・技能形成意欲を維持できる点である。このことは，企業の生産性に寄与する「企業特殊的技能」（▶046）の形成を間接的に支える。第2に，社員の適性・能力情報を長期に収集でき，適正に見定めた昇進管理が可能となる点である。より具体的には，複数の部署における複数の上司による，社員の働きぶりについての人事考課情報が得られる。早期選抜に比べて的確な情報に基づく管理職選抜が行え，また，昇進選抜に対して社員の納得感が得られやすい。

遅い選抜とともに存在する定期的な人事異動も，企業に利がある。複数の職能分野や特定の職能分野の中での幅広い業務経験を通じ，直接的に「企業特殊的技能」の蓄積がもたらされるためである。小池和男によると，幅広い業務経験は，不確実な問題の分析能力や職場で生じる問題をこなすノウハウを意味する，「知的熟練」の形成にも貢献する。

以上のように，日本型雇用管理では，新規学卒一括採用をした社員の年次管理を基礎に，定期的な人事異動と幅広い業務経験を通した技能形成による管理職の内部育成，そして，遅い選抜が存在する。これらと関連して，経験企業数が現社のみである「生え抜き」社員割合の高さが特徴となる（図2）。また，定期的な人事異動は他の雇用慣行とも相互に補完的である。具体的には，定期的な人事異動は，経済情勢や経営戦略の変動に対し柔軟な人材配置管理をもたらし，「長期雇用」を支える要素となる。また，職務に依存する賃金制度ではないことから，人材配置に不公平感が生じづらい。

一方で，日本型雇用管理は変化の波にさらされている。国内だけを見ても，第1に，労働者の層やニーズの多様化が進み，集権的人事部門の影響力が低下している。同質的な同期入社社員の間で昇進志向が共有され，長期の競争がなされる日本型雇用管理の前提が崩れつつある。第2に，人口構成の高齢化により上位役職が詰まり，若年層の昇進機会の「遅れ」が進みつつある。かつてのような経済成長と事業規模の拡大に伴う役職数の増加が見込めない面がこれを加速させており，昇進機会の減少を通じた若年層の技能形成機会の減少が危惧される。

さまざまな環境変化に対応するため，企業は昇進管理の見直しに取り組んでいる。内部労働市場と外部労働市場の動態を注意深く視ていく必要がある。

●福田　隆巳

第5章　企業内キャリア形成

035 昇進選抜の課題と対応

表 次世代経営者選抜研修（規模別）

（単位：％）

	すでに導入（実施）	導入（実施）の方向で検討	関心はあるが検討課題	導入（実施）の予定はまったくない
全　体	48.9	12.8	20.3	18.0
500 人未満	29.8	4.3	25.5	40.4
500〜1000 人未満	50.0	25.0	25.0	0.0
1000〜2000 人未満	50.0	19.2	19.2	11.6
2000〜5000 人未満	58.3	16.7	16.7	8.3
5000 人以上	84.2	10.5	5.3	0.0

図1 早期選抜者に実施している育成メニュー

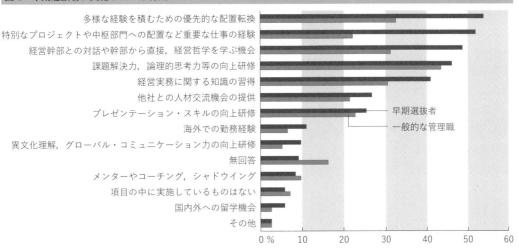

日本企業の多くでは，同一年度に入社した新規学卒者（同一年次）の間で行われる，時間をかけた昇進選抜が実施されてきた。入社後の一定期間は大きな差をつけずに横並びで昇進させ，昇進格差が大きくなるまで 10〜15 年をかける。こうした昇進管理を「遅い昇進」と呼ぶ。管理職への昇進がインセンティブ・システムの中核に位置づけられ，従業員は幅広い部門や職能を経験することで昇進可能性を広げていく。こうした遅い昇進は，昇進競争で遅れをとった従業員をつくらないことによる従業員のモチベーションの維持，将来の競争に向けた従業員の能力開発への投資の促進，評価に時間をかけることによる能力の正確な把握等のメリットが存在する一方で，悪平等に対する不満を生み出しやすいこと，従業員に対し一律に昇進機会を付与することの費用対効果の問題，十分な専門性を持

った人材育成の難しさといったデメリットを抱えていた。

これらの問題に対処するための取り組みの 1 つとして，経営層の育成を目指した早期選抜の仕組みの導入が進められている。産業能率大学の「次世代リーダーの選抜型育成に関する実態調査」によると，次世代リーダーの選抜型教育の実施割合は，2006 年度に 38.0 ％（n＝382），2008 年度 43.0 ％（n＝232），2012 年度 51.0 ％（n＝239）と，近年増加の傾向にある。また，企業規模が大きくなるほどこうした選抜の導入割合が高まる傾向もあり，5000 人以上の企業では実に 8 割以上で実施されている（**表**）。早期選抜者に対しては，幅広い経験や重要な業務経験を積ませることが多い（**図1**）。現に，早期選抜の仕組みを導入している企業では，教育後の施策の不十分や教育成果の可視化が課題とな

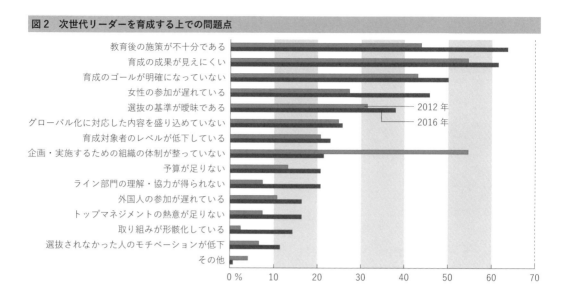

図2　次世代リーダーを育成する上での問題点

教育後の施策が不十分である
育成の成果が見えにくい
育成のゴールが明確になっていない
女性の参加が遅れている
選抜の基準が曖昧である
グローバル化に対応した内容を盛り込んでいない
育成対象者のレベルが低下している
企画・実施するための組織の体制が整っていない
予算が足りない
ライン部門の理解・協力が得られない
外国人の参加が遅れている
トップマネジメントの熱意が足りない
取り組みが形骸化している
選抜されなかった人のモチベーションが低下
その他

2012 年
2016 年

っている一方で，意外なことに，選抜から漏れた人々のモチベーションの低下が問題視されることは非常に少ないというデータもある（**図2**）。

専門性の強化，管理職ポストの制約，昇進意欲も含めた近年の若手従業員のキャリア意識の変化に対応するため，専門職制度が導入されることもある（▶037）。管理職コースと専門職コースがともに機能する複線型人事を進める必要があるものの，高い専門性が求められる職務の設計や専門的人材の育成システムの構築等に，課題が指摘されている。

日本における昇進選抜を考える上で最も深刻な課題の１つに，女性管理職の少なさがある。2020 年の就業者に占める女性の比率は 44.5 ％であるが，女性管理職の比率は 13.3 ％に過ぎない（**図3**）。女性管理職が少ない背景として，「家庭を担う女性には責任の重い仕事はさせないほうがよい」といったパターナリズムに基づき，女性の職域が狭められている可能性が指摘

図3　就業者および管理職に占める女性の割合

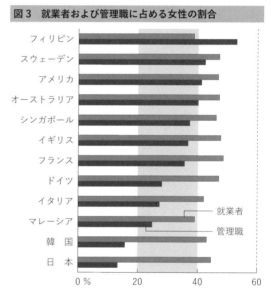

フィリピン
スウェーデン
アメリカ
オーストラリア
シンガポール
イギリス
フランス
ドイツ
イタリア
マレーシア
韓　国
日　本

就業者
管理職

されている。女性のキャリア開発を妨げる固定観念に基づく間接差別を解消するため，ポジティブ・アクション（積極的格差是正措置）が企業に期待されている。

● 林 嶺那

図1　仕事の割合

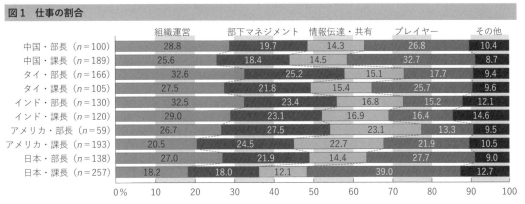

	組織運営	部下マネジメント	情報伝達・共有	プレイヤー	その他
中国・部長 (*n*=100)	28.8	19.7	14.3	26.8	10.4
中国・課長 (*n*=189)	25.6	18.4	14.5	32.7	8.7
タイ・部長 (*n*=166)	32.6	25.2	15.1	17.7	9.4
タイ・課長 (*n*=105)	27.5	21.8	15.4	25.7	9.6
インド・部長 (*n*=130)	32.5	23.4	16.8	15.2	12.1
インド・課長 (*n*=120)	29.0	23.1	16.9	16.4	14.6
アメリカ・部長 (*n*=59)	26.7	27.5	23.1	13.3	9.5
アメリカ・課長 (*n*=193)	20.5	24.5	22.7	21.9	10.5
日本・部長 (*n*=138)	27.0	21.9	14.4	27.7	9.0
日本・課長 (*n*=257)	18.2	18.0	12.1	39.0	12.7

（注）　従業員100人以上の企業に勤務し，アドミニストレーション（人事・総務などの管理部門）または営業・販売部門に所属している。勤続1年以上の部長職相当または課長職相当が対象。

　部長や課長といった管理職は，どのような仕事にどれくらいの時間配分のもとで取り組んでいるのであろうか。リクルートワークス研究所が2014年に実施した「五カ国マネジャー調査」では，管理職の役割を，「組織運営」（仕事の割り振りや進捗状況の管理，予算の管理，組織の戦略設計），「部下マネジメント」（部下の育成，評価，モチベーション維持），「情報伝達・共有」（重要な経営情報を現場に伝えたり，経営運営に必要な現場情報を経営層に伝える。メンバー間の情報共有），「プレイヤー」（自分自身が業績目標を担っている業務の遂行），「その他の業務」（伝票処理などの雑務と，コンプライアンスなどの組織維持のために発生する業務）という5つから捉え，5つの仕事それぞれにかける時間の労働時間全体に占める割合が示されている（**図1**）。日本の部長職相当・課長職相当の管理職はともにプレイヤーとしての役割を多く担っており，部長と比較して課長はプレイヤーとしての業務を遂行する割合が高く，部長は課長と比較して組織運営を遂行する割合が高い傾向にある。

　複数の役割を担うことが必要な状況の中で，管理職がプレイングマネジャー化している点が指摘されている。リクルートワークス研究所が課長クラスの管理職を対象として2019年に実施した「マネジメント行動に関する調査 2019」では，87.3％がプレイング業務（部下が担う業務と同様の業務）に取り組んでいる（**図2**）。その

図2　仕事のなかでプレイング業務に割いている時間

行っていない	12.7
20％未満	19.3
20～30％未満	13.1
30～40％未満	12.4
40～50％未満	11.5
50～60％未満	11.0
60～70％未満	8.2
70～80％未満	5.2
80％以上	6.6

（注）　*n*=2,183。従業員100名以上の企業で働いている課長クラスの管理職（正社員）で，一次考課の対象となる部下のいる人が対象。

時間の割合は，20％未満が19.3％と最も多いが，50％以上をプレイング業務に割く管理職も約30％に上り，管理職の多くがプレイヤーとしての役割に時間を割いている状況にある。

　また同調査では，管理職がプレイング業務に取り組む理由も調査されている（**図3**）。たとえば，「業務量が多く，自分もプレイヤーとして加わる必要があるため」（57.3％），「部下の力量が不足しており，自分もプレイヤーとして加わる必要があるため」（37.3％），「自分がプレイヤーとして加わらないと，当期のチームの業績目標が達成できないため」（30.3％）などが，プレイング業務を行う理由としてあげられている。チームの業績目標の達成を目指す上で，業務量の多さや部下の力量不足といった困難な状況が生じることから，これらの課題を解決するため

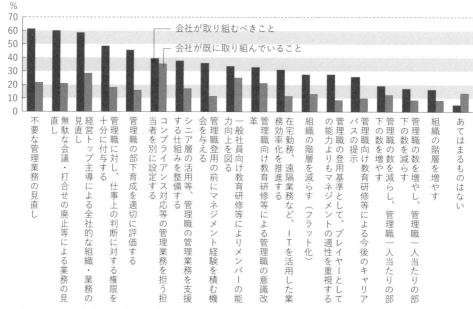

図3　プレイング業務を行う理由

業務量が多く，自分もプレイヤーとして加わる必要があるため
部下の力量が不足しており，自分もプレイヤーとして加わる必要があるため
自分がプレイヤーとして加わらないと，当期のチームの業績目標が達成できないため
プレイヤーとして仕事をすることが，部下育成につながっているため
プレイヤーとして仕事をすることで，仕事の新たなやり方や進め方を試しているため
「率先垂範」でないと，部下がついてこないため
プレイヤーとしての力量を落としたくないため
プレイング業務を行うことで仕事の達成感が得られるため
あてはまるものはない
プレイヤーとして仕事をすることで，部下に慕われるため

0%　10　20　30　40　50　60

（注）　*n*＝1,905。従業員100名以上の企業で働いている課長クラスの管理職（正社員）で，一次考課の対象となる部下のいる人が対象。複数回答。

図4　管理職としての役割を果たせるようにするための会社としての支援策

%
70
60
50
40
30
20
10
0

会社が取り組むべきこと
会社が既に取り組んでいること

不要な管理業務の見直し
無駄な会議・打合せの廃止等による業務の見直し
経営トップ主導による全社的な組織・業務の見直し
管理職に対し，仕事上の判断に対する権限を十分に付与する
管理職の部下育成を適切に評価する
コンプライアンス対応等の管理業務を担う担当者を別に設定する
シニア層の活用等，管理職の管理業務を支援する仕組みを整備する
一般社員向け教育研修等によりメンバーの能力向上を図る
管理職登用の前にマネジメント経験を積む機会を与える
管理職向け教育研修等による管理職の意識改革
在宅勤務，遠隔業務など，ITを活用した業務効率化を推進する
組織の階層を減らす（フラット化）
管理職の登用基準として，プレイヤーとしての能力よりもマネジメントの適性を重視する
管理職向け教育研修等による今後のキャリアパスの提示
管理職の数を増やし，管理職一人当たりの部下の数を増やす
管理職の数を減らし，管理職一人当たりの部下の数を増やす
管理職の数を減らす
管理職の数を増やし，管理職一人当たりの部下の数を減らす
組織の階層を増やす
あてはまるものはない

（注）　*n*＝400。一般社員の人事考課（第一次考課）を担当，営業職，従業員数300人以上の企業において主にフルタイムの正社員を部下に持つ管理職，大学卒または大学院修了の条件を満たす社員が対象。複数回答。

に，管理職自身がプレイヤーとしての役割を担う必要性が示されている。

複数の役割を担う管理職に対して，企業は支援をすることが必要になるであろう。企業活力研究所「働き方改革に向けたミドルマネージャーの役割と将来像に関する調査研究報告書」（2017年）によると，管理職としての役割を果たせるようにするために会社が取り組むべきと管理職が考える支援策の多くは，十分に取り組まれていないことが示されている。たとえば，「不要な管理業務の見直し」「無駄な会議・打合せの廃止等による業務の見直し」「経営トップ主導による全社的な組織・業務の見直し」「管理職に対し，仕事上の判断に対する権限を十分に付与する」などの支援策が望まれているものの，十分に実施されていない状況にある。企業は，業務の見直しなどの支援策を通じて，管理職の役割を果たせるよう支援する必要性が示されている。

●大曽　暢烈

037 複線型人事制度による専門職処遇

表1　複線型人事制度のコース内容

（単位：％）

区　分	全産業				製造業	非製造業
	規模計	1000人以上	300〜999人	300人未満		
合　計	100.0 （198社）	100.0 （76社）	100.0 （61社）	100.0 （61社）	100.0 （65社）	100.0 （133社）
総合職・一般職のコース別	62.6	59.2	62.3	67.2	60.0	63.9
全国転勤あり・勤務地限定のコース別	37.9	46.1	41.0	24.6	32.3	40.6
管理職・専門職のコース別	35.9	39.5	36.1	31.1	47.7	30.1
その他	3.0	2.6	3.3	3.3	1.5	3.8

（注）　複数回答。「その他」は、「総合職・専門職のコース別」「事務職系と現業職系」など。

表2　複線型人事制度の運用（2016年）

	一般社員から、まず管理職層に昇進・昇格し、その後部下を持つ管理職と持たない専門職に分化する	一般社員から管理職層登用時に部下を持つ管理職と持たない専門職に分化する	一般社員層の時点で管理職候補と専門職候補に分化し、それぞれの基準で管理職層へ	その他
全　体	52.2％	30.4％	14.5％	2.9％
1000人未満	62.5％	31.3％	6.3％	0.0％
1000人以上	49.1％	30.2％	17.0％	3.8％
参考2009年	52.5％	22.9％	15.3％	9.3％

（注）　従業員300人以上で専門職制度を持つ69社の内訳。

　組織内に複数のキャリア・コースを設定する人事制度は、複線型人事制度と呼ばれ、2018年の民間調査によれば回答企業440社中の45％にあたる198社が実施している（表1）。ここでは、中でも管理職・専門職のコース別の人事管理に焦点を当てる。

　別の民間調査では、300名以上の企業102社中69社（67.6％）が、組織長を担う管理職とは別に、高度な専門性や豊かな実務経験により管理職相当の処遇を受ける制度があると回答した。そのうち、一般社員からまず管理職層に昇進・昇格し、後に部下を持つ管理職と持たない専門職に分化する運用が半数を占め、次いで管理職層への昇進・昇格時にコース分化する運用が3割、管理職層よりも手前からコース分化する運用はより少ない割合であった（表2）。

　今日の専門職制度には、経理や法務といった伝統的専門職だけでなく、組織管理以外の問題解決業務や企画的業務への適性・志向のある人材を、知識創造をマネジメントする管理職として育成・処遇するという目的がある。専門職を処遇する複線型人事制度自体は目新しいものではなく、そうした目的を達成できるかは運用次第といえる。たとえばニコンは、2007年に導入した複線型人事制度を、2018年に職能資格等級から「職責等級」をベースにした制度へと改定した。漠然とした能力開発への志向でなく、高い専門性発揮が必要とされる職務・職責の提示が鍵となりそうだ。

●藤澤　理恵

図1　職業生活設計の考え方（2021年）

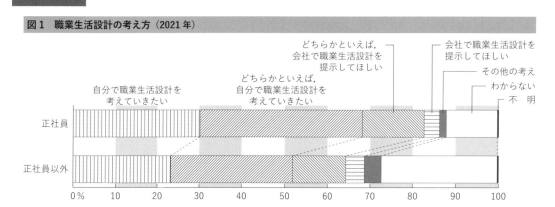

図2　労働者が抱く望ましいキャリア形成

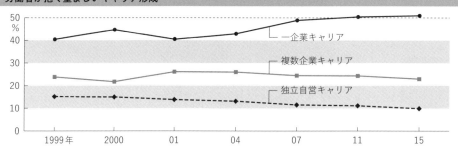

（注）「一企業キャリア」は「1つの企業に長く勤め，だんだん管理的な地位になっていくコース」「1つの企業に長く勤め，ある仕事の専門家になるコース」の合計，「複数企業キャリア」は「いくつかの企業を経験して，だんだん管理的な地位になっていくコース」「いくつかの企業を経験して，ある仕事の専門家になるコース」の合計，「独立自営キャリア」は「最初は雇われて働き，後に独立して仕事をするコース」「最初から独立して仕事をするコース」の合計。

　働く人を取り巻く環境が大きく変化する中で，労働者には自律的なキャリア形成が求められるようになり，働き方への意識も変わりつつある。厚生労働省「令和3年度 能力開発基本調査」によれば，会社主導ではなく自分で職業生活設計を考えていきたいという割合は，正社員で約3分の2，正社員以外で約半数となっている。なお，「わからない」という回答も一定数に上っている（図1）。

　一方，労働者が抱く望ましいキャリア形成に関して，「一企業キャリア」「複数企業キャリア」「独立自営キャリア」という選択肢における支持割合を示したものが図2である（労働政策研究・研修機構による2016年の調査）。この調査によれば，1つの企業に長く勤めるという「一企業キャリア」がトップで約半数となり，「複数企業キャリア」が2割台となっている。また

同調査では，「終身雇用」への支持に関しても尋ねており，その支持割合は約9割に上っている。労働者にとって，自らが主体的にキャリアを形成していくことに関しては比較的好意的な反応がある一方で，不安定な環境下を踏まえると，一企業の中での終身雇用を求める傾向が同時に存在していると考えられる。

　表1は，労働政策研究・研修機構による2021年の調査で，正社員に対して，将来のキャリアに関する見通しや希望を尋ねた結果である。「将来のことは考えていない」とする割合が最も高く33.8％で，次いで「いまの会社で専門職として現在の職を究める」が27.3％，「転職する」が19.2％，「いまの会社で幹部（部・課長以上）になる」が15.5％，「独立・開業する」が4.3％となっている。また，労働政策研究・研修機構の2018年の調査（表2）では，

表1 将来のキャリアの見通しや希望（2021年）

（単位：％）

	n	いまの会社で幹部（部・課長以上）になる	いまの会社で専門職として現在の職を究める	転職する	独立・開業する	将来のことは考えていない
計	7,702	15.5	27.3	19.2	4.3	33.8
9人以下	458	12.2	23.4	16.4	5.5	42.6
10〜29人	941	12.3	20.5	21.6	6.4	39.2
30〜99人	1,159	11.6	25.2	21.1	4.1	38.0
100〜299人	1,205	13.4	28.2	21.2	3.9	33.4
300人以上	3,939	18.4	29.7	17.7	3.8	30.4

表2 現在の仕事内容と今後の職業観（2018年）

（単位：％）

5年先は…… （今後の職業観）	Aである	どちらかというとA	どちらかというとB	Bである	無回答
	16.2	36.8	28.2	14.6	4.2

（注）　$n=12,355$。Aは「さまざまな業務に対応できるゼネラリストとして働きたい」，Bは「ある分野に特化したスペシャリストとして働きたい」。

表3 非管理職層の昇進希望（2018年）

（単位：％）

	n	管理職に昇進したいと思わない	管理職以上（役員含む）に昇進したい	無回答
合計	6,511	60.4	38.4	1.2
男性	3,503	43.8	55.1	1.1
女性	3,007	79.7	19.1	1.3

（注）　「現在の会社で働き続けたい」と回答した人が対象。

5年先を見据えた職業観（A.さまざまな業務に対応できるゼネラリストとして働きたい／B.ある分野に特化したスペシャリストとして働きたい）を尋ねており，A.ゼネラリスト志向（53.0％）がB.スペシャリスト志向（42.8％）を若干上回っているものの，拮抗した結果が示されている。

表3は，先と同じ労働政策研究・研修機構の2018年の調査において，一般社員および係長・主任相当を対象に，現在の会社での管理職への昇進希望を尋ねた結果である。管理職以上に昇進したいという割合は4割弱だが，女性の「管理職に昇進したいと思わない」割合は約8割となり，同4割台の男性と比べて性別による差が見られる。なお，管理職に昇進したいとは思わない理由としては，「責任が重くなる」「やるべき仕事が増え，長時間労働になる」などが多くあげられている。

さまざまな属性・価値観を持つ労働者の社会参画によって，管理職を希望するかどうか，一企業か転職か，ゼネラリストかスペシャリストかといった働き方への意識は，多様化しているといえる。加えて，将来を考えていない層が一定数存在することも課題にあげられる。「第11次 職業能力開発基本計画」（2021年，厚生労働省策定）により，企業には労働者の主体的なキャリア形成を支援していく方針が定められている。しかし，正社員に対して「勤め先企業でどのようにキャリアを築いていくか展望が明確になっている」という認識に関して尋ねた労働政策研究・研修機構の2020年調査では，「いつも感じる」2.6％，「よく感じる」10.9％，「時々感じる」33.8％，「めったに感じない」35.9％，「全く感じない」15.6％となり，約半数がキャリア展望に関して不透明という状況が示されている。労働者がキャリア展望に関して前向きな意識を持てない状況が続けば，個人や組織に活力が生まれず，企業の持続的な成長にもつながっていかない。こうした課題を踏まえて，各企業には中長期的な環境変化を見据えながら，多様化する個人の特性やニーズを考慮したキャリア支援施策の拡充が求められる。　●羽生 琢哉

表　異動・配置に関する制度等の導入状況

（単位：％）

区　分	全産業				製造業	非製造業
	規模計	1000 人以上	300〜999 人	300 人未満		
合　計	100.0 (199 社)	100.0 (60 社)	100.0 (84 社)	100.0 (55 社)	100.0 (108 社)	100.0 (91 社)
①自己申告制度	46.2	55.0	56.0	21.8	42.6	50.5
②社内人材情報データベース	33.2	38.3	36.9	21.8	35.2	30.8
③社内公募制	24.6	38.3	21.4	14.5	22.2	27.5
④社内 FA 制	1.0	3.3			0.9	1.1
⑤その他（①〜④以外）	0.5			1.8	0.9	
あてはまるものはない	32.2	20.0	27.4	52.7	31.5	33.0

（注）　①〜⑤は複数回答。「⑤その他」は①〜④のいずれかに回答し，かつ①〜④以外の内容について記入があったもの。

　働く人に求められる能力は変化し，職業人生の長期化や多様化が進む中，働く個人が企業に依存することなく，自ら自律的・主体的にキャリアを形成することの重要性が増している。

　キャリア自律の考え方とは，個人が自ら主体的にキャリア形成する意識のもと，さまざまな環境変化のニーズに応じて，主体的かつ継続的にキャリア開発に取り組むことである。この考え方は，1990 年代後半から 2000 年代初頭にかけて打ち出され，企業側でもキャリア形成の望ましいあり方として重視されるようになった。

　さらに，日本経済団体連合会が 2020 年に公表した春闘の経営側方針では，人材育成において主体的で自律的なキャリア形成支援の必要性が盛り込まれるなど，企業側も，従来の企業主導であった人材育成のあり方から脱却し，個人のキャリア自律を支援する考え方へと大きく変革してきた。

　企業における個人のキャリア自律を実現するための施策はさまざまあるが，その 1 つに，配置・異動で従業員の希望を尊重する制度がある。

　たとえば，従業員が人事部に希望する職務を申告し，その情報を参考に異動等を決定する「自己申告制度」や，各部門が職務を特定し従業員に手を挙げさせる「社内公募制度」，従業員が経歴や能力・実績を自ら希望部署に売り込むことによって異動や転籍を可能にする「社内 FA 制度」などである。

　表に示す「異動・配置に関する制度等の導入状況」（複数回答）を規模平均で見ると，「自己申告制度」の導入率が 46.2 ％と最も高く，次に「社内人材情報データベース」（33.2 ％），「社内公募制」（24.6 ％）と続く。他方，「社内 FA 制」を導入している企業はほとんど見られない。

　企業規模別に見ると，1000 人以上や 300〜999 人の大企業において自己申告制度の導入率は 5 割を超えているが，300 人未満の比較的規模の小さい企業のそれは 2 割にとどまる。社内人材情報データベースや社内公募制も，企業規模が大きいほど導入率が高い。社内 FA 制に関しては，1000 人以上規模の企業でしか導入されておらず，キャリア自律を支援する環境整備は企業によってバラつきがある状況だ。

　自己申告制度の導入率は高いが，あくまでも人事部主導の配置・異動の仕組みであり，企業が個人の希望を把握してもその情報を活かしきれず，個人の納得感は希薄になりがちだ。その点，従業員の意欲に基づき応募ができる社内公募制や，導入率としてはまだまだ低いが，希望をより直接的に伝えて挑戦することができる社内 FA 制等の仕組みは，個人の意思がより尊重されやすく，個人のキャリアに対する納得感も高まりやすい。

　図 1 で示したのは，三菱ケミカルが 2019 年より行っている人事制度改革の事例である。特徴的なのは，これまで企業主導で行っていた人

図1　三菱ケミカルホールディングスの人事異動にかかわる施策

会社の育成計画と本人のキャリアデザインを組み合わせた配置育成を行い，本人の挑戦する意欲を後押しし，生産性を高める

施策1：社内公募
　・充足すべきポジションは，原則社内公募を活用
　・候補者がいない場合，マッチングが成立しなかった場合は会社主導の異動／採用に切り替え
施策2：キャリアチャレンジ（若手の自律的キャリア形成支援策）
　・若手社員（入社5年以内かつ32歳以下）に対し，希望部署の選考を受ける権利を付与

図2　ソニーグループの「社内FA制度」の進め方

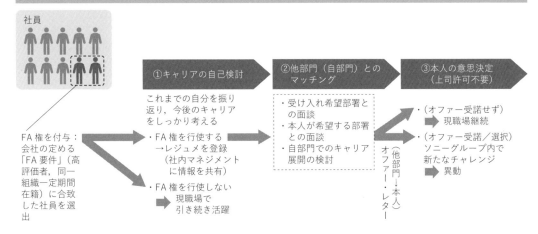

事異動を，充足すべきポジションは原則，社内公募を活用することになった点だ。

　社内公募は1，4，7，10月の年4回実施し，社内のあるポジションに空きが出た場合は必ず社内公募を行う。そのポジションを希望する従業員がいてマッチングすれば，異動が成立するという仕組みだ。

　公募にかけられるポジションについて，求められるスキルや経験等の応募条件が示されており，その条件を満たす従業員は自由に応募ができる。応募のあった部署で面談等の選考を行い，合否を決定する。合格から異動までの期間は，原則3カ月以内，最長6カ月以内とするルールが設けられている。

　次に，図2に示す事例のソニーグループは，個人のキャリア形成によりフォーカスすることを目的として，2015年より「社内FA制度」を導入している。この制度は，継続的に高い業績を上げる社員に対し，プロ野球にたとえるところのフリー・エージェント（FA）権を付与するものだ。

　3年間上位3〜5%に位置する高い評価を獲

得し続けてFA権を獲得した社員は，自身が挑戦してみたい部署があればFA権を行使し，マッチングのサポートを受けることができる。FA権を有する社員の受け入れを希望する部署からもオファー・レターを出し，マッチングを図ることが可能である。

　いずれの事例も，意欲のある従業員が自らのキャリアを自律的に構築することを後押しする制度であるが，こうした制度の導入は一部の大企業にとどまる。人事部主導ではなく，従業員自らの意思に基づいた配置・異動の仕組みは，働く個人のキャリア自律を促進するだけでなく，組織の流動性を高め，活性化につながることから，より幅広い企業で導入され普及していくことが望まれる。

●菅原　佑香

第 **6** 章

人事評価

040 人事評価の要素

＊
図
表
の
出
所
は
巻
末
参
考
文
献
参
照
（
以
下
同
様
）
。

表　伝統的な人事評価の要素

①業績（成果）：社員が担当する業務をどれだけ遂行したか

　仕事の量（速さ，量）
　仕事の質（正確さ，できばえ）

②能力：業務を遂行する上で必要とされる能力を，本人がどの程度保有しているか

　職務遂行能力（理解力，判断力，表現力，渉外力，指導力，企画力など）
　知識（業務知識，専門知識）
　スキル・技術保有レベル

③情意（態度）：与えられた仕事に対してどのような態度をとっているか

　パーソナリティ（協調性，責任感）
　意欲の高さ
　成果や数字に表れないプロセス部分

　人事労務管理において，人事評価には3つの目的がある。

　第1に，限られた資源を効率的に分配するために，企業目標の達成に対する従業員の貢献度を正確に把握するという目的である。第2に，企業が従業員の情報を把握し，適切に人材配置を行うことである。第3に，従業員が自身の能力を正確に把握し，能力や仕事の仕方の改善につなげていけるように，能力開発をサポートすることである。

　これらの目的を達成するための，日本企業における伝統的な人事評価の要素には，①業績（成果）評価，②能力評価，③情意（態度）評価という3つがある（表）。①業績評価は，従業員が担当する業務をどれだけ遂行したかについて，速さや量などの量的達成度と，正確さやできばえなどの質的達成度という2つの側面から，できるだけ客観的に判断する。また最近では，半年あるいは1年などの期間で従業員の業績を評価する仕組みとして，目標による管理（management by objectives: MBO）などを導入する企業も増えてきている（▶044）。

　②能力評価は，業務を遂行する上で必要な能力をどれだけ保有しているかを判断する。具体的には，職能資格制度において格付けの基準となるような理解力・判断力・企画力を含む職務遂行能力や，これまでに蓄積してきた知識およびスキル・技能の保有レベルなどが含まれる。

　③情意評価は，仕事に対してどのような態度をとっているかを判断するもので，具体的には，協調性・責任感などのパーソナリティ的な側面や，意欲の高さ，目標達成のためにどのような行動・態度をとったかなどのプロセス的側面が含まれる。また，能力やスキルを有しているだけで高い成果を生み出すとは一概にいえないという，能力評価の持つ問題を解消するために，高い成果を安定的に発揮する行動特性をコンピテンシーと呼び，これを評価に組み込む動きもある。

　企業の状況や，従業員の役職・職種などによって，どのような評価に重点を置くかは異なってくる。業績の向上や短期的な成果を期待する状況では業績評価が重視される一方，従業員の成長やモチベーションの向上を期待する状況では情意（態度）評価が重視される。日本の人事評価制度は長年，業績評価・能力評価・情意評価という3つのバランスをとりながら設計されてきたといえる。
　　　　　　　　　　　　　●吉楽　ひかる

041　人事評価のプロセス

図　人事評価プロセスの例

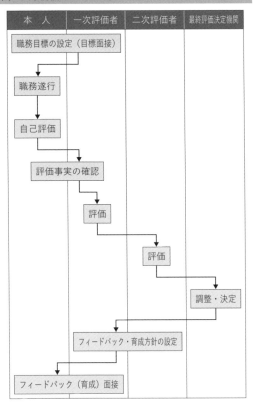

表　人事評価エラー

寛大化傾向	他の評価者に比べ，一貫して高得点の範囲内で評価する傾向
厳格化傾向	他の評価者に比べ，一貫して低得点の範囲内で評価する傾向
中心化傾向	寛大化傾向または厳格化傾向を起こしておらず，一定範囲内で評価する傾向
二極化傾向	被評定者各人の評定について被評定者の違いを過剰に識別している傾向
逆算化傾向	まず総合評価を決め，その結果に沿うように個別項目の評価を行うこと
ハロー効果	優れた点や劣った点に影響され，他の評価項目も同様に高く（低く）評価すること
論理的誤差	異なる評価項目を別の項目に関連づけ，臆測をもとに評価すること
対比誤差	評価基準をもとにせず，自身と被評価者を比較し，評価を行うこと
遠近効果	数カ月前の事柄よりも最近の事柄に大きな影響を受け，評価を行うこと

　人事評価制度は，各従業員の組織に対する貢献を評価するための諸制度を指し，人事考課制度に代表される。人事評価は，昇進や昇級，ボーナス，人事異動など，会社の将来を担う人材の処遇に密接にかかわることから，**図**のように，本人の自己評価に加え，複数人で評価を担当する企業が多数を占める。パーソル総合研究所による 800 社を対象とした調査（2021 年）によると，人事評価は，従業員自身による自己評価が 79.3 ％，直属上司による評価が 94.4 ％，より上位の上司による評価が 84.5 ％に上る。同調査によると，評価会議による調整も 68.1 ％の企業で行われている。

　人事評価は，まず職務目標の設定から始まる。次に，被評価者は評価対象期間のパフォーマンスに基づき自己評価を行い，一次評価者と目標達成度の確認を行う。さらに，一次・二次評価者の評定を経て，最終評価決定機関において評価結果の確認・調整が行われ，当該期間の評価が確定する。その後，評価者により次期以降の育成方針が設定され，被評価者と評価者間での評価のフィードバックに加え，その内容に関する面接が実施される。前出の調査によると，これら一連の人事評価サイクルは，6 カ月の企業が 54.3 ％，1 年の企業が 38.4 ％を占める。

　人事評価には，評定間調整が行われるという特徴がある。その役割は主に 2 点ある。1 点目は，企業全体の従業員に対する資源配分の実施である。各一次評価について部門間での調整を行わなければ，評価の相対化を通した最終評定は確定できない。2 点目は，評価者に起因するバイアスの是正である。人事評価エラー（**表**）と呼ばれる，評価者ごとの評定のズレを勘案し，なるべく公正な評価に近づけるのである。

　これらのプロセスを通して，従業員の育成と選抜が行われる。　　　　　●山本　華

表　製造業幹部職員のコンピテンシー

	幹部職員として目指す人材像	成果を生み出す行動特性（コンピテンシー）	コンピテンシー評価要件
思考の起点	市場・社会課題・顧客を起点に思考・判断し，	顧客志向	顧客と強固な関係を構築し，顧客の立場に立った解決策を提供する
アプローチ	多様な考えを尊重しビジョンを描き周囲を動機づけながら組織のポテンシャルを引き出し，固有技術・製品の深化を徹底的に追求し，革新的技術や既存技術の適用方法の工夫により，	業務プロセスの最適化	継続的に改善を図ることに重点を置いて，仕事を成し遂げるためにはどのようなプロセスが最も効果的で効率的かを理解している
		効果的なチームの構築	キャリア目標と組織目標を達成するために部下を育成し，多様なスキルやものの見方を活用できる強い一体感を持ったチームをつくる
		ビジョンと目的の推進	説得力のあるビジョンと戦略を描くことで，周りの人々を動機づけ，行動を起こさせる
		イノベーションの推進	社会課題を解決するために，新たな技術やよりよい方法を生み出す
		技術情報の活用	ビジネス拡大に役立つさまざまな新しい技術・情報を把握し，それらを取り入れる
成果	革命的価値をスピード感をもって提供する	判断の質	適切かつスピーディーな判断を下すことで組織が前進し続けられるようにする
気構え	新たな領域への挑戦を自らコミットメントとして掲げ，従来の思考や手法にとらわれず，覚悟をもってやり抜く	行動志向	新しい機会や挑戦的な課題を覚悟をもって引き受け，責任を持ってやり抜く
		信頼の獲得	正直で誠実，率直な行いで他の人からの信用と信頼を獲得する

　職務遂行能力は，1970年前後に能力主義が台頭してきたことで，日本経営者団体連盟（現，日本経済団体連合会）によって「企業目的達成のために貢献する，職務に対応した，体力・適正・知識・経験・性格・意欲の要素からなりたつ能力」と規定された。その上で，経験から得られる目に見えない潜在的な能力と解釈されてきた。この解釈によって，職務遂行能力には，①職務範囲に限定されない柔軟な人材配置に適している，②ジェネラリストの育成に適している，といった利点が伴う。しかし，潜在的ゆえに能力の把握が難しいため，①勤続年数に準じた評価に陥りやすく，②勤続年数の長い従業員が多い企業では人件費の高騰を招きやすいといった欠点も持つ，と理解されてきた。

　2000年前後，成果主義が台頭した日本では，職務遂行能力に代わる能力として，コンピテンシーに注目が集まった。コンピテンシーは一般に，「高業績と関連し，行動として顕在化することを特徴とするもので，職務遂行能力にかかわる概念」として理解される（髙橋, 2010）。近年は，コンピテンシーを部分的に把握するのにKSAOsが用いられることが多い。KSAOsと

は，「職務遂行に必要な知識，スキル，能力，その他の特性（職業的関心や職務満足度など）」を指す（Putka et al., 2023）。

　コンピテンシーを具体的に把握する方法には，①現場で働く高業績の従業員と低業績の従業員との行動の違いを分析し，どのような行動・態度が高業績につながっているかを抽出する方法（リサーチベース・アプローチ），②掲げた経営戦略・人事戦略から戦略実現に必要な能力を導出していく方法（戦略ベース・アプローチ），③企業理念や企業文化をもとに，従業員に求める能力を導出していく方法（価値ベース・アプローチ），という3つがある（髙橋, 2010）。表は，戦略ベース・アプローチの例である。まず，グループ・ビジョンをもとに「思想の起点」「アプローチの方法」「気構え」など4つの観点からなる「幹部職員として目指す人材像」が設定される。そして，この人材像に基づいて，「顧客志向」や「業務プロセスの最適化」といったコンピテンシーとして行動特性が9つ導出される。その上で，各コンピテンシーに対応した評価要件が設定されている。　　　　　●丸子　敬仁

表1　人事評価施策の実施率の推移

(単位：%)

	2010 年	2013 年	2018 年	2022 年
目標管理制度	73.8	81.8	79.3	78.4
人事考課結果の フィードバック	59.7	68.7	78.2	76.4
自己評価制度	56.1	65.0	67.3	66.8
人事評価調整会議				57.2
考課者訓練	45.7	61.7	53.4	53.1
1 on 1 ミーティング				33.6
コンピテンシー評価	10.9	15.4	12.7	19.2
役員個人に対する 業績評価	8.1	13.1	9.8	13.4
360 度評価	5.4	10.3	11.6	10.6
バリュー評価				7.5
考課結果に対する 異議申し立て制度	14.9	15.9	14.5	5.5
被考課者訓練	3.6	9.3	5.2	2.7
OKR （objective and key results）				1.4

(注)　空欄は，過年度調査では項目がなかったことを表す。

表2　人事評価の制度運用における課題感

回答項目	割合 （%）
評価者によるバラつきの抑制に向けた評価能力の向上	82.3
評価結果への納得性を高めるフィードバック	73.1
評価制度に対する「評価者」の理解度向上	70.3
評価結果の人材育成や能力開発への活用	60.4
評価制度に対する「被評価者」の理解度向上	53.5
経営計画や組織の課題を目標として部下に提示する力の向上	50.6
評価者における評価業務の負担軽減	38.0
評価結果の適切な処遇への反映	36.4
評価項目・着眼点の改定	28.2
在宅勤務における評価の適切な実施	22.2
評価の中心化傾向の是正	18.4
評価の上振れ傾向の是正	10.4
その他	0.9

(注)　複数回答。「割合」は，全業種の平均。

人事評価に関し，これまでの項では従業員の何を（▶040・042），どのようなプロセスで（▶041）評価するのかについて大まかな枠組みを説明してきた。これに引き続き，本項では実際の職場における人事評価制度の運用の実態を説明していく。

表1は，労務行政研究所が定期的に実施している「人事労務諸制度の実施状況調査」に基づいて，2010～2022 年度における人事評価に関する諸施策の実施率の推移をまとめたものである。これによれば，2010 年度から 2022 年度にかけて，「目標管理制度」「人事考課結果のフィードバック」「自己評価制度」「人事評価調整会議」「考課者訓練」といった人事評価施策が半数以上の企業に取り入れられるようになり，「コンピテンシー評価」や「360 度評価」といった新しい人事評価制度を導入する企業の割合も 2 倍近くになった。

続いて**表2**は，同所が 2021 年に実施した「人事評価制度の実態と運用に関するアンケート」より，複数の日本企業における人事労務・総務担当者の人事評価制度の運用をめぐる課題感の回答を抜粋したものである。これによれば，大半の回答者が「評価者によるバラつきの抑制に向けた評価能力の向上」「評価結果への納得性を高めるフィードバック」「評価制度に対する『評価者』の理解度向上」に関して課題感を抱えていることがわかる。

表1・表2で示された調査結果を総合すると，以下の 2 点を指摘できるだろう。第 1 に，人事評価の担当者が抱える課題には，ある種の共通性が見られる。第 2 に，人事評価制度は担当者に対してこれら共通課題の解決を支援している側面がある一方で，評価業務への要求水準を高めている側面があるということである。

大局的に見た人事評価の目的は，①従業員の貢献度の正確な把握，②適切な人材配置の実現，③従業員の能力開発への活用という 3 点に集約される（▶040）。表2で示された課題の多くは，これらの目的の遂行と密接に関係している。たとえば，同表中の「評価者によるバラつきの抑制に向けた評価能力の向上」や「評価制度に対する『評価者』の理解向上」は①の目的と対応した評価の正確性に関する課題と見なすことができ，「評価結果への納得性を高めるフィードバック」は③の目的と対応した評価結果の従業員への伝達に関する課題と見なすことができる。

言い換えると，人事評価担当者の課題感は，評価の正確性や評価結果の伝達といった，人事評価そのものの普遍的な困難さ（例：正確な評価，被評価者への評価結果の適切な伝達，組織目標への評価結果の活用）に起因していると考えられるのである。

人事評価制度には，人事評価の普遍的な目的を支援するポジティブな側面がある。たとえば，目標管理制度（▶044）は，被評価者に対して組織の目標と整合的な個人目標を設定し，その目標の達成度合いで被評価者の貢献を評価することにより，人事担当者による評価のブレを抑制し，評価結果の活用を容易にする。同様に，公式的な評価結果のフィードバックや，被評価者による自己評価制度は，被評価者に対する評価結果の伝達と受容を円滑にする。ゆえに，これらの制度は多くの企業で取り入れられ，人事担当者に活用されていると考えられる。

一方で，人事評価制度には，評価業務を高度化・複雑化させ，現場の評価者に対する業務負担を高めてしまうネガティブな側面もある。**表2**では，「評価者における評価業務の負担軽減」について4割近い回答者が課題感を感じている。人事評価の正確性を高め，適切な評価結果の調整とフィードバックを行うために，人事評価には数多くの管理職が関与している（▶041）。たしかに，1 on 1 ミーティングや精緻なフィードバック制度には被評価者の人事評価結果への納得感を高める効果を期待できる。しかし，その実施には現場の管理職の制度に対する理解や訓練が不可欠である。したがって，人事評価担当者は，人事評価の目的を達成するために諸制度を活用する一方で，人事評価に関する業務負担が大きくなりすぎないよう配慮しなければならない。

近年の傾向として，目標管理制度の成熟を背景に，人事評価に対する業務負担はますます増加し続けることが予測される。

表1に示したように，日本企業の人事評価制度は，目標管理制度をベースとして，適切な評価の実現や被評価者の評価結果に対する納得度の向上に資する制度を充実させる形で発展して

きた。近年注目を集める「コンピテンシー評価」「360度評価」といった評価制度や「1 on 1 ミーティング」も，そのベースには目標管理制度がある。

ただし，新たな制度の追加によって，目標管理制度の運用は従来よりも高度化・複雑化している。典型的には，人事評価に先立って設定される評価項目が従来よりも細かく柔軟になり，評価結果の調整も多段階で行われるのが通常となった。このため，今後も高度な目標管理制度が普及するにつれ，適切な目標を設定して，その達成を適切に評価し，その後の処遇と適切に結びつける評価者能力の重要性は，ますます高まっていくだろう。

また，目標設定面接や自己評価制度の運用を通じて，かつては評価結果を受け取るだけだった被評価者も，人事評価のプロセスに参加するようになった。これにより，人事評価担当者には被評価者との対人的なコミュニケーションにかかわる能力が要求されるだけでなく，人事評価に参加する被評価者に対して評価制度に関する説明の機会を準備したり，追加的な教育・研修を行ったりする必要も生じるだろう。

現場の評価業務負担の増加は評価者を疲弊させ，寛大化傾向や中心化傾向といったさまざまな評価バイアス（▶041）の原因となる。そうであるならば，予測される現場の評価業務負担の増加に対し，人事評価担当者はどのように対処すべきだろうか。

この問いに対する1つの回答は，評価プロセスの標準化・効率化・迅速化を目的とした電子的なシステムの構築や外部サービスの導入である。先にあげた2021年実施の「人事評価制度の実態と運用に関するアンケート」では，2割程度の企業にではあるものの，これら電子的な人事評価システムやサービスの導入が図られていることが報告されており，今後の発展が期待される。

●中津 陽介

044 目標管理制度による業績管理

図1 目標管理の実務

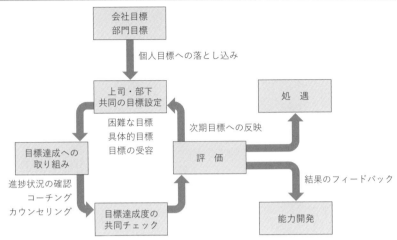

会社目標
部門目標

↓ 個人目標への落とし込み

上司・部下
共同の目標設定

困難な目標
具体的目標
目標の受容

目標達成への
取り組み

進捗状況の確認
コーチング
カウンセリング

目標達成度の
共同チェック

評 価

次期目標への反映

処 遇

結果のフィードバック

能力開発

目標管理制度（management by objectives: MBO）は，組織目標と個人目標とを整合させることを企図した人事制度である。労務行政研究所の2018年調査によると，MBOは日本企業の約80％が導入している人事制度である。この導入率の高さは，成果主義的な人事管理に起因する。成果主義は，従業員の顕在的な貢献である成果を基準に人事管理を行うという考え方をとる。このとき成果は，期初〜期末という一定期間内に実現できるものとされる。成果を管理するために目標管理を用いたことで，MBOが普及したと考えられる。

今日，組織がMBOを行う理由は，パフォーマンス・マネジメントから理解できる。パフォーマンス・マネジメントとは，人事評価を組織戦略に連動させるための取り組みである。この連動性のために，全社目標をブレイクダウンして，個人目標と組織目標の統合を試みる。つまり，MBOによって個人目標と組織目標を統合することで，人事評価に戦略性を生じさせることが，MBO実施の背景にあるのである。

ここでは，実際のMBOの運用と，運用のためのツールであるMBOシートの2点について解説する。

まずは，実際のMBOの運用方法についてである（図1）。MBOは，以下の7ステップで運用される。

第1は，全社目標・部門目標の設定である。部下が目標を設定する前に，全社目標と部門目標の2つを決める。なぜならば，従業員が設定する目標は部門目標に資する行動であるため，従業員の目標に先立って，部門目標が明確になっている必要があるからである。

第2に，上司・部下共同で目標を設定する。部門目標を達成するために個々の部下は何をなすのか，また，部下の成長を考えたときに当該期では何に努力を向けるのかについて，上司一部下間で目標の合意を得る。このとき目標は，部下が受容できる程度に具体的かつ困難なレベルに設定される。

第3は，部下による目標の遂行である。上司は，進捗状況の確認やコーチングを通じて，部下の目標達成を支援する。

第4は，目標達成度の共同チェックである。当該期の目標の遂行度合いを，上司一部下間で確認する。

第5は，評価である。評価は，直属の上司による一次評価を，人事部などの二次評価者が調整することで最終決定される。下された評価は，次年度の目標設定に反映される。

第6が，処遇である。これは，評価の活用方法の1つ目にあたる。たとえば，ボーナス，昇進・昇格は，人事評価を基準に決められる。

第7が，能力開発である。評価の活用方法の

図2　MBO シートの例

2つ目が，これである。部下に対するフィード
バックを通して，組織は部下の能力開発を行う。

　次に，MBO の運用ツールである MBO シー
トについて解説しよう（**図2**）。

　まずはじめに，目標欄を確認する。MBO シー
トには，大別して2つの目標が記載される。

　1つ目は，職場の目標である。**図2**でいえば，
「所属組織の重点目標」という項目が，これに
あたる。全社目標をブレイクダウンして，所属
している職場全体が達成すべき目標として設定
されたものである（たとえば，新しい人事制度の
企画立案）。

　2つ目は，個人目標である。これは，個々の
従業員が達成すべき目標である。個人目標の欄
には，職場の目標を踏まえて，個人が当該期に
何をすべきかが記載される。**図2**でいうと，
「目標」「具体的な実施項目」が，それにあたる。
このとき，目標に振られている番号（1，……，
5）は，職場の目標の番号と対応している。

　なお個人目標は，成果の性質に応じて，定量
的な目標と定性的な目標という2つに分類がで
きる。定量的な目標とは，成果が数値で測定で
きるものである。たとえば，売上20％アップ
などである。一方の定性的な目標は，成果が数
値で測定できない。たとえば，新技術の開発と
いったものである。

　目標が設定されると，目標にウェイトが付与
される。これに基づいて組織は評価を行い，給
与等に差をつける根拠とする。

　当該期末には，各目標について部下による振

り返りの機会が設けられる。振り返りの結果は，
部下自身が「自己評価コメント」欄に記載する。

　MBO の中核は目標設定にあるが，目標設定
には困難が伴う。たとえば，1年ごとに達成度
合いを見るため，長期的目標の設定がしづらい。
また，定量的な目標の設定にあたっては，成果
が測定できなければならないため，コストダウ
ンなど数値化しやすい目標が設定されがちとな
る。半面，新技術開発といった数値化しづらく，
かつ重要な目標を設定するのが難しい。かとい
って，そうした目標を定性的な目標として設定
すると，測定できないことから成果が曖昧化し，
評価にメリハリをつけることが難しくなる。

　目標設定が困難になるのは，目標の達成度合
いと処遇が連動しているからでもある。目標の
達成度合いで処遇が決まるために，期初の目標
設定と期末の達成度合いは客観的に判断されな
ければならない。そのため，評価者と被評価者
双方が，これらの判断にセンシティブになる。

　この問題を解決するため，目標と処遇を結び
つけるのをやめる，ノーレイティングという人
事施策を導入する企業も出現している（▶**045**）。

　今日の業績管理においては，MBO が確立さ
れ，目標を起点に組織と個人を整合させること
で，組織は成果向上を図っている。ただ，目標
を定めること自体にも困難がある。この困難を
克服するため，ノーレイティングのように，正
確な評価よりも従業員の能力開発に重きを置き，
従業員の能力向上を通じて組織の成果を高める
方法を採用する企業も現れている。●田村　祐介

045 新しい評価制度

図1 360度評価制度導入率推移

図2 企業規模別360度評価制度導入状況（管理職に対する評価，2019年）

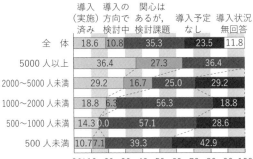

	導入（実施）済み	導入の方向で検討中	関心はあるが，検討課題	導入予定なし	導入状況無回答
全体	18.6	10.8	35.3	23.5	11.8
5000人以上	36.4		27.3	36.4	
2000～5000人未満	29.2	16.7	25.0	29.2	
1000～2000人未満	18.8	6.3	56.3	18.8	
500～1000人未満	14.3	0.0	57.1	28.6	
500人未満	10.7	7.1	39.3	42.9	

成果向上のために，構成員の有する潜在・顕在能力および組織への貢献を正確に測定することと，評価に対して被評価者の理解を得ることは，評価制度の設計・運用において重視されてきた課題である。従来，いかに正確な評価を行うかという問題意識に重きが置かれてきたが，正確な評価を追求することの難しさや評価に伴う負担が浮き彫りになって久しい。そのため，自身の評価に対する被評価者の理解を促し，成長や育成の機会につなげることにより焦点を当てた，360度評価や，1 on 1ミーティング，ノーレイティングといった手法が，近年新たに取り入れられ始めている。

360度評価（360度フィードバック）とは，一般に，上司・同僚・部下などの手によって多面的に評価を行う制度とされている。他者から評価を得ることによって①自己評価と他者評価の間のズレを認識させ，②特定の評価者からは観測困難な側面にも満遍なく光を当てるという点が特徴である。360度という名称からも見受けられるように，複数名による評価にとどまらず，立場の違い（階層性）や距離の近さ（近接性）など，被評価者を円状に取り巻く多様な層の他者から評価を受けることが強調される（Foster and Law, 2006）。日本生産性本部の調査によれば，360度評価制度の導入率は1～2割程度の範囲で推移しているに過ぎないものの（**図1**），従業員数2000人以上の大企業を中心に導入が進みつつある（**図2**）。

360度評価を導入する意義は，自己評価と他者評価の食い違いに気づかせて，より正確な自己認識を促し，必要に応じて行動を変容させることにある（高橋, 2001）。そのためには多面的に評価するだけでは不十分であり，評価を被評価者に公開・共有することが肝要である。したがって，上司と部下が1対1で行う定期的な対話（1 on 1ミーティング）の重要性がさらに指摘され，注目を集めている。1 on 1ミーティングは本来，部下の育成や動機づけ，信頼関係の構築を目的としたものであり，年次評価を伝えるためだけの面談というわけではない。だが，短いスパンで対話を行うことにより，他者評価の頻繁な共有にもつながりうる。

労務行政研究所によれば，年次評価によるランク付け（レイティング）を廃止する，ノーレイティング制度を導入する企業も現れてきている。ランク付けを廃止することで中心化傾向などの評価者バイアスを減らし，目標の達成度や貢献度について頻繁にコミュニケーションをとって従業員の納得感を得ることを意図した手法である。人事評価の精度を高めること自体よりも，最終的な成果の向上につなげることをより重視した試みともいえる。

人事評価における正確性の追求，納得感の醸成，成果向上への寄与は，永遠の課題である。ここで紹介した手法が最善の解決策になるとは限らない。評価を行う目的がどこにあるのかを改めて問い直し，改善策を模索し続ける必要があるだろう。

● Shin Hayoung

第 **7** 章

報酬管理

＊図表の出所は巻末参考文献参照（以下同様）。

図1　男性の世代別・加齢に伴う実質賃金の推移

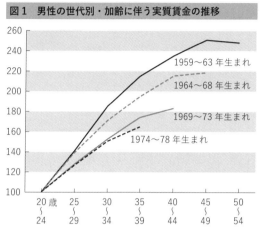

1959〜63年生まれ
1964〜68年生まれ
1969〜73年生まれ
1974〜78年生まれ

（注）　1）「賃金構造基本統計調査」における一般労働者の年収（きまって支給する現金給与額×12＋年間賞与その他特別給与額）を，「消費者物価指数」（持家の帰属家賃を除く総合）を用いて実質化。
　　　　2）各世代について，20〜24歳の値を100とした指数。

図2　各国の男性の勤続年別・賃金（2018年）

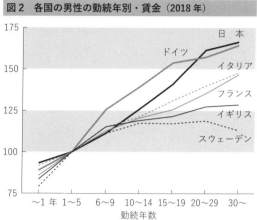

日本
ドイツ
イタリア
フランス
イギリス
スウェーデン

勤続年数

（注）　日本は所定内給与額，ヨーロッパは月間平均収入額について，勤続「1〜5年」を100とした指数。ただし，日本は「1〜5年」と「6〜9年」が，それぞれ「1〜4年」と「5〜9年」に対応。

　日本型雇用慣行の特徴として，「長期雇用」と「年功的賃金」が存在する。「長期雇用」について，労働政策研究・研修機構によると，2020年現在の日本では常用労働者（男女計）のうち勤続10年以上の長期勤続者の割合が45.7％に達しており，この値は主要15カ国の中でイタリアに次ぐ高い値となっている。また「年功的賃金」については，男性の平均的な賃金が年齢とともに上昇する傾向が見られる（**図1**）。1959〜63年生まれの男性を見ると，20代前半の賞与を含む賃金水準を100とした場合，40代後半の同指数は約2.5倍の250.8の値を示す。このような加齢に伴い上昇する賃金の年功的性格は，長期勤続の存在を踏まえると，勤続とともに賃金が上昇することの反映と考えられる。

　国際的に見ると，勤続とともに平均賃金が右肩上がりとなる賃金曲線は，日本に顕著な傾向である（**図2**）。「賃金構造基本統計調査」に基づくと，勤続1〜4年の男性の賃金水準を100とした場合，勤続30年以上の男性の指数は約1.7倍の166.3になる。各国の集計区分や指標が異なる点に留意は必要だが，他国と比べて日本は賃金曲線の傾きが大きい傾向にある。なお，図には示さないが，曲線の傾きや形状は，男女，企業規模，および産業で異なる。

　しかし，勤続年数が賃金を決めると考えるのは早計である。賃金決定の基準が異なる国々において，結果として勤続年数が長い者ほど賃金が高い傾向が観察されるためである（**図2**）。社員の職務遂行能力に基づく「職能給」であっても，職務内容の価値と対応する「職務給」であっても，仕事の経験が積み重なるとともに賃金曲線は年功的になりうる。より具体的には，勤続とともに能力が向上すると，前者は上位の資格に昇格し，後者は簡単な仕事から徐々に難しいものに異動していくが，いずれの場合も年功的賃金となる。

　なぜ賃金曲線は年功的になるのだろうか。とりわけ大企業を中心に急勾配の賃金曲線が観測されるのは，業務の中で培われる知識やノウハウの多くが後述の「企業特殊的」なものとなること，事業拡大に伴いさまざまな協議や調整業務が生じ1人1人の貢献・成果を測るのが難しくなることが関係していると考えられる。

　賃金曲線が年功的になることの理論的説明の1つに，教育や訓練により労働者の技能・知識が向上し生産性が上昇することを想定する「人的資本理論」がある。技能の型には，他社でも通用する汎用性の高い「一般的技能」と，企業外よりも企業内での価値が高い「企業特殊的技

能」とがある。厳密に分離するのは難しいものの，前者には汎用性の高い PC ソフトウェアの操作や語学力，近時のものでは人工知能開発技術などが，後者には企業の生産工程に関する理解，企業内組織の情報・人脈，企業独自の設備の操作技術・知識などが該当する。日本企業は企業特殊的訓練・研修に基づく内部育成により（定期的な配置異動に基づく内部育成については▶**034**），労働者の企業特殊的技能の蓄積を促す特性が色濃いと考えられている（訓練費用と訓練投資後の生産性向上により生じる収益は，ともに労使折半の形をとる）。この場合には，勤続とともに社員の離職に伴う損失は労使双方で増加し，長期勤続が合理的となる。

　年功的賃金の説明に有力な他の理論として，年功的賃金を，労働者の怠業を防ぎ意欲的な就業を継続的に動機づけるための道具と見なす「後払い賃金理論」がある。同理論では，年功的賃金・長期雇用・定年退職という各種慣行が相互に補完的となる。要点は，企業は若年期の労働者には生産性よりも低い賃金を支払うが，壮年期には生産性よりも高い賃金を支払うことで，それを相殺するという点である（**図3**）。つまり労働者は，若年期は自身の生産性よりも賃金が低いため線 B と線 A の差分（図中①の面積）を実質的に企業に「貸し付け」ることになるが，壮年期には自身の生産性よりも賃金が高くなるため線 A と線 B の差分（同②の面積）を「返済」してもらえる。

　後払いの仕組みにより，一定期間を経た後に社員の成果を通算分として評価するという形で，企業は社員に忠誠心をもって長期にわたり意欲的に働き続ける誘因を与えることができる。努力を怠り企業からの評価が低くなると，企業業績が悪化した際に解雇される可能性が高くなるためである。賃金曲線の傾きが大きいことで，社員が離職により失う生涯賃金が大きくなり，企業は社員の意欲を引き出しつつ働きぶりの監視費用を節約できる。

　一方で，企業からすると壮年期の社員に対して生産性よりも高い割高な賃金支払いが生じるが，定年退職制により賃金総額と生産総額の均

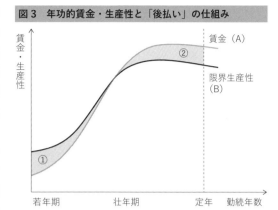

図3　年功的賃金・生産性と「後払い」の仕組み

賃金・生産性

賃金（A）

②

限界生産性（B）

①

若年期　　　壮年期　　　　　　定年　勤続年数

衡が実現可能となる（定年制については▶**031**）。2017 年と 2018 年の「就労条件総合調査」によると，9 割以上の企業において定年制が定められ，8 割以上で退職給付制度（一時金または年金）が存在する。在職中の賃金と勤続年数をもとに算定される退職金給付は，在職中に蓄えた賃金の後払いと見ることもできる（諸条件のもと，法的にも賃金として扱われる）。このように後払い賃金理論では，企業が社員の働きぶりや努力を逐一観察・監視できなくとも，社員の勤続が短い時期から定年退職の日まで真面目に働く意欲を引き出すことができる。ただし，賃金の後払いは労使双方の「暗黙の契約」（関係的契約）となっていることが多く，社員は企業が裏切らない（貸付金を返済する）という信頼が持てない限り壮年期での賃金の後払いに同意しない。評判が確立した大企業において，年功的賃金と長期雇用の慣行が顕著に見られるゆえんであろう。大企業では企業内部の論理でこれらの慣行が存立する側面が強いのに対し，中小企業では，相対的に賃金曲線の傾きが小さく勤続年数も短いことから，外部労働市場における転職の果たす機能の比重が労使双方にとって大きい。

　日本型雇用の各種慣行は合理性を持つが，近年では賃金曲線の傾きが小さくなり平坦化する傾向が見られ，勤続の誘因低下が示唆される。賃金曲線が変化した要因は，全体では非正規雇用の増加，中核的な社員に限ると定年年齢延長や個別的な雇用管理の増加および高所得者の転職の増加などが考えられる。日本型雇用の変容への注視が引き続き必要となる。　●福田 隆巳

047 労働者の生活と賃金

多くの労働者にとって，労働は生計を立てる際の中心的な手段である。そのため，賃金が労働者にとって生活を保障するものたりえるかは，賃金を決定する際の重要な視点の1つとなる。

日本では，大正期に生活給の思想が生まれた。笹島芳雄によれば生活給思想を明確に打ち出したのは，呉海軍工廠の伍堂卓雄による「職工給与標準制定の要」（1922年）である。その中で，生活費の上昇に対して家族扶養に必要な賃金が実現できていないことから，賃金は年齢とともに増加する方式としたほうがよいと提案された。ここからわかる通り，当時の生活給思想は，労働者の世帯生計費に配慮したものだったといえよう。「職工給与標準制定の要」を実践した事例として，横浜船渠が1929年に導入した合理的賃金制度がある。この制度では，年齢給が日給の50〜65％を占めており，生活給の考え方が体現されていた。

戦後，生活給の性格を色濃く反映した電産型賃金体系（**図1**）が多くの企業に広まり，当時の人々の厳しい暮らしを支えた。しかし，これは見方を変えれば，労働者自身の働きぶりが賃金に反映されにくい考え方でもある。そのため，1950年代以降，年齢に基づく給与部分が縮小し，代わりに能力に基づく給与部分が拡大した職能給へと移行していった。しかし，一度向上した職務遂行能力が低下するとは考えにくいため，運用において年功給化することも多かった。

バブル経済が崩壊した1990年代以降は，成果主義の導入に伴い，年齢や勤続年数といった自動的な昇給部分の縮小・廃止，扶養家族手当や住宅手当などの生活手当を縮小する動きが続いた。その過程では多少の混乱があったものの，今日では労働者の報酬制度における成果主義的な側面は日本企業に定着している。また，2000年代以降は労働者の多様性が高まり，さまざまな生き方や働き方が企業にも認識されるようになった。その結果，労働者の年齢や性別が世帯生計費を反映する程度も低下していると考えられており，賃金による直接的な労働者の生活保

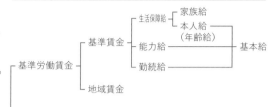

図1　電産型賃金体系の一例

障は複雑になった。

ここまで，生活給に関する歴史的な変遷を見てきた。総じていえば，今日では賃金の決定にあたり生活給の側面は過去に比べていくらか縮小したといえるが，今後も維持されていくものと考えられる。また，労働者の多様な生活に対して企業としてどのような配慮を行っていくのかは，今後の課題であるといえよう。

さて，上記で紹介した制度は主に正社員を対象としたものであり，近年増加している非正社員はその対象外にある。非正社員まで含めた賃金の最低水準の規制に，最低賃金がある。最低賃金とは，「使用者が労働者に支払わなければならない賃金の最低額」である。その目的の第1は，低賃金労働者に賃金の最低額を保障し，その労働条件の改善を図ることである。第2は，労働者の生活安定，労働力の質的向上，事業の公正な競争の確保を目指すことである。

最低賃金に対する考え方は国によって異なる。法律で規制する国もあれば，そうした法律は持たずに，労使の労働協約で規制する国もある。日本は前者に位置づけられ，最低賃金法（1959年施行）を通じた法的な介入により，労働者の生活の安定が図られている。最低賃金には各地域の実態に即して決定する地域別最低賃金と，地域別最低賃金よりも高い金額水準である必要があると関係労使が認めた場合に設定される特定（産業別）最低賃金の，2種類がある。

日本の地域別最低賃金の決定プロセスは，以下の通りである。まず，賃金の実態調査結果などをもとに，公益代表，労働者代表，使用者代表で構成される中央最低賃金審議会で最低賃金

図2　最低賃金引き上げ額の決定の流れ

中央最低賃金審議会
公益代表
労働者代表　協議　使用者代表

最低賃金引き上げ額の目安

地方最低賃金審議会
公益代表
労働者代表　協議　使用者代表
最低賃金引き上げ額

地方最低賃金審議会
公益代表
労働者代表　協議　使用者代表
最低賃金引き上げ額

地方最低賃金審議会
公益代表
労働者代表　協議　使用者代表
最低賃金引き上げ額

表1　特定（産業別）最低賃金の一例（2022年度）

（単位：円）

都道府県	地域別最低賃金	業　種	時間額
北海道	889	処理牛乳・乳飲料，乳製品，糖類製造業	922
		鉄鋼業	979
		電子部品・デバイス・電子回路，電気機械器具，情報通信機械器具製造業	924
		船舶製造・修理業，船体ブロック製造業	917
茨城	879	鉄鋼業	975
		はん用機械器具，生産用機械器具，業務用機械器具製造業	935
		計量器・測定器・分析機器・試験機・理化学機械器具，医療用機械器具・医療用品，光学機械器具・レンズ，電子部品・デバイス・電子回路，電気機械器具，情報通信機械器具，時計・同部分品製造業	932
		各種商品小売業	881
愛媛	821	パルプ，紙製造業	951
		はん用機械器具，生産用機械器具，業務用機械器具製造業	957
		電子部品・デバイス・電子回路，電気機械器具，情報通信機械器具製造業	921
		船舶製造・修理業，舶用機関製造業	962
		各種商品小売業	822

改定に向けた引き上げ額の目安が示される。その後，地方最低賃金審議会で各地域の実情に応じた審議が行われ，決定される。最低賃金の額はその地域の労働者の生活費，賃金水準，使用者側の賃金支払い能力を考慮した上で，「労働者が健康で文化的な最低限度の生活を営むことができるよう，生活保護に係る施策との整合性に配慮する」（第9条）ものとして決定される。なお近年は，働き方改革の中で最低賃金の引き上げに言及されたことに象徴されるように，政府が最低賃金の引き上げに積極的に介入する傾向が見られる。　●中野　浩一

表2　東京都最低賃金の推移

	時間額		時間額
1975年	258	2014年	888
1980	405	2015	907
1985	477	2016	932
1990	548	2017	958
1995	650	2018	985
2000	703	2019	1013
2005	714	2020	1013
2010	821	2021	1041

（単位：円）

（注）　2020年は新型コロナウイルス感染拡大の中で雇用維持が重視されたため，中央最低賃金審議会で最低賃金引き上げ額の目安が示されず，東京地方最低賃金審議会でも最低賃金は現行通りとする決定が下された。

047

労働者の生活と賃金

048 賃金の決定基準

表　賃金決定における市場―企業関係の3類型

タイプ	内　容	イメージ
①	労働市場の影響が大きく，企業組織は基本的には労働市場の世間相場に基づいて賃金を決定するパターン	労働市場における市場賃率 ➡ 企業組織
②	労使団体等によってコントロールされた労働市場に基づいて，企業組織が賃金を決定するパターン	コントロールされた労働市場における市場賃率 ➡ 企業組織　⬆　労使団体
③	労働市場の影響が小さく，企業組織が自ら設定したルールに基づいて賃金を決定するパターン	労働市場における市場賃率 ⇢ 企業組織

　賃金は，企業組織内外の環境と関連がある，多様な決定要素を有する。これまでの賃金研究で，賃金には生活給の側面とインセンティブの側面があることが，繰り返し指摘されてきた。つまり，前者は労働者が企業で働き続けるにあたって企業から得る賃金が生活維持に足る水準である必要があるという側面，後者は企業が競争力の維持・向上のために求める働きぶりを労働者から引き出す必要があるという側面である。企業は，この両者を両立させうるような賃金の決定基準を設定する必要がある。

　賃金は，労働市場のルールと企業組織のルールから決定される。前者は市場賃率を，後者は企業の人事・賃金制度を指す。一般に，いかなる企業組織であっても，その企業が置かれる労働市場の影響を受けざるをえない。しかし，その影響の仕方は一様ではなく，いくつかの類型に分けることができる。具体的には，賃金決定のパターンは3つに分類できる（表）。

　①は，労働市場の影響力が大きく，企業組織が市場賃率に基づいて賃金を決定するパターンである。このパターンは，企業内で設定した職務に基づく賃金水準と労働市場の相場に乖離が生じた際，後者を優先するような場合があてはまる。一般に，アメリカはこうしたパターンに該当するとされる。

　②は，労使団体等によってコントロールされた労働市場に基づいて，企業組織が賃金を決定するパターンである。たとえば，産業別に締結された労働協約によって職務ごとの賃金表が作成されており，企業の決定を制約するような場合があてはまる。大陸ヨーロッパのドイツや北欧諸国は，このパターンに該当するとされる。

　③は，労働市場の影響が小さく，企業組織が自ら設定したルールに基づいて賃金を決定するパターンである。これには，企業内で整備された賃金制度の運用と，企業組織内の労使交渉によって賃金を決める場合があてはまる。日本はこのパターンであるとされる。

　このように，賃金決定のパターンは国ごとに類型的な整理が一定程度可能であるが，これらのパターンに基づいて一国家内のあらゆる企業・職種の賃金決定が説明できるわけではない。たとえば日本でも，正社員には③のパターンが適用され，企業規模間で賃金に差が生まれるのに対して，非正規雇用者には①のパターンが適

| 勤続給
（個人の勤続年数） | 役割給
（業務の中で発揮された能力，経営戦略から見た責任，仕事の重要性） |
| 職能給
（職務遂行能力，保有能力） | 職務給
（経営戦略上の職務の難易度・重要性，労働市場における職務の価値） |

累積価値　　　　　　　　　　　　　　　現在価値

用され，企業を横断して近しい賃金水準となる傾向がある。

こうした整理のもとで，とりわけ日本企業における正社員賃金の決定の基準に議論を限定すると，「人」の価値を基準とする方向性と，「仕事」の価値を基準とする方向性を軸とすることで，一定の見取り図を描くことができる。前者は，従業員という人間に帰属する経験等，その企業で培ってきた累積価値を基準とする考え方である。後者は，従業員がその時々の時点において担っている仕事や役割の現在価値を基準とする考え方である。大まかにいえば，日本企業における賃金決定の基準は，1990年代頃までは前者を中心としていたが，近年は徐々に後者の側面に重きを置く企業が増えてきている。

両者のベクトルを押さえた上で，主な賃金決定の基準を整理すると，図のようになるだろう。累積価値の側には，個人の潜在能力を評価して賃金を支払う職能給が位置づけられる。この賃金は，日本的雇用システムにおける人事制度として主流を占めてきた職能資格制度とともに用いられてきた。現在価値の側には，役割給や職務給が位置づけられる。これらは，個人が担う仕事の責任や難易度などに鑑みて，賃金を決定する考え方である。これらは，役割等級制度や職務等級制度などの人事制度とともに運用される。

表において，企業の賃金決定にあたって労働市場の影響力に大小があると述べた。それと関連して，職務給は国際的には企業を横断して同一の水準が決定される場合も多いが，日本においては企業組織内での仕事の序列づけが重視さ

れるのも特徴であり，そうした意味で役割給と重なる部分がある。いずれにせよ，近年の日本企業における賃金制度の改定は，ここで述べた役割給や職務給など，現在価値を重視するような方向性で進められてきている。

しかし，労働政策研究・研修機構のヒアリング調査の結果（2022年）によれば，賃金決定に関して労働市場における職務価値を社員格付けの基準に使っている企業は少数であり，表で示したように労働市場の相場と企業内賃金との間に一定の距離を保つ傾向が見られるという。このことは，図でいえば累積価値を重視する傾向も残っていることを意味していると考えらえるだろう。

なお，図には表現されていないが，個人や組織の業績・成果によって賃金を決定する成果給や業績連動給も存在する。しかし，労務行政研究所による「2021年度 モデル賃金・年収調査」によれば，これらの基準を月例賃金に適用している企業は2.8％にとどまる。

歴史的には，従業員が扶養する家族の人数に基づいて賃金を決定する仕組みなども，かつて存在した。重要なことは，どの決定基準が合理的であると見なされるかは，経済合理性のみならず，組織構成員の公平感にも依存するということである。そういった意味で，賃金の決定基準は企業で働く従業員の価値観を反映したものであり，その基準の変化は，同時に従業員の価値観の変化を表しているともいえるだろう。

●松永 伸太朗

049 賃金水準の国際比較

図1　各国の平均賃金

（万 US ドル）

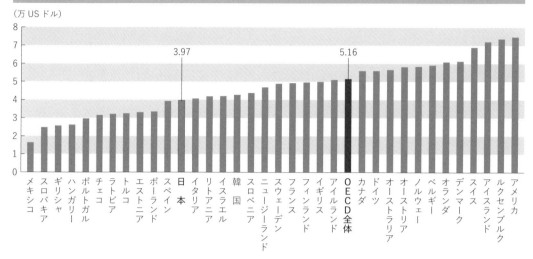

図1は，OECD（経済協力開発機構）が，加盟35カ国について2021年度の平均賃金（ドル建て，購買力平価換算：物価水準などを考慮した各国の通貨の実質的な購買力を，交換レートで表したもの）を示したグラフである。

この調査によると，日本の平均賃金（年間）は3万9711ドル（1ドル120円換算で約476万円）で35カ国中24位，加盟国の平均（5万1607ドル，日本円で約619万円）を大幅に下回っている。GDP（国内総生産）ではアメリカ，中国に次いで3位を維持し，世界で3番目の経済大国であるはずの日本の労働者の賃金水準は，先進国の平均値より低い。

さらに，アメリカ，イギリス，ドイツ，フランス，スウェーデン，および日本における年平均賃金額の推移を見てみると，2000年以降のドル・ベースの賃金水準は，日本のみがほぼ横ばいで推移し，各国から取り残された形になっている（図2）。2000年時点では日本と似たような水準であった国（イギリス，フランス）や下回っていた国（スウェーデン）が，20年間で賃金を上昇させてきたのとは対照的である。

なお，2017～2021年の5カ年について推移を見ると，日本の賃金は上昇しており（4.1％），この上昇率は，アメリカ（11.7％）やイギリス（5.0％）には劣るが，ドイツ（2.5％），フランス

図2　平均賃金の推移

（万 US ドル）

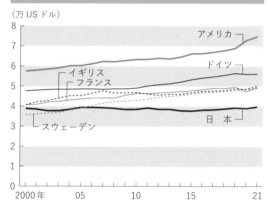

（0.7％），スウェーデン（3.9％）を上回っている。

ただし，「賃金構造基本統計調査」に基づくと，2021年における日本の賃金（6月分の「きまって支給する給与額」に，前年の「年間賞与その他特別給与額」の12分の1を合計した額）は月額約32.1万円であり，ピーク時1997年の水準（月額約38.2万円）には達していない。

加えて，2000年代以降，景気回復局面においても賃金が上がらない状況になっている。1986年10～12月期以降や1994年1～3月期以降の景気回復局面では，景気回復とともに賃金の上昇が見られた。一方，2002年1～3月期以降の景気回復局面では，経常利益が伸びているにもかかわらず賃金は減少を続けた。

図3　賃金と労働生産性

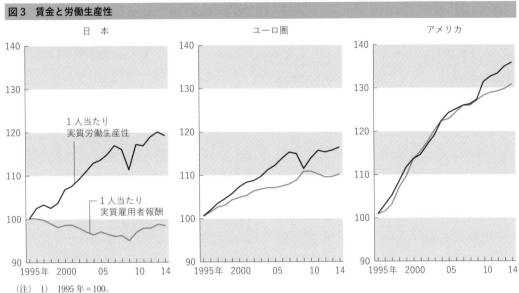

日本　　　　　　　　　　　　ユーロ圏　　　　　　　　　　アメリカ

(注)　1)　1995年＝100。
　　　2)　ユーロ圏の国は，オーストリア，ベルギー，デンマーク，フィンランド，フランス，ドイツ，ギリシャ，アイルランド，ルクセンブルク，オランダ，ポルトガル，スペイン，スウェーデン，イギリス。

　また，ユーロ圏およびアメリカでは，実質労働生産性が上昇する局面において，実質賃金も上昇する傾向にある。日本でも，実質労働生産性は継続的に上昇しており，その伸び幅もユーロ圏と比較すると遜色ない水準となっている。にもかかわらず，日本の実質賃金の伸びは生産性に追いついておらず，両者のギャップはユーロ圏およびアメリカよりも大きいことがわかる（図3）。

　日本の賃金が伸び悩んでいる理由は，さまざまに議論されているが，ここでは主な理由を3つあげておきたい。第1に，雇用形態の多様化である。雇用形態間の賃金格差が大きい中で，それが多様化するという構造変化は，賃金が上がらない要因の1つとなっている。加えて，パートタイム労働者における就業調整も，平均賃金が上がらない要因になっていると指摘されている。

　第2に，企業会計基準の変更（金融商品時価評価，退職金給付会計等）などを背景とした企業行動の変化である。量的拡大経営から収益性重視の経営になるとともに，利益分配において株主を重視し，人件費が抑制されるようになった。

　第3に，労働組合の合理的な選択の結果として，賃金が上がりにくい状況が生じているとい

う指摘もある。1990年代半ば以降，労働組合は，社員の雇用を守るために，賃上げを我慢し，雇用の維持に努めてきた。このように，企業の経営状況を考慮し，仲間である組合員を守るためにとった組合の合理的な行動が，賃金の上昇率に影響を及ぼしている面もあるとされる。

● 小西 琴絵

050 給与と給与明細

給与 明細書　　　　令和 4年 8月25日支給
000-010　　　0001　　　○○○○ 様
　　　　　　　　　　　　　　　　　株式会社×××

勤	残業平日普通	残業平日深夜	残業法定休日	残業法定深夜	残業休日普通	残業休日深夜	残業当倍		
怠	15:00	0:00	0:00	0:00	0:00	0:00			
	事故欠勤日数	看欠日数	傷病欠勤日数	無欠日数					
	0.00	0.00	0.00	0.00					

	年齢給	職能給	基本給計			家族手当	役付手当	役員報酬	手当計	基準内賃金
支	163,500	276,500	440,000			30,000			30,000	470,000
	家賃補助手	社保手当1	社保手当2	単身赴任手当		非課税通勤	通勤費計		調整（課税）	調整（非課）
				0		65,000	65,000			
給	残業手当	深夜業務手当	法定休日手当	法定深夜手当	代休手当	代休深夜手当	残業手当1.00	残業食事手当	超勤計	
	59,354								59,354	
				遅刻早退控除	欠勤控除額			課税合計	非課税合計	総支給額合計
					0			529,354	65,000	594,354
控	健康保険	介護保険	厚生年金	雇用保険調整	雇用保険	社会保険合計	課税対象額	所得税	住民税	
	18,700	3,960	40,260		1,783	64,703	464,651	23,880	39,600	
	組合費	生命保険	損害保険	財形1	財形2	本代	積立	その他控除1	その他控除2	労金
	1,410					2,000	200			
除	等級	号俸							控除計	控除合計
	6	12							67,090	131,793
記								支 払 1	支 払 2　支 払 3	差 引 支給額
事								462,561	0　　　　0	462,561

　労働者は，自身の労働の対価として会社から給与を受け取る。労働基準法では，賃金を「賃金，給料，手当，賞与その他名称の如何を問わず，労働の対償として使用者が労働者に支払うすべてのものをいう」と定義している。同法第24条によれば賃金は，①通貨で，②直接労働者に，③全額を，④毎月1回以上，⑤一定の期日を定めて支払わなければならない（賃金支払いの5原則）。正社員へ毎月決まった日に給料が支払われるのは，このルールがあることによる。

　労働者が受け取る給与の支給額は，総支給額合計から，控除合計を引いたものとなる。

　総支給額は基本給と諸手当からなり，諸手当には家族手当などの基準（内）賃金と，超過勤務（残業）手当など基準外賃金に分類されるものがある。

　一方，控除合計は，所得税・住民税・社会保険料（健康保険料，介護保険料，厚生年金保険料，雇用保険料）等の義務的費用に加え，勤め先で労働組合が組織されていれば組合費が「天引き」されることもある。なお通勤手当など支給項目の一部は，一定額（2022年時点で月15万円）までは所得税の対象にならない。

　給与明細を眺めていると，当該企業の賃金に対する考え方を窺い知ることができる。たとえば，図の会社には年齢給や家族手当がある。生活給の思想が残っている企業といえる。しかし，生活よりも成果を重視した賃金制度のもとで人材を活用している企業の給与明細を見てみると，年齢給や家族手当はないかもしれない。

　加えて，給与明細から，国の福祉に対する態度も窺い知ることができる。控除額には所得税や社会保険料が含まれている。たとえば社会保険料の内訳を見れば，国がどのような福祉サービスを提供しているのかを知ることができる。給与から健康保険料が控除されているということは，国民皆保険制度のもとで医療サービスが提供されていることを意味する。国によってはそのような控除がない場合もあるだろう。

　このように給与明細は，給与の支給額にとどまらず，企業や国の考え方などに関する情報を私たちに提供してくれる。一度，自分の給与明細をじっくり眺めてみよう。　　　●于 松平

051 さまざまな賃金構成

表1 賃金構成の例（1）

(単位：円)

年齢(歳)	役職(資格)	所定時間内賃金	うち基本賃金合計	基本給の内訳					役付・資格手当
				総合給	年齢・勤続給	職能給	職務・役割給	業績・成果給	
組合員平均		257,167	246,022 100.0 %	5,140 2.1 %	106,403 43.2 %	125,447 51.0 %	0 0.0 %	0 0.0 %	9,032 3.7 %
22		228,000	208,000 100.0 %	18,000 8.7 %	96,000 46.2 %	94,000 45.2 %	0 0.0 %	0 0.0 %	0 0.0 %
25		238,000	218,000 100.0 %	13,000 6.0 %	102,000 46.8 %	103,000 47.2 %	0 0.0 %	0 0.0 %	0 0.0 %
27	主　任	263,800	243,800 100.0 %	7,000 2.9 %	104,000 42.7 %	127,800 52.4 %	0 0.0 %	0 0.0 %	5,000 2.1 %
30	主　査	288,000	268,000 100.0 %	0 0.0 %	107,000 39.9 %	141,000 52.6 %	0 0.0 %	0 0.0 %	20,000 7.5 %
35	所長・ユニット長	386,500	366,500 100.0 %	0 0.0 %	107,000 29.2 %	171,500 46.8 %	0 0.0 %	0 0.0 %	88,000 24.0 %
40	エリア長・課長	436,400	416,400 100.0 %	0 0.0 %	107,000 25.7 %	208,400 50.0 %	0 0.0 %	0 0.0 %	101,000 24.3 %
45	〃	472,400	452,400 100.0 %	0 0.0 %	107,000 23.7 %	234,400 51.8 %	0 0.0 %	0 0.0 %	111,000 24.5 %
50	次　長	560,000	540,000 100.0 %	0 0.0 %	107,000 19.8 %	319,000 59.1 %	0 0.0 %	0 0.0 %	114,000 21.1 %
55	部　長	634,700	614,700 100.0 %	0 0.0 %	107,000 17.4 %	375,700 61.1 %	0 0.0 %	0 0.0 %	132,000 21.5 %
57	〃	708,000	688,000 100.0 %	0 0.0 %	107,000 15.6 %	439,000 63.8 %	0 0.0 %	0 0.0 %	142,000 20.6 %

(注)　1)　各年齢の上段は金額，下段は基本賃金のうち各項目が占める割合。

　　　2)　総合給：以下の決定要素を総合的に評価・勘案して決まる賃金のほか，これらの決定要素に区分されない賃金項目（一律給，各種調整給など）を含む。年齢・勤続給：年齢・勤続年数により決まる賃金，職能給：職務遂行能力により決まる賃金，職務・役割給：職務・役割などの仕事の内容により決まる賃金，業績・成果給：本人の業績・成果により決まる賃金。

　一般に企業の賃金制度のうち，現金給与額は，「毎月きまって支給する給与」（月例給与）と，賞与・期末手当に二分できる（▶004）。後者は企業の業績や従業員の個人業績，人事考課の結果等に基づき決定され，該当期間の都度，大きく変動しうる。他方で，前者の月例給与は，人事考課の結果も反映されるものの短期的には大きく変動せず，昇格に伴う昇給や定期昇給，ベースアップ等で上昇する。

　月例給与の中でも所定時間内賃金の構成は，**表1**や**表2**の例のように企業によって異なり，また同一の企業内でも，役職や年齢によって構成が異なる。日本企業では，コア労働者である正社員については，長期雇用と年功序列的な処遇が維持される傾向があると指摘されている。たとえば**表1**は，年齢や勤続期間といった属人的な要素に基づく賃金を維持している企業の例である。その比率は職位が高くなるほど減少していくが，管理職であっても一定の基準で維持される場合もある。

　一方で，職能や職務・役割，業績・成果に主眼を置いて賃金を決定するケースもある。**表2**は，そうした例である。賃金決定において年功序列的な要素をなるべく排除し，従業員本人を能力や職責によって処遇することを目的に制度を設計している企業といえる。ただし，このようなケースにおいても，職位によって，賃金決定要素の内訳は異なっている。

表2 賃金構成の例（2）

（単位：円）

年齢 （歳）	役職 （資格）	所定 時間内 賃金	うち 基本賃金 合計	基本給の内訳					役付・ 資格手当
				総合給	年齢・ 勤続給	職能給	職務・ 役割給	業績・ 成果給	
組合員 平均		298,922	298,922 100.0 %	0 0.0 %	0 0.0 %	298,483 99.9 %	0 0.0 %	0 0.0 %	439 0.1 %
22		209,700	209,700 100.0 %	0 0.0 %	0 0.0 %	209,700 100.0 %	0 0.0 %	0 0.0 %	0 0.0 %
25		246,100	246,100 100.0 %	0 0.0 %	0 0.0 %	246,100 100.0 %	0 0.0 %	0 0.0 %	0 0.0 %
27	主　任	284,100	284,100 100.0 %	0 0.0 %	0 0.0 %	284,100 100.0 %	0 0.0 %	0 0.0 %	0 0.0 %
30	〃	296,700	296,700 100.0 %	0 0.0 %	0 0.0 %	296,700 100.0 %	0 0.0 %	0 0.0 %	0 0.0 %
35	課長補佐	373,500	373,500 100.0 %	0 0.0 %	0 0.0 %	373,500 100.0 %	0 0.0 %	0 0.0 %	0 0.0 %
40	主　査	424,500	424,500 100.0 %	0 0.0 %	0 0.0 %	0 0.0 %	379,500 89.4 %	45,000 10.6 %	0 0.0 %
45	課　長	531,500	531,500 100.0 %	0 0.0 %	0 0.0 %	0 0.0 %	439,500 82.7 %	92,000 17.3 %	0 0.0 %
50	部　長	595,500	595,500 100.0 %	0 0.0 %	0 0.0 %	0 0.0 %	489,500 82.2 %	106,000 17.8 %	0 0.0 %
55	〃	615,500	615,500 100.0 %	0 0.0 %	0 0.0 %	0 0.0 %	489,500 79.5 %	126,000 20.5 %	0 0.0 %
57	主　幹	564,500	564,500 100.0 %	0 0.0 %	0 0.0 %	0 0.0 %	439,500 77.9 %	125,000 22.1 %	0 0.0 %
59	主　査	509,500	509,500 100.0 %	0 0.0 %	0 0.0 %	0 0.0 %	379,500 74.5 %	130,000 25.5 %	0 0.0 %

（注）　表1に同じ。

　属人的な要素を重視して賃金を決定している企業も依然としてあるものの，近年は企業の経営戦略との適合が意識される中で，従業員の個別の能力や成果，職務内容に鑑みて賃金が決定される制度への改定が進んでいる（▶052）。

●山本 華

052 賃金制度改定の実態

表 過去3年間に賃金制度改定を実施した企業の割合

(単位：%)

	1996年	1999年	2004年	2007年	2010年	2014年	2017年	2022年
改定を行った	49.7 (100.0)	53.0 (100.0)	38.4 (100.0)	46.3 (100.0)	34.6 (100.0)	28.6 (100.0)	35.5 (100.0)	40.4 (100.0)
職務・職種などの仕事の内容に対応する賃金部分の拡大	12.1	11.3	15.5	23.3	17.5	15.0	21.2	26.5
職務遂行能力に対応する賃金部分の拡大	15.7	15.8	17.6	22.1	16.9	14.1	18.5	20.9
業績・成果に対応する賃金部分の拡大	15.0	15.5	20.7	23.7	15.0	13.1	16.1	17.3
手当を縮減し基本給に組み入れ	4.9	6.4	9.8	9.1	5.5	4.5	3.9	7.3
業績評価制度の導入	―	―	―	―	―	―	6.7	6.9
賃金表の導入	6.8	5.2	5.6	7.7	5.2	3.9	5.8	6.3
職能資格制度の導入	7.8	8.7	10.1	11.0	6.9	6.2	5.3	5.9
学歴や年齢・勤務年数に対応する賃金部分の縮小	―	―	―	―	―	―	3.4	5.1
年俸制の拡大・導入	3.0	5.4	6.1	4.0	3.0	0.9	1.7	2.3
基本給を抑制し，賞与を相対的に拡大	3.5	2.7	2.4	6.0	3.1	1.1	1.8	1.3
定期昇給の廃止	3.8	10.5	―	7.1	4.6	1.6	0.9	1.1
年俸制の縮小・廃止	―	―	―	―	―	―	0.5	0.6
退職給付を縮減し基本給へ組み入れ	―	―	―	―	1.1	0.4	0.2	0.5
職能資格制度の廃止	―	―	―	―	―	―	0.4	0.4
賃金表の廃止	―	―	―	―	―	―	0.1	0.4
業績評価制度の廃止	―	―	―	―	―	―	0.1	0.2
基本給を増加し，賞与のウェイトを相対的に縮小	―	―	1.7	―	―	―	―	―
複線型賃金体系の改定・導入	1.3	1.9	1.6	―	―	―	―	―
昇給幅の拡大	11.9	10.5	―	―	―	―	―	―
昇給幅の縮小	23.3	30.1	―	―	―	―	―	―

左端の縦書きラベル：改定内容の種類（複数回答）

(注) 1) 調査期日は，1999年以前は12月末日現在，2004年以降は1月1日現在である。
　　 2) いずれの項目も，回答した全企業を100%とした場合の割合で示している。
　　 3) 当該年度に調査されていない項目は「―」と表記している。

「就労条件総合調査」は，「過去3年間に賃金制度の改定を行った企業の割合」を，数年おきに調べている。制度改定を行った企業の割合は，増減を繰り返しており，1990年代後半と2000年代半ばに増加し，2010年代半ば以降も増加傾向にある。制度改定の内容については，「職務・職種などの仕事の内容に対応する賃金部分の拡大」「職務遂行能力に対応する賃金部分の拡大」「業績・成果に対応する賃金部分の拡大」という，賃金の決定基準の改定に関する3項目が，常に上位を占めている。この3項目の中でも，近年は「職務・職種などの仕事の内容に対応する賃金部分の拡大」が，やや高い傾向にある。一方，「年俸制の拡大・導入」「基本給を抑制し，賞与を相対的に拡大」の割合は継続的に低く，近年はとくに低下している。

●三浦 友里恵

ボーナスの意味

表　大企業におけるボーナスの支給状況

産業	2015年度 夏季	年末	2016年度 夏季	年末	2017年度 夏季	年末	2018年度 夏季	年末	2019年度 夏季	年末	2020年度 夏季	年末
実質 GDP 成長率（%）	1.7		0.8		1.8		0.2		−0.8		−4.1	
経常利益の対前年伸び率（%）　全産業	0.03		0.07		0.11		−0.01		−0.15		−0.10	
製造業	−0.02		0.03		0.18		−0.03		−0.17		−0.04	
建設業	0.10		0.23		0.04		0.08		−0.04		0.01	
支払月数（月分）　鉱業	2.7	2.5	2.4	2.5	2.6	2.8	2.8	3.0	3.1	2.9	3.0	2.5
製造業	2.5	2.4	2.4	2.5	2.6	2.5	2.7	2.6	2.6	2.6	2.5	2.4
建設	1.9	2.0	2.6	2.2	2.8	2.5	3.0	2.7	3.3	2.4	3.0	2.9
銀行・保険	2.2	—5)	—5)	2.0	2.1	2.2	2.2	2.3	2.3	2.3	2.3	2.6
私鉄・バス	2.1	2.2	2.1	2.4	2.1	2.5	2.1	2.3	2.2	2.6	2.2	2.3
海運・倉庫	2.6	2.3	2.0	2.3	2.3	2.3	2.4	2.5	2.4	2.5	2.6	1.7
電力	1.0	1.1	1.5	1.7	1.8	1.8	1.8	1.8	1.8	1.8	1.9	1.9
ガス	2.3	2.4	2.4	2.4	2.3	2.4	2.4	2.5	2.3	2.4	2.3	2.4
百貨店・スーパー	1.9	1.9	1.9	1.7	1.7	2.0	1.6	2.0	2.1	2.0	1.7	1.8
商事	5.2	3.4	4.6	2.9	5.0	3.0	5.5	3.4	5.6	3.5	5.3	3.4
新聞・放送	3.7	2.8	2.8	2.8	2.8	3.0	3.0	2.6	2.6	2.6	2.7	2.7
ホテル・旅行	1.7	2.1	2.2	1.8	1.8	2.1	1.9	2.1	2.0	—6)	—6)	—6)
情報サービス	2.4	2.1	2.0	2.5	2.5	2.6	2.7	3.1	3.2	—6)	—6)	3.2
調査産業計	2.5	2.3	2.4	2.4	2.5	2.5	2.7	2.6	2.7	2.6	2.6	2.4

（注）　1）　資本金5億以上，労働者数1000人以上の民間企業．2020年調査では380社が対象。
　　　　2）　夏季＝3月から8月支給の間に支給された一時金。年末＝9月から翌年2月の間に支給された一時金。
　　　　3）　支払月数とは所定内賃金に対する倍率。
　　　　4）　2015年度から2017年度までは銀行・保険は個別に集計され，2018年度から銀行・保険として1つに集計されている。
　　　　　　2015年度と2017年度の数値は，銀行・保険それぞれの数値を平均している。
　　　　5）　2016年度の保険の回答企業は1社のみで公表されておらず計算できない。
　　　　6）　回答企業が1社であったため，公表されていない。

　ボーナスは，毎月受け取る賃金（所定内給与と所定外給与）以外に支払われる現金給与である。夏期と冬期という年2回の支給が一般的であるが，一部には，年1回や年3回支給する企業もある。支給額は通常，所定内給与の月数で表される。日本は，給与に占めるボーナスの比率が大きい国である。

　ボーナスについては，経営側と労働組合側で，考え方がやや異なっている。経営側は賞与と呼び，労働組合側は一時金と呼ぶ。この呼び方に，それぞれの立場の違いが反映されている。経営側は，企業利益の一部を配分するという意味を込めて賞与という。他方，労働組合側は，本来は毎月受け取るべき賃金をまとめて受け取っている，つまり賃金の別払いであるという考えから，一時金というのである。

　近年，ボーナスの支給状況は，産業ごとにバラつきはあるものの，全体としては2015〜2020年の各年度とも支払月数は2.5カ月ほどであり，大きな変動はない（表）。ただし，ボーナスの総額（原資）と個人への支給額の決定に際して，業績連動方式の導入や人事考課部分の拡大が見られ，利益・成果配分の側面が強まっている。

　日本経済団体連合会の「夏季・冬季 賞与・一時金調査結果」によれば，ボーナスの総額の決定において業績連動方式をとる企業の割合は，2015年に49.7％であったのに対し，2020年には60.1％となっている。また，非管理職に対するボーナスの個人支給額において，人事考課部分が占める割合は，2015年に33.8％であったものが，2020年には37.6％となっている。このように，ボーナスの総額は，企業の業績に応じて決定され，ボーナスの個人支給額は，個人の成果に応じて決定される傾向が強まっている。

●穴田　貴大

054 手当の種類

表1　諸手当の種類と支給意義

手当分類	主な手当の種類	支給目的
生活関連手当 ＊通常の場合と異なり，特別な事情で生活費負担が大きくなる者について，雇用確保の視点から優遇をする手当	家族手当 住宅手当 食事手当 地域手当 単身赴任手当 寒冷地手当 通勤手当	扶養家族の多いことに伴う生計費負担の大きさへの補助 住宅費の負担に対する補助 食堂のない勤務地者への福祉厚生バランスのための補助 都市部と地方との生計費格差への補助 単身赴任に伴う生計費負担の増大への補助 寒冷地に対する暖房費への補助 自宅と職場との間を通勤するためにかかる交通費の補助
職務関連手当 ＊通常の場合と異なり，特別責任が重いとか，きついとか，危険であるなどの場合に嫌がらないで頑張って働いてもらいたいという視点からする手当	役職手当（役付手当） 営業手当 公的資格手当 特殊勤務手当 交替・変則勤務手当 残業・深夜・休日出勤手当	部長・課長・係長などの役職に伴う職務負荷への補助 外勤に伴う職務負荷，雑支出への補助 業務関連の資格取得の奨励 特別な危険や職務負荷への支給 交替・変則勤務の職務負荷への支給 法律に基づいた割増賃金の支給
業績奨励手当 ＊少しでも業績を上げる努力を奨励する手当	生産・受注目標達成手当 歩合手当 皆勤・精勤手当	生産高目標・受注高目標達成への意識高揚 業績実績に連動させての業績意識の向上 まじめに勤務することへの奨励
その他の手当	調整手当・暫定手当	給与制度の改定や特別な臨時措置

表2　主要手当の採用状況

区分		業績手当（個人,部門・グループ,会社別）	勤務手当						生活手当				
			役付手当	特殊作業手当	特殊勤務手当	技能手当,技術(資格)手当	精皆勤手当,出勤手当	通勤手当など(1カ月分に換算)	家族手当,扶養手当,育児支援手当	地域手当,勤務地手当	住宅手当	単身赴任手当,別居手当	寒冷地手当,食事手当
支給企業割合(%)	2009年	15.0	82.2	10.3	20.1	46.9	34.1	91.6	65.9	12.7	41.2	15.8	15.5
	2014年	13.7	87.7	11.5	24.0	47.7	29.3	91.7	66.9	12.5	45.8	13.8	16.2
	2019年	13.9	86.9	12.2	24.2	50.8	25.5	92.3	68.6	12.2	47.2	13.1	15.3
労働者1人当たり平均支給額(円)	2009年	62,690	40,227	15,294	24,942	20,960	11,467	11,795	17,385	18,252	16,980	41,001	9,400
	2014年	57,125	38,769	13,970	25,464	20,299	10,506	11,462	17,282	22,776	17,000	46,065	9,280
	2019年	52,200	41,600	14,400	25,000	18,800	9,000	11,700	17,600	22,800	17,800	47,600	8,700

　手当には，従業員の生活を支えるためのものと，従業員の働きぶりに応えるためのものがある（**表1**）。

　前者には，生計費負担への補助を目的に支給される「家族手当」，住宅費の負担に対する補助を目的に支給される「住宅手当」，交通費の補助のために支給される「通勤手当」などがある。

　後者には，企業目標達成のために社員を奨励することを目的に支払われる「業績手当」，役職に伴う職務負荷に対して支給される「役付手当」，特別な危険や職務負荷に対して支給される「特殊勤務手当」などがある。従業員の働きぶりに応じて支払われるという性質上，企業内での配属先や職責の変更によって，支給対象となる場合もあれば，対象外となる場合もある。

　成果主義の導入以降，生活関連の手当（家族手当や住宅手当など）を削減する動きが見られた。ただし，近年は微増傾向にあることからもわかる通り，こうした手当は，一定数の企業において今も維持されている（**表2**）。

　近年の見逃せない動きとして「同一労働同一賃金」がある（パートタイム・有期雇用労働法，労働者派遣法）。雇用形態間の不合理な待遇差の解消を目指す「同一労働同一賃金」の導入は，企業の手当のあり方にも影響を与えることになるだろう。個別企業は，法的要請を踏まえつつ，自社に適した手当の仕組みを構築していく必要がある。　　　　　　　　●于 松平

表1　退職給付（一時金・年金）制度の有無および退職給付制度の形態別企業割合

（単位：%）

企業規模	全企業	退職給付（一時金・年金）制度がある企業	退職給付制度の形態			退職給付（一時金・年金）制度がない企業	退職給付制度がある	
			退職一時金制度のみ	退職年金制度のみ	両制度併用		退職一時金制度がある（両制度併用を含む）	退職年金制度がある（両制度併用を含む）
2018年調査計	100.0	80.5（100.0）	(73.3)	(8.6)	(18.1)	19.5	(91.4)	(26.7)
1000人以上	100.0	92.3（100.0）	(27.6)	(24.8)	(47.6)	7.7	(75.2)	(72.4)
300〜999人	100.0	91.8（100.0）	(44.4)	(18.1)	(37.5)	8.2	(81.9)	(55.6)
100〜299人	100.0	84.9（100.0）	(63.4)	(12.5)	(24.1)	15.1	(87.5)	(36.6)
30〜99人	100.0	77.6（100.0）	(82.1)	(5.4)	(12.5)	22.4	(94.6)	(17.9)

（注）（　）内の数値は，「退職給付（一時金・年金）制度がある」企業を100とした割合である。

表2　退職給付（一時金・年金）制度の形態別・定年退職者1人当たり平均退職給付額

（単位：万円）

勤続年数	大学・大学院卒（管理・事務・技術職）				高校卒（管理・事務・技術職）				高校卒（現業職）			
	退職給付制度計	退職一時金制度のみ	退職年金制度のみ	両制度併用	退職給付制度計	退職一時金制度のみ	退職年金制度のみ	両制度併用	退職給付制度計	退職一時金制度のみ	退職年金制度のみ	両制度併用
2018年調査計	1983	1678	1828	2357	1618	1163	1652	2313	1159	717	1177	1650
勤続20〜24年	1267	1058	898	1743	525	462	487	1239	421	390	435	548
25〜29年	1395	1106	1458	1854	745	618	878	1277	610	527	723	746
30〜34年	1794	1658	1662	2081	928	850	832	1231	814	645	794	1157
35年以上	2173	1897	1947	2493	1954	1497	1901	2474	1629	1080	1524	1962

（注）「退職給付額」は，退職一時金制度のみの場合は退職一時金額，退職年金制度のみの場合は年金現価額，退職一時金制度と退職年金制度併用の場合は退職一時金額と年金現価額の計である。

　日本の退職金制度は，20世紀初頭に大企業の職員層を対象に始まり，1920年代に大企業の現場労働者に広がっていった。第二次世界大戦以降には中小企業も含め日本全体に定着した。

　退職金制度設計の目的は，経営側と労働者側で考え方が異なる。経営側は，労働者の定着を図る手段であり，功労に対する報酬だとするのに対して，労働者側は，賃金の後払いであり，退職後の生活を保障するものだとする。しかし，近年の長期雇用促進という人事施策からの転換を図る動きや，60歳以降雇用延長の義務化，あるいは公的年金不安による老後生活保障への労働者ニーズの高まりなど，さまざまな環境変化への対応から，人事管理制度における退職金の役割は，企業により多様になってきている。

　表1によれば，全体平均で約8割，企業規模別に見ると1000人以上の大企業では92.3％，30〜99人の小企業では77.6％の企業が，退職金制度を用意している。企業が退職金を支払う手段である退職給付制度の形態には，退職一時金制度と退職年金制度の2つがある。大企業では双方を併用する企業が47.6％を占める一方で，小企業では退職一時金制度のみとする企業が82.1％と大半を占める。退職年金制度は，多くの企業では有期年金としているため，あらかじめ支払い総額が確定している。支払い方法は，一時金払い／年金払いのいずれかもしくはその併用が可能な場合も多く，退職者の資金ニーズに合わせて支払われる。

　退職給付額（従業員に支払われる退職金の全額）は当初，功労報酬を目的としたことから，勤続年数により大きな差が生じる傾向にある。**表2**で勤続20〜24年と35年以上を比較すると，最も差が小さい大学・大学院卒でも約900万円の開きがある。ただし，2003年の調査では金額差が約1500万円であったことに比べれば，その差は縮小傾向にあるといえる。近年では，個人業績や会社への貢献度などを退職金算定に加味するポイント退職金制度をはじめ退職金のあり方が多様になってきている。　●平本 奈央子

第 **8** 章

能 力 開 発

＊
図表の出所は巻末参考文献参照（以下同様）。

図1 主な先進国の高等教育進学率（ISCED 2011 レベル 5〜7，25 歳未満，2019 年度）

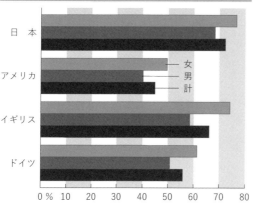

（注）高等教育進学率は，25 歳以下（留学生も含む）で高等教育機関に初めて進学した者の割合を指す。ISCED 2011（国際標準教育）の分類では，レベル5：短期高等教育，レベル6：学士号・学士号同等，レベル7：修士号・修士号同等の合計である。

で低下した。日本の高等教育進学率は世界中でも高い水準にある。OECD の「図表で見る教育」によれば，2019 年時点の日本における 25 歳未満人口の高等教育進学率は 72.3 ％で（図1），OECD 全 38 カ国中 1 位である。このように，高度経済成長期以後，労働市場に参入する労働力人口の高学歴化が進んできたといえる。

一方，日本の大学院進学率は長期的に低迷し，諸外国と比べて低い水準である。1990 年から大学院重点化政策に伴って上昇した大学院進学率は，2010 年の 15.9 ％をピークに低下に転じ，2020 年には 11.3 ％になった（表）。OECD の調査によると，日本の大学院進学率は OECD 諸国の中では 31 位にとどまっている。また，学部別学士課程修了者の進学率割合を見ると，理学 43.4 ％，工学 38.2 ％，農学 26.8 ％に対し，人文科学 4.5 ％，社会科学 2.7 ％となっている（図2）。すなわち，理系学部に比べ，文系学部の大学院進学率がきわめて低い状況にある。

文部科学省の「科学技術指標 2022」によると，日本は大学院レベルの学位取得者数が主要国の中でも低い水準にあり，とりわけ人文科学・社会科学系の学位取得者数には顕著な差が見られる。2008 年度と 2019 年度について，人口 100 万人当たりの修士取得者数を見ると（図

職業能力開発の出発点は，学校教育である。中・高等教育段階で獲得される技術的能力や教養的知識は，職業能力形成に大きく関係する。

日本では，戦後教育改革に伴い，1960 年代から高等教育が急速に普及した。2021 年の文部科学省「学校基本調査」によれば，高校進学率は 98.9 ％になり，短大を含めた大学進学率も 58.9 ％に達する。一方，就職進学者を含めても，高卒で就職する者の割合は 15.7 ％にま

表 進学率の推移

（単位：％）

	高等学校			短期大学			4年制大学			大学院		
	計	男	女	計	男	女	計	男	女	計	男	女
1950 年	42.5	48.0	36.7									
60	57.7	59.6	55.9	2.1	1.2	3.0	8.2	13.7	2.5			
70	82.1	81.6	82.7	6.5	2.0	11.2	17.1	27.3	6.5	4.4	5.1	1.5
80	94.2	93.1	95.4	11.3	2.0	21.0	26.1	39.3	12.3	3.9	4.7	1.6
90	94.4	93.2	95.6	11.7	1.7	22.2	24.6	33.4	15.2	6.4	7.7	3.1
95	95.8	94.7	97.0	13.1	2.1	24.6	32.1	40.7	22.9	9.0	10.7	5.5
2000	95.9	94.7	97.0	9.4	1.9	17.2	39.7	47.5	31.5	10.3	12.8	6.3
05	96.5	96.1	96.8	7.3	1.8	13.0	44.2	51.3	36.8	11.6	14.8	7.2
10	96.3	96.1	96.5	5.9	1.3	10.8	50.9	56.4	45.2	15.9	17.8	7.7
15	96.6	96.2	97.0	5.1	1.1	9.3	51.5	55.4	47.4	12.2	14.8	5.8
20	95.5	95.3	95.7	4.2	1.0	7.6	54.4	57.7	50.9	11.3	14.4	5.9

（注）1) 高等学校への進学率：中学校卒業者のうち，高等学校の本科・別科，高等専門学校に進学した者の割合（就職進学をした者を含み，浪人は含まない）。
2) 短期大学・4年制大学への進学率：大学学部・短期大学本科入学者数（浪人を含む）を3年前の中学校卒業者数で除した比率。
3) 大学院への進学率：大学学部卒業者のうち，ただちに大学院に進学した者の比率。

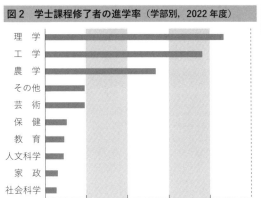

図2　学士課程修了者の進学率（学部別，2022年度）

理　学
工　学
農　学
その他
芸　術
保　健
教　育
人文科学
家　政
社会科学

0％　10　20　30　40　50

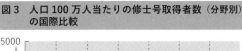

図3　人口100万人当たりの修士号取得者数（分野別）の国際比較

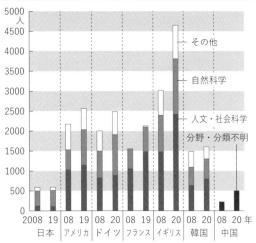

その他
自然科学
人文・社会科学
分野・分類不明

2008 19　08 19　08 20　08 19　08 20　08 20　08 20年
日本　アメリカ　ドイツ　フランス　イギリス　韓国　中国

図4　人口100万人当たりの博士号取得者数（分野別）の国際比較

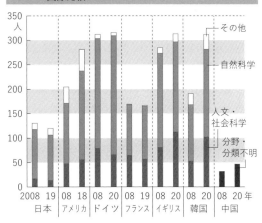

その他
自然科学
人文・社会科学
分野・分類不明

2008 19　08 18　08 20　08 19　08 20　08 20　08 20年
日本　アメリカ　ドイツ　フランス　イギリス　韓国　中国

3），一貫してイギリスが最も高い水準にある（4652人）。増加率が最も高いのは中国であり，人数は少ないものの，2020年には2008年の約2倍の500人となった。一方，日本は2008年度の584人から2019年度の592人と，ほとんど変化していない。人口100万人当たりの博士号取得者数は（**図4**），2008年度にはドイツが最も多かったが，2019年度はドイツ（315人）・イギリス（313人）・韓国（312人）が同水準で並んだ。ところが日本は，2008年度の131人が2019年度には120人に減少しており，人数自体も他国に比して少ない。

　分野別の構成を見ると（**図3**，**図4**），2019年度の日本で人口100万人当たりの博士号取得者で自然科学分野が占める割合は77.5％と，他国とほぼ同水準であるが，人口100万人当たりの修士号取得者についても同割合が66.7％に達し，他国に比べて自然科学分野の修士号取得者の割合が高い水準にある。一方，人口100万人当たりの修士号・博士号取得者に人文・社会科学分野が占める割合はそれぞれ19.2％，10.8％と，他国に比べて低い。

　日本で人文・社会科学分野の大学院進学・修了数が少ない理由の1つとして，「文系」の大学院卒レベルの人材が，産業界で十分に活用されていない点があげられる。「学校基本調査」によれば，2021年度に人文・社会科学分野の修士課程修了者の就職率はそれぞれ45.3％，58.9％と，他分野に比べて低い水準にある。

　このように，日本では高等教育を受けた質の高い人材が育成されているが，高学歴者の就職状況は必ずしも良好ではない。日本企業は，潜在能力を有する人材を採用し，企業内教育によって能力開発を行う傾向にあり，大学・大学院教育で修得した専門性を重視しない面がある。また内閣府の調査によると，産業界で求められる能力と大学等で学んだ知識の間には，ギャップがあるという。高学歴者が専門性を活かせず，十分に能力を発揮できない仕事に従事している場合も少なくない。

●于　松平

表1　公共職業訓練施設の一覧

区　分	職業訓練の実施	設置主体
職業能力開発校	中卒・高卒者等，離職者および在職者に対して普通職業訓練を行う	都道府県または市町村
職業能力開発短期大学校	より高い技能が求められる高度職業訓練（専門課程）を行う	独立行政法人または都道府県
職業能力開発大学校	高度職業訓練の中でも長期間を要する訓練（応用課程）を行う	独立行政法人
職業能力開発促進センター	普通職業訓練または高度職業訓練のうち短期間の訓練課程のものを行う	独立行政法人
障害者職業能力開発校	障害者に対して普通職業訓練または高度職業訓練を行う	国または都道府県
職業能力開発総合大学校	ものづくりの教育訓練を中心に行う	厚生労働省

　職業教育とは，一定の職業を得るために行われる，一般的および専門的な訓練機会の提供を意味する。広義の職業教育には，学校法人によって行われる教育，就職後に企業内部で行われる教育訓練，職業訓練の開発に特化した組織で行われる職業教育訓練などが含まれる。職業教育の場としては，各種学校（中学校・高等学校の職業科，高等専門学校，短期大学，専門学校など），企業組織内部（OJT，Off-JT など），民間組織による研修やセミナー，公共職業訓練を行う施設・機関などが存在する。中でも公的な職業教育を行っている機関は，職業開発訓練促進法に基づき，それぞれ国・都道府県・独立行政法人がその設置や運営にかかわっている（**表1**）。

　日本における職業教育は，公的な機関や学校組織よりも，主として個別企業による企業内訓練を中心に発展してきた経緯がある。このように企業内部での技能形成が職業教育の中心をなす日本の特徴は，技能や教育をめぐる企業・学校・政府の歴史的な動向の中で形成されてきた。沢井実によれば，学校における職業教育が実学よりも教養志向へ向かったため，労働者の職務遂行に必要な技能や実習などについては，企業が自ら身につけさせる必要が生じた。こうして，寺田盛紀が指摘するように，相対的に企業における職業訓練機能が拡大していくと同時に，学校による職業教育は分節化され，結果的に企業を中心とした職業教育システムが形成されたのである。

　しかし，日本においても公的な職業教育が行われていないわけではない。就職やスキルアップのための知識・技能を身につける公的な職業訓練制度（ハロートレーニング）は，厚生労働省によって運用されている。ハロートレーニングには，主に雇用保険を受給している求職者がスキルアップを通じて早期再就職を目指すための制度である「公共職業訓練」と，主に雇用保険を受給できない求職者を対象として就職に必要な職業スキルや知識を習得するための職業訓練を無料で実施する「求職者支援訓練」という，2つの区分がある。全体像は**表2**に示す通りである。前者については離職者向け・在職者向け・学卒者向け・障害者向けにそれぞれ異なった実施機関・訓練期間でのサポートが行われている。一方，後者では主として離職者向けの支援が行われている。また，訓練実施機関ごとに多様な訓練プログラムが存在するため，自身の望んだ訓練を選択して受講することが可能である。

　近年におけるハロートレーニングの実施状況は，**図**に示されている。離職者訓練は2009年をピークに，学卒者訓練は2006年以降，一貫して緩やかな減少傾向が見られる。一方，在職者に対する訓練が近年増加傾向にあったが，コロナ禍となった2020年に著しく減少した。障害者訓練の総数は，離職者訓練を受けている障害者の数（障害者職業能力開発校の在校者数と一般の職業能力開発校における障害者の受講者数を足し合わせたもの）と，在職者訓練を受けている障害者の数を合算したものである。公表されているデータに限りはあるが，それ以外の訓練に比べると，障害者訓練数が相対的に少ないことが確認される。

　国際比較の観点からは，日本における職業訓

表2　ハロートレーニングの概要

		公共職業訓練	求職者支援訓練
離職者向け	対象者	雇用保険を受給する求職者	雇用保険を受給できない求職者
	訓練期間	約3カ月～2年	約2～6カ月
	実施機関	国，都道府県，民間教育訓練機関など	民間教育訓練機関など
在職者向け	対象者	在職労働者	
	訓練期間	約2～5日	
	実施機関	国，都道府県	
学卒者向け	対象者	高等学校卒業者など	
	訓練期間	1年または2年	
	実施機関	国，都道府県	
障害者向け	対象者	求職障害者	
	訓練期間	約3カ月～1年	
	実施機関	国，都道府県，民間教育訓練機関など	

図　ハロートレーニングの実施状況の推移

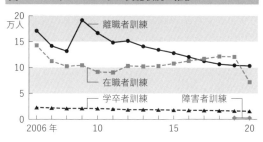

離職者訓練　在職者訓練　学卒者訓練　障害者訓練

表3　GDPに占める労働市場政策への公的支出の割合

（単位：％）

	合計	積極的措置	公共職業サービス	職業訓練	雇用インセンティブ	保護および援助雇用とリハビリテーション	直接的雇用創出	創業インセンティブ	消極的措置	失業・無業所得補助・支援	早期退職
日本	0.32	0.14	0.07	0.01	0.06	0.00	0.01	0.00	0.17	0.17	0.00
アメリカ	0.28	0.10	0.02	0.03	0.01	0.03	0.00	0.01	0.18	0.18	0.00
カナダ	0.86	0.24	0.12	0.07	0.01	0.01	0.01	0.00	0.62	0.62	0.00
イギリス	0.54	0.23	0.20	0.01	0.00	0.01	0.01	0.00	0.31	0.31	0.00
ドイツ	1.51	0.63	0.36	0.20	0.02	0.03	0.01	0.01	0.88	0.86	0.02
フランス	2.98	1.01	0.25	0.37	0.05	0.09	0.22	0.03	1.98	1.97	0.01
イタリア	1.80	0.51	0.10	0.17	0.23	0.00	0.00	0.02	1.29	1.28	0.01
オランダ	2.60	0.77	0.25	0.07	0.05	0.39	0.00	0.00	1.82	1.82	0.00
ベルギー	2.43	0.72	0.20	0.16	0.16	0.14	0.06	0.00	1.71	1.20	0.51
ルクセンブルク	1.34	0.66	0.06	0.05	0.39	0.00	0.15	0.00	0.68	0.53	0.15
デンマーク	3.33	2.05	0.39	0.60	0.28	0.78	0.00	0.00	1.28	1.08	0.20
スウェーデン	1.82	1.27	0.26	0.15	0.60	0.26	0.00	0.01	0.55	0.55	0.00
フィンランド	2.94	1.00	0.15	0.48	0.12	0.12	0.13	0.01	1.93	1.93	0.00
ノルウェー	0.97	0.52	0.13	0.10	0.10	0.18	0.00	0.00	0.46	0.46	0.00
韓国	0.67	0.36	0.04	0.04	0.04	0.02	0.20	0.02	0.32	0.32	0.00

練への公的な投資が他国と比較して少ないことが確認できる。労働政策研究・研修機構のまとめた**表3**によって，2015年に各種公的支出がGDPに占める割合を見ると，日本の職業訓練に対する投資は0.01％に過ぎない。労働市場政策全体で見ても，日本の公的支出の投資比率は1％に満たず，他国と比較して低い水準にある。日本，アメリカ，イギリスなどの国家では，労働政策の中でも積極的な措置への投資割合が低く，職業訓練への公的投資もまた少ないという特徴が見られる。

　このような職業教育に関する日本の現状に対し，さまざまな意見が提出されている。たとえば，職業教育訓練における1つのモデル・ケースとして，ドイツのデュアル・システムが注目されている。ドイツでは，歴史的に徒弟制度の存在感が大きく，一人前になっていない者は，労働者の卵であると同時に学校教育を受けるべき存在と認識されてきた。つまりドイツでは，

企業による職業訓練を受けながら職業学校に通うという，同時並行型の職業教育訓練が行われてきた。日本でもデュアル・システムの導入を求める声は小さくない。　●園田　薫

図1　労働者に求める能力・スキル別割合（正社員年齢層別および正社員以外）

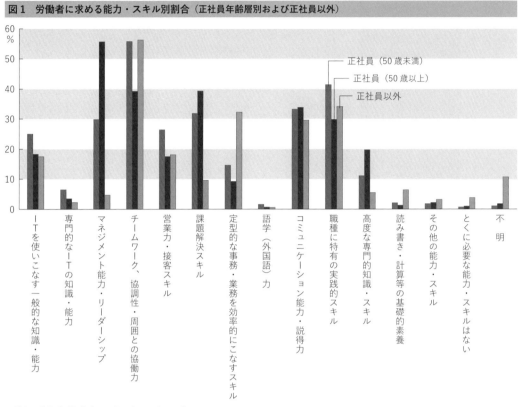

正社員（50歳未満）
正社員（50歳以上）
正社員以外

（注）　最も重要な能力・スキルを3つまで回答。

　企業が労働者に求める具体的な能力・スキルは，**図1**にあるように，正社員・正社員以外を問わず「チームワーク，協調性・周囲との協働力」がとくに重視される傾向にあり，「職種に特有の実践的スキル」や「高度な専門的知識・スキル」を上回っている。つまり，ある業務に関してどの企業でも通用する汎用的な専門性を高く持つ優秀な人材というよりも，長期的に企業内で良好な人間関係を築きながらうまく活躍する人材が求められる傾向にある。そのため，企業における教育訓練では，公的職業訓練や大学院といった外部機関において専門的教育を受けることがそれほど重視されず，社内で実際の業務に即した教育訓練を行うことに重きが置かれる。

　実際，日本企業の多くは従来から，メンバーシップ型として指摘される通り，特定の職務に適した人材を都度外部から採用するのではなく，企業内で長期的に育成し，さまざまな職務経験を積ませるという特徴を持つ。企業にとって，ジェネラリストを多く育成することは，企業体制や人員構成の変化に対して柔軟な対応を可能にするメリットがある。また従業員の側も，さまざまな業務を経験する中で，所属する組織を多角的に見ることが可能となる。

　人材育成について，業種別に重視する教育訓練を尋ねた調査（**図2**）によると，「日常の業務を通じた教育訓練である」「日常の業務を通じた教育訓練に近い」といったOJTを重視する回答が，すべての業種で7割以上を占めている。同割合が最も高かったのは生活関連サービス業・娯楽業である。ほかにも卸売業，小売業，宿泊業・飲食サービス業など，臨機応変の対応が求められる業種では，OJTがより重視され

図2　重視する教育訓練（業種別）

（凡例：日常の業務を通じた教育訓練である／日常の業務を通じた教育訓練に近い／Off-JT に近い／Off-JT である／無回答）

業種：建設業、製造業、電気・ガス・熱供給・水道業、情報通信業、運輸業，郵便業、卸売業，小売業、金融業，保険業、不動産業，物品賃貸業、学術研究，専門・技術サービス業、宿泊業，飲食サービス業、生活関連サービス業，娯楽業、教育，学習支援業、医療，福祉、複合サービス事業、その他のサービス業、その他

表　従業員に対する人材育成・能力開発の方針（規模別）

（単位：％）

	数年先の事業展開を考慮して，そのとき必要となる人材を想定しながら能力開発を行っている	今いる人材を前提に，その能力をもう一段アップできるよう能力開発を行っている	個々の従業員が当面の仕事をこなすために必要な能力を身につけることを目的に能力開発を行っている	人材育成・能力開発について，とくに方針を定めていない	無回答
9 人以下	8.6	23.1	20.2	37.9	10.3
10〜29 人	9.9	31.6	23.8	24.7	10.1
30〜99 人	12.5	37.6	22.6	18.6	8.7
100〜299 人	16.0	42.2	21.6	12.7	7.4
300 人以上	13.3	46.7	23.0	11.1	5.9
計	10.4	30.9	22.3	26.8	9.7

る傾向にある。

表は，従業員に対する人材育成・能力開発の方針に関する調査結果である。この調査によると，人材育成・能力開発の方針を定めていない企業は，規模が小さいほど多い傾向にある。一方，方針を定めている企業は，その規模にかかわらず，数年先に必要となる人材を想定して人材育成・能力開発を行うというより，今いる人材が現在よりも能力を一段上げることや，当面の仕事をこなす能力を身につけさせることを目的に，人材育成・能力開発を行っている。

2022 年に厚生労働省が策定した「職場における学び・学び直し促進ガイドライン」によれば，人材育成には労使の協働が必要であるという。企業側は従業員に対して人材育成の方針を十分に示し，能力開発の方向性をすり合わせたり，それをサポートすることによって，従業員本人の能力開発に対する主体性を引き出すことが重要だといえるだろう。　　●山本 華

058

人材育成に対する企業の考え方

059 企業内人材育成の実践

企業主導で実施される人材育成の方法は，日常業務を通じて行われる on the job training（以下，OJT）と，日常業務を離れて行う「研修」様式を中心とする off the job training（以下，Off-JT）の大きく2種類に区分される。OJT は，さらに，上司が教育期間や内容・目標・評価方法等を事前に定め，段階ごとに難易度の異なった職務を与えるなど計画的に人材育成を行っていく「フォーマルな OJT」と，上司あるいは OJT を受ける従業員の必要に応じて適宜行われる「インフォーマルな OJT」に区分される。

日本企業では長らく，OJT 中心・Off-JT 補完型の人材育成が実施されてきた。小池和男は，自身の業務に必要な基本的知識だけでなく，当該職務に関する深い知識や関連の深い職務に関する知識を兼ね備え，万が一の事態にも柔軟に対応できる能力を「知的熟練」と呼び，OJT を通じて形成される「知的熟練」こそが日本企業の強みを生み出していると述べた。OJT が企業内人材育成の中心をなし，それによって得た技能や知識を補完するために Off-JT が実施されるのは，そのためであると考えられる。

では実際，人材育成の実施状況はどうなっているのだろうか。厚生労働省によると，正社員または正社員以外に対してフォーマルな OJT を実施した事業所は全体で約62％に上るが，中では正社員のみに対してフォーマルな OJT を実施している事業所が多い。一方 Off-JT は，約70％の事業所が正社員または正社員以外に対して実施しているが，これについても正社員に対してのみ実施している事業所が多い傾向が見られる（図1）。

以上は事業所に対する調査の結果であるが，人材育成を受ける従業員の側は，それをどう受けとめているのだろうか。労働政策研究・研修機構は，2019年度の1年間に OJT や Off-JT を経験した従業員に対する調査結果を公表している（図2，図3）。

まず，OJT の経験について，フォーマル／

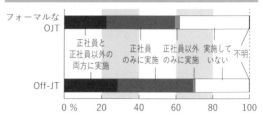

図1　人材育成の実施状況（企業調査）

フォーマルな OJT ／ Off-JT

正社員と正社員以外の両方に実施　正社員のみに実施　正社員以外のみに実施　実施していない　不明

図2　OJT の経験状況（労働者調査）

何らかの OJT を経験　とくに経験していない

全体／正社員／契約社員／嘱託／パート・アルバイト

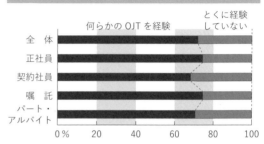

図3　Off-JT の受講状況（労働者調査）

受講した　受講していない

全体／正社員／契約社員／委託社員／パート・アルバイト

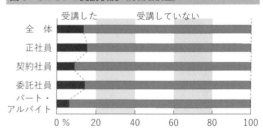

インフォーマルといった形態を問わず何らかの OJT を経験したと答えた労働者は，全体で70％程度に上った。

一方，Off-JT については，受講した経験があると答えた従業員が全体で約13％にとどまり，対象を正社員に限っても15.4％と，事業所調査の結果から大きく乖離した。原ひろみは，この原因の1つとして，企業や事業所が実施する人材育成は，従業員全員が対象者となるわけではなく，必ず対象外の者が発生することをあげている。つまり，企業や事業所が人材育成を実施しているかと，従業員が人材育成を受けたかどうかは，別の問題なのである。

● 小西 琴絵

フォーマルな OJT の実施方法

　フォーマルな OJT は，新入社員のようなキャリア初期段階の重要な時期に，入社直後の 3 カ月や 1 年，長くても 2 年といった期間，実施されることが一般的である。仕事を通じて業務上の知識・スキルを教えることはもちろん，組織の一員としての振る舞い方や職場の規範，価値観を身につけさせるための働きかけも行う。

　小池和男によれば，フォーマルな OJT は，習い手に対して明確な指導員が存在すること，指導内容のチェック項目あるいは詳細な指導計画が存在することを要件とする。

　そこで大きな役割を担うのは，職場における上司や先輩社員による OJT だ。しかし，OJT の実施を職場任せにすると，職場によって育成計画やその内容にバラつきが出るため，会社としての方針のもと，職場全体が新入社員の育成にかかわるプログラムとなるよう位置づけることが重要となる。

　労務行政研究所によると，大和ハウス工業では，新入社員教育を担う組織的な OJT 体制として「OJT エルダー制度」を導入している。これは，管理職（OJT マネージャー）のもと，実務に精通する主任クラスの先輩社員から選任された「OJT エルダー」が，新入社員の状況をよく把握しながら部門内外の先輩社員と連携をとり，自らが中心となって指導を推進する役割を担う制度である。集合研修と「OJT エルダー制度」を組み合わせることで，チーム全体での計画的な育成を行っている。

　新入社員の配属にあたり，「OJT エルダー」は OJT マネージャーの指示のもとで新入社員育成計画を策定し，着任した新入社員との面談を経て，「新入社員育成計画シート」を作成する（図）。これによって「いつまでに，何を，どの程度実施するか」を具体的な目標として定め，その後，定期的に中間レビューや実績に対する評価と面談が行われる。

　一般に「メンター制度」においては，業務ではかかわりがない他部署から指導員が選ばれることが多い。他方「エルダー制度」では，直接仕事にかかわる上司や先輩が「エルダー」となるため，新入社員へ実際に職場で仕事のやり方を見せながら教育でき，効果的に仕事を覚えさせることができる。さらに，指導員が身近にいれば，本人の成長や改善を促すフィードバックも可能になる。

　新入社員へのフォーマルな OJT をうまく機能させるためには，指導員である「エルダー」の存在と職場での OJT を効果的に組み合わせることが重要なのである。　●菅原　佑香

061 企業の人材開発システムと Off-JT

図1 人材開発システム

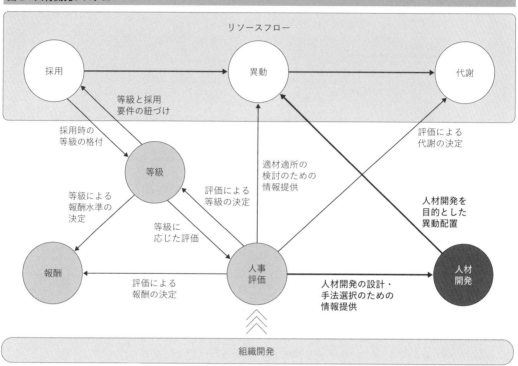

人材開発とは，組織戦略の達成に向けて必要なスキルや能力を従業員が獲得・向上するために，従業員の学習を促進・支援する教育施策や，その取り組みプロセスのことを指す。以下で述べるように，人材開発をシステムとして捉えると，人事評価や異動配置といった人事施策と，深く関係していると考えられる（**図1**）。

第1に，人材開発施策の設計や手法選択は，人事評価の情報に基づいて実施されるという側面がある。たとえば，人事評価によって当該従業員に職務を遂行する能力が不足していると判定されれば，その能力向上を促すための人材開発施策が選択される。あるいは，現在の職務については十分な人事評価を得られている場合にも，中長期的な観点から個人の能力開発を図るための人材開発施策が設計・実施されることもある。したがって，適切な人材開発には，人事評価に関する情報が重要な判定材料となる。

第2に，人材開発を目的として，従業員の異動配置が行われることがある。たとえば，ヨコ

の異動であるジョブ・ローテーションには，特定の職務にとらわれずに幅広い経験を積むことによって，個人の持つ多様な能力の開発を促すとともに，異なる考えや背景を持つ人々との協業の仕方を身につける狙いがある。一方，タテの異動である昇進は，より責任が重く高度な知識や経験を要する職務に就くことで従業員の視座を高めるといった成長の機会となる。

このように，人材開発をシステムとして機能させるには，人事評価や異動配置など関連する人事施策との整合性を踏まえ，それらを各企業の人材開発方針のもとで統合する視点が重要となる。その上で，人材開発の実践機会としての人材開発体系を整備し，OJT に加えて種々の教育研修機会（Off-JT）を提供することが必要になる（**図2**）。

Off-JT にはさまざまな形態があるが，階層別・職種別研修では，各役職あるいは職務に応じ，求められる知識や考え方を身につける。これらは，社内の業務遂行に必要な特殊能力を対

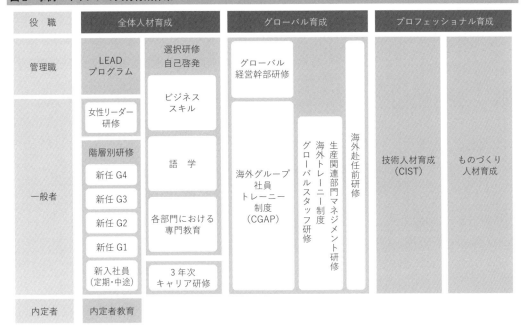

図2　事例：キヤノンの人材育成体系

役職	全体人材育成		グローバル育成	プロフェッショナル育成	
管理職	LEAD プログラム	選択研修 自己啓発	グローバル 経営幹部研修		
	女性リーダー 研修	ビジネス スキル		技術人材育成 (CIST)	ものづくり 人材育成
一般者	階層別研修	語 学	海外グループ 社員 トレーニー 制度 (CGAP)		
	新任 G4				
	新任 G3		グローバルスタッフ研修		
	新任 G2	各部門における 専門教育	海外トレーニー制度		
	新任 G1		生産関連部門マネジメント研修		
	新入社員 (定期・中途)	3年次 キャリア研修	海外赴任前研修		
内定者	内定者教育				

象とするケースが多い。また，グローバルな活躍や次世代経営層等の基準を満たす者に対象を絞り込む選抜研修が実施されることもある。

ほかにも，他社でも通用する一般能力であるポータブル・スキル（ビジネススキル，語学等）を対象とした研修もある。実施形式は企業の考え方によって異なり，選択型（手挙げ式）の場合もあれば，必須型に組み入れられている場合もある。近年はeラーニングが積極的に活用されており，労務行政研究所の2022年の調査結果によれば，eラーニングを用いた教育研修を行っている企業は半数以上に上る。

さらに，組織ニーズに基づく能力開発ではなく，個人にとってのキャリア開発を目的としたキャリア研修，自主的な社内外での学習を促進する自己啓発支援なども行われている。ユニークな事例として，キヤノンは，研修と社内公募を掛け合わせて，未経験の業務に挑戦できる「研修型キャリアマッチング制度」を導入している。厚生労働省がとりまとめた事例集によると，同制度が，これまでの専門・専攻にとらわれずにキャリアの可能性を切り開き，新たな領域に挑戦したい従業員を後押しする機会になっているという。

人材開発に関しては，こうした仕組みの整備も重要だが，対象者本人が主体的に取り組まないと十分な効果を得られない点にも注意が必要である。職業能力開発促進法でも「労働者は，職業生活設計を行い，その職業生活設計に即して自発的な職業能力の開発及び向上に努めるものとする」（第3条の3）と明記され，従業員自身による自発的な能力の開発・向上が基本となっている。従来，大企業では人材開発体系ができ上がっており，プログラムに従って訓練を受けていけば一人前の職業人になることができた。しかし，経営環境の不確実性が増す中で，企業主導で「人を育てる」ことから個人主導で「人が育つ」ための環境づくりへと，人材開発の方針は軌道修正を迫られている。今後は，個々の従業員の立場から企業の人材開発システムをどう利用できるかという視点へと発想を転換しつつ，企業側は個人主導で人材開発を進められる機会を拡充させるとともに，人事評価や異動配置といった関連する人事施策と機能的に統合させていくことが重要になっていくだろう。

● 羽生　琢哉

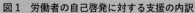

062 自己啓発の重要性と限界

図1　労働者の自己啓発に対する支援の内訳

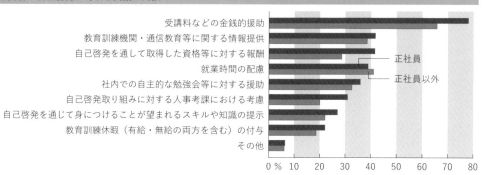

受講料などの金銭的援助
教育訓練機関・通信教育等に関する情報提供
自己啓発を通して取得した資格等に対する報酬
就業時間の配慮
社内での自主的な勉強会等に対する援助
自己啓発取り組みに対する人事考課における考慮
自己啓発を通じて身につけることが望まれるスキルや知識の提示
教育訓練休暇（有給・無給の両方を含む）の付与
その他

正社員
正社員以外

（注）　複数回答。

図2　自己啓発を行う上での問題点

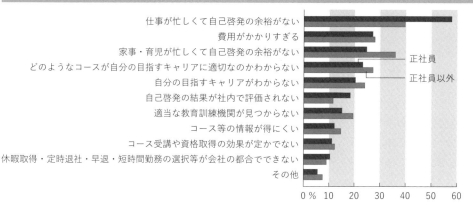

仕事が忙しくて自己啓発の余裕がない
費用がかかりすぎる
家事・育児が忙しくて自己啓発の余裕がない
どのようなコースが自分の目指すキャリアに適切なのかわからない
自分の目指すキャリアがわからない
自己啓発の結果が社内で評価されない
適当な教育訓練機関が見つからない
コース等の情報が得にくい
コース受講や資格取得の効果が定かでない
休暇取得・定時退社・早退・短時間勤務の選択等が会社の都合でできない
その他

正社員
正社員以外

　自己啓発とは，「労働者が職業生活を継続するために行う，職業に関する能力を自発的に開発し，向上させるための活動をいう（職業に関係ない趣味，娯楽，スポーツ健康増進等のためのものは含まない）」とされる。

　厚生労働省「令和3年度 能力開発基本調査」によると，従業員の自己啓発活動に対する企業の支援状況について，従業員に対する自己啓発を支援していると回答した事務所は全体の80％近くに及ぶ。支援内容は，受講料などの金銭的援助が最も高く約78％，教育訓練休暇の付与が最も低く20％程度にとどまる（図1）。

　一方，実際に自己啓発を行った労働者は全体で36％に過ぎず，企業の自己啓発支援態勢と実際の自己啓発実施状況にはギャップがある。自己啓発を行う上での問題点を示した図2を見ると，仕事の多忙による余裕のなさから，自己啓発に取り組むのが難しい実態が窺える。

　企業はどう支援していけばよいのだろうか。労務行政研究所によると，本田技研工業では次のような特徴的なアプローチで課題に取り組んでいる。同社は，従前のOJT・Off-JT・自己啓発の形態を見直し，学習管理システム「Progress」（選択型学習プログラム）を開発・導入して，オンラインで各種研修の受講や，必要な共通能力・学習履歴の確認などが行えるようにした。これにより従業員は，時間や場所を選ばずに，自身が学びたいことを主体的に選択して学習できるようになった。

　自己啓発は，他の教育訓練と異なり，従業員の主体性が不可欠である。したがって，従業員に自己啓発を促したい企業は，従業員とコミュニケーションをとりながら，彼／彼女らの自己啓発学習を阻害する要因を減らすという形で支援を行っていく必要があろう。　●吉楽 ひかる

063 兼業・副業

兼業・副業には，さまざまな定義が存在する。たとえば，労働時間の長短，収入の多寡，労働契約の先後関係，働き手自身の認識に委ねるものなどである。

企業の現場では，「兼業」と「副業」の意味をあえて使い分ける場合もあれば，同義のものとして扱われている場合もある。「複業」という表現を用いることで，本業と副業の境界線をあえて明確にせず，パラレル・キャリアを想定した働き方と位置づけている企業もある。なお，総務省は「副業」を「主な仕事以外に就いている仕事」とし，中小企業庁は「一般的に，収入を得るために携わる本業以外の仕事」と定義している。

2018年は「副業元年」と呼ばれ，厚生労働省のモデル就業規則において「原則禁止」から「原則容認」への立場へ政策変更の舵が切られた。その後も，一律に兼業・副業を禁止する，もしくは許可制にする企業に対し，原則として認める方向へと就業規則の変更が推奨されている。兼業・副業が，個人にとっても企業にとってもメリットの得られる制度として，リスクや留意点を考慮した上で普及・発展する状況にあるのである。

個人にとって兼業・副業がメリットとなる，複数の仕事を並行させることの利点には，金銭的な収入に加え，既存の職場に所属しながら，将来的にやりたいことのために異なる仕事に携われるという点があげられる。結果，本業では得られない経験による視野の広がり，自分自身の将来キャリアへの貢献，本業への相乗効果などが認められる可能性がある。このようにプラスの効果が考えられる一方，兼業・副業と本業とのバランスを保つことが求められ，本業が疎かになったり体調不良に陥ったりするリスクが内在する点には，留意が必要である。

他方，企業にとっての兼業・副業のメリットとしては，従業員のモチベーションや定着率の向上，スキルアップ，所得増加などの効果が指摘されている。こうした従業員への教育効果や福利厚生といった観点に加え，企業自体にも，従業員が兼業・副業で得た外部の情報・知識やネットワークが自社事業に活用されることによってイノベーションの創発につながる効果も期待されている。兼業・副業などの人材を活用することで，これまで自社では困難だった新たな技術の開発やオープン・イノベーションの実現が期待されているのである。そのような好影響が可視化され，兼業・副業を認める企業が増加することが期待されている。

兼業・副業を認める企業は増加傾向にあるものの，絶対数はまだ少ない（図，表1）。企業が兼業・副業を懸念する点としては，自社の業務効率，情報漏洩，過重労働などのリスクがあげられている（表2）。

基本的に，労働時間以外の時間をどのように

図　兼業を認める企業の割合

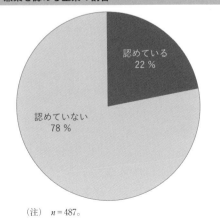

認めている 22 %

認めていない 78 %

（注）　n = 487。

表1　業種ごとの兼業を認める割合

業　種	認めている	認めていない
情報通信業	52 %	48 %
電気・ガス・熱供給・水道業	30	70
その他の業種	25	75
金融業・保険業	24	76
製造業	24	76
卸売業・小売業	20	80
運輸業・郵便業	15	85
建設業	15	85
学術研究・専門・技術サービス業	10	90
サービス業	0	100

表2 兼業・副業を認める人事制度の目的，兼業・副業禁止の理由

兼業・副業を認める人事制度の目的		兼業・副業禁止の理由	
従業員のモチベーションの向上のため	50.3 %	従業員の長時間労働・過重労働を助長するため	51.0 %
従業員の定着率の向上，継続雇用につながるため	50.2	従業員には本業に集中してもらいたいため	46.8
従業員の収入増につながるため	48.7	労働時間の管理・把握が困難なため	43.0
従業員のスキル向上や能力開発につながるため	45.3	情報漏洩のリスクがあるため	36.9
働き方改革を促進するため	35.5	労働災害の場合の本業との区別が困難なため	21.9
従業員の社外ネットワーク形成につながるため	31.1	人材不足や人材の流出につながるため	20.7
従業員の自律性発揮につながるため	28.0	競業となるリスクがあるため，利益相反につながるため	19.3
多様な人材の活用推進につながるため	27.0	社内に反対者がいるため	6.8
外部人材の採用をやりやすくするため	23.9	風評リスクがあるため	3.4
イノベーションの促進や新規事業開発につながるため	23.9	その他	1.6
自社の組織文化や風土を変革したいため	20.5		
競合企業と差別化するため	11.0		
わからない	6.2		

表3 企業にとっての留意点・懸念点

企業がとりうる対応策・設定する要件	留意点・懸念点			
①～④に抵触するおそれのある場合は，兼業・副業を制限することを就業規則や申請書・誓約書に明記しておく	①競業避止	②機密漏洩	③名誉毀損	④誠実義務
あらかじめ兼業・副業を認めない職務を明らかにする・指定する	◎	◎	◎	◎
人事や法務部門が兼業・副業先の業務チェックをする	◎	○	○	
兼業・副業先のフィルタリングや反社チェックを外部に委託する	◎	○	○	○
兼業・副業をする本人や上司にコンプライアンス研修を実施する	◎	○	○	○
勤続年数によって兼業・副業を制限する（新入社員は×年目まで副業不可など）	○	○	○	○
自社の名刺を使って兼業・副業をしない	◎		○	
公序良俗に反する兼業・副業は禁止とする			◎	
本業の就業時間中に兼業・副業をしない				◎

（注）　◎：上述の懸念点に直接的に対応できうると考えられるもの．　○：上述の懸念点を間接的に対応できうると考えられるもの．

利用するかは，労働者の自由である。それでも企業の立場からは，競業避止，機密漏洩，名誉毀損，誠実義務などが留意される（**表3**）。

競合他社で兼業・副業に携わられると，勤務先企業の機密情報が流出するリスクが高まると考えられる。また兼業・副業の負担が大きい場合，本業に支障をきたしたり体調不良などの要因になる可能性もあり，留意が必要である。

企業には，労働者の安全や従業員の健康といった観点から，事業内容や業務内容，労働時間が通算の対象となるかなどを確認することが推奨されている。兼業・副業先の労働時間を所定労働時間に通算する場合は，労働基準法第38条の「労働時間は，事業場を異にする場合においても，労働時間に関する規定の適用について

は通算する」という規定を遵守する必要が生じる。労働時間を通算した結果，法定労働時間を超える場合には，自社で発生した法定外労働時間に関して36協定も締結しなければならない。企業にとってはメリットもある一方，情報漏洩や労務面の管理といった点での留意が伴うといえる。

● 今永 典秀

064 社外学習の新たな動き

図1　人材育成活動における越境学習の位置づけ

図2　「組織外」の活動の2つの意味

　企業における人材育成の機会として，また自己啓発やキャリア形成の機会として，社外における学習が重視されている。その理由には，少子・高齢化などを背景とした就労期間の長期化や，社会環境・テクノロジーの変化に対応する労働者の学び直しが必要とされる中，企業と個人の双方において，学習に関する次のようなニーズが高まっていることが考えられる。企業には，社内では得にくい成長機会や知識・スキルを求めて，社外に人材育成の場を広げたいというニーズがある。個人には，1つの組織内で完結しないキャリアを形成したい・しなければという考えから，自分の能力が社外でも通用するのかを確かめたいというニーズや，異質な世界に触れて見分を広げたいというニーズがある。

　企業の人材育成に社外の活動を活用することは「越境学習」と呼ばれ，近年，研究が蓄積されてきている。ただ，定義には研究者間で違いも見られ，たとえば長岡健と橋本諭は「実務家の，組織外での協働的活動を通じた学習」，石山恒貴と伊達洋駆は「ホームとアウェイを往還する（行き来する）ことによる学び」と定義する。

　長岡らは企業の人材育成における越境学習の位置づけを整理し，「越境学習」を，従来の人材育成活動を構成する「OJT」「Off-JT」「自己啓発」に加わる4番目の機能と位置づけた（**図1**）。また，越境学習の場面を，公式の活動か非公式の活動か，職場メンバーとの活動か職場外メンバーとの活動かという2軸で整理し，

「業務とは無関係の活動と見なされる」ことが人材育成につながる点が越境学習の特徴であるとして，職場メンバーとの公式の活動以外はいずれも越境学習の場となりうると主張している（**図2**）。

　越境学習では，自身が日頃から所属するコミュニティとは別の文化・状況を背景とするコミュニティやその活動に参加することを通じて，所属組織における仕事の仕方や自身のあり方が相対化され，内省が促される結果，新しい仕事の仕方やあり方が実践されていく変革的な学びが生じるとされる。

　そのような変革的な学びへの期待から，企業が積極的に関与して従業員に越境学習の機会やプログラム提供をする事例も見られる。たとえば電通とソフトバンクは，2018年より，各企業が選定した課題についてのプロジェクトを発足させ，相互インターンシップにより活動する枠組みを設けた。電通は「多様な個人に目線を拡大するインクルーシブ・マーケティングの研究開発」，ソフトバンクは「革新的なバックオフィスの創造」についてのプロジェクトを立ち上げ，相手企業の社員を受け入れている。

● 藤澤 理恵

図1　日本の社会人大学院生（在籍者）の割合

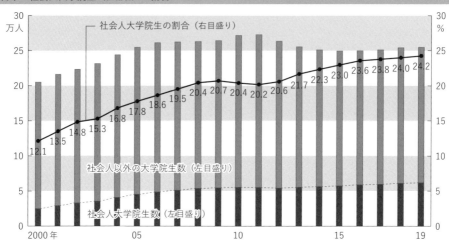

図2　教育機関で学ぶ人の割合（25〜64歳）

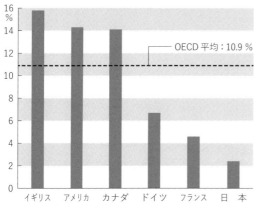

（注）　調査年は2012年または2015年。原則として，25〜64歳のうち，大学など学校教育体系に含まれる教育機関でフルタイムの教育を受けている人の割合を集計している。

「リカレント教育」（社会人の学び直し，生涯学習）は，1970年代にOECDが提唱し普及した。ところが日本は，メンバーシップ型雇用のもとで企業主導の人材育成が充実する一方，個人主導の学習は盛んとはいえない状況にある。社会人大学院生の割合は増加傾向にあるものの（**図1**），25〜64歳の教育機関で学ぶ人の割合はOECD平均を下回り，諸外国と比べても低い（**図2**）。

　近年は，DX（デジタル・トランスフォーメーション）により雇用に構造変化が生じている。IT領域のエンジニアやシステム・コンサルタントをはじめとするデジタル人材の雇用が拡大する一方で，運転手・販売員といった職種の雇用は減少傾向にある。

　DXにより変化が速く不確実性の高まった環境下では，従業員に求められるスキルも激しく変化し，これまでのような企業主導の人材育成では補いきれなくなっている。新たな職種に就くためのスキルを獲得する「リスキリング」への関心は世界的にも高まっており，日本でもデジタル庁の設立や経済産業省によるデジタル人材育成プラットフォーム「マナビDX」の開設，リスキリングを支援する企業の協議会「人的資本経営コンソーシアム」の発足といった施策がとられている。

　矢野経済研究所の調査によれば，2021年度の国内eラーニング市場規模は，前年度比13.4％増が見込まれ，今後も拡大が続く見通しとされる。個人の学び方も，従来の学校教育機関を中心とした学び方から，時間や場所を選ばないeラーニング等のオンライン学習といった，社会人が働きながら学習できる方法へと選択肢が広がっている。

　今後，日本が国際社会で生き残る上でも，「リスキリング」は必要不可欠になるだろう。

●小山　はるか

第 **9** 章

労働の時間と場所

＊
図表の出所は巻末参考文献参照（以下同様）。

図1　1人当たり労働時間と出勤日数の推移（年間）

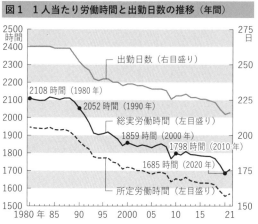

図2　各国の1人当たり実労働時間の推移（年間）

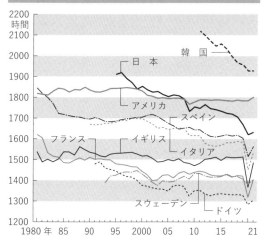

図3　各国の年間休日数（2020年）

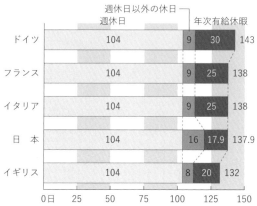

（注）　1）　週休日：各国とも年間の土日の日数（週休2日制を想定）。

　　　2）　週休日以外の休日：日本は土日にあたる祝日を除き，振り替え休日を含む。ヨーロッパは日曜日の祝日を除く。

　　　3）　年次有給休暇：日本は従業員規模30人以上の企業の繰り越し日数を含まない平均付与日数。なお，2020年の平均取得日数は10.1日。イギリスとフランスは最低付与日数，ドイツとイタリアは労使協約で合意した平均付与日数。

　企業経営における労働投入量は労働者の数だけでなく，1人当たりの労働時間に規定される。事業所を対象にした「毎月勤労統計調査」によると，1980年代後半以降，労働者1人当たりの年間総実労働時間と出勤日数が減少傾向にある（**図1**）。年間総実労働時間は，就業規則等で定められた休憩時間を除く始業から終業までの「所定労働時間」に，残業等の所定外労働時間を加えたものである（有給休暇取得時間分を除く出勤日数について）。

　年間総実労働時間は趨勢的に減少傾向にあり，この傾向は，世帯（個人）を対象とした「労働力調査」でも観察される（**図2**）。同調査に基づくと，日本の労働者1人当たりの年間総実労働時間は，1996年に1910時間であったが，2021

年には1633時間まで減少している。

　他国と比較すると，2021年において，日本の年間総実労働時間は韓国とアメリカに次いで長く，ヨーロッパ諸国より高い水準である（**図2**）。なお，近年では，ヨーロッパ諸国と比べ日本の出勤日数が多いというわけではないようである。休日数の現況を見ると，2020年現在，日本は年次有給休暇付与日数が比較的少ないものの国民の祝日が多い。日本の有給休暇取得率が低いこと等に留意は必要だが，名目上はヨーロッパ各国と休日数に大差がない（**図3**）。このことから，実労働時間の差は，労働者の就業日当たり労働時間の違いが反映された結果であると考えられよう。

　ただし，国際比較にあたっては，各国間で生産量が変動した際に活用される雇用調整の方法や，その費用の違いに留意しなければならない。たとえば，新型コロナウイルス感染症による経済的ショック直後の2020年を見ると，日本を含むいくつかの国では実労働時間が急激に減少した一方，アメリカはこの期間も安定的に推移

した（**図2**）。労働時間が観測されるのは就業者
のみであるから，経済的ショックへの対応とし
て，アメリカ企業は雇用する労働者の人数を減
らすことで雇用調整を行ったためだと考えられ
る。それとは対照的に，日本を含むいくつかの
国では，労働者の人数よりも，労働者の労働時
間を削減することで雇用調整を行った可能性が
示唆される。

　前述の通り，日本の年間総実労働時間は
1980年代後半以降に減少した（**図1**）。この要
因としては，第1に，長時間労働の解消を意図
した週休2日制の導入施策による出勤日数の減
少，第2に，いわゆるパートタイム労働者やア
ルバイト等の短時間勤務者の増加があげられる。

　第1の要因については，1988年4月に改正
労働基準法が施行され，週当たりの法定労働時
間が従前の週48時間から段階的に40時間へと
引き下げられた結果，週休2日制の普及が進ん
だ。「賃金労働時間制度等総合調査」によると，
1987年から1995年にかけて「何らかの週休2
日制」の導入企業割合は50.3％から90.3％へ，
「完全週休2日制」の導入企業割合は7.3％か
ら26.0％へと増加した。この間に年間出勤日
数は262日から240日へ，年間総実労働時間は
2111時間から1909時間へと減少した（**図1**）。

　こうした長時間労働解消のための取り組みの
背景には，経常収支の黒字傾向が続く中，貿易
摩擦が激化していたという事情がある。貿易摩
擦の解消に向けて，前川春雄元日銀総裁を部会
長とする経済審議会・経済構造調整特別部会は
1987年4月に「経済構造調整特別部会報告
──構造調整の指針」を発表する。「新・前川
リポート」として知られる同報告書では，対外
均衡，国際協調，内需拡大，国民生活の質の向
上等を実現するための構造改革の指針が記され，
同改革の柱の1つとして労働時間短縮が盛り込
まれた。具体的な政策目標として，2000年ま
でに年間総実労働時間を1800時間程度に短縮
する方針が打ち出され，前述の改正労働基準法
へとつながっていく。

　第2の要因である短時間勤務者の増加につい
ては，「毎月勤労統計調査」によると，「一般労

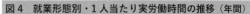

図4　就業形態別・1人当たり実労働時間の推移（年間）

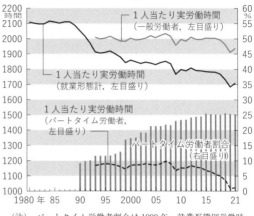

（注）　パートタイム労働者割合は1990年，就業形態別労働時
　　　　間は1993年以降の値。

働者」よりも労働時間が短い「パートタイム労
働者」の割合は，1990年の9.2％から2021年
には25.0％へと上昇している（**図4**）。短時間
勤務者の構成比の増加が，労働者全体の労働時
間の減少を牽引している。他方で，一般労働者
の労働時間は，経済的ショック時以外は大きく
変化せず安定的に推移している。

　さらに，山本勲と黒田祥子は，各種公的統計
の個票データの分析により，①週休2日制普及
後に休日が増えたことで，フルタイム雇用者の
時間配分が変化したこと（平日の労働時間が増加
し睡眠時間が減少），および②1980年代に比べ長
時間労働の担い手が中核層の壮年男性正規雇用
者（大企業を含む幅広い企業規模の30〜40代，ホワ
イトカラー，大卒者）に変化したことを指摘して
いる。

　直近では，2019年4月（中小企業は翌年）に
労働基準法が再び改正され，法定労働時間外の
労働時間の上限（原則「月45時間，年360時間」
まで，月45時間を超える場合は6カ月までの範囲で
月100時間未満・2〜6カ月平均80時間以内）が設
けられた。従前は実質的に青天井であった残業
時間に上限規制が設けられたことが，労働時間
にどのような効果を及ぼしたかについては，適
切なデータと分析技法による，厳密な検証が必
要となる。

●福田　隆巳

労働時間の推移と国際比較

067 労働時間規制

労働時間規制は，長時間労働から労働者の健康を守る労働者保護の観点だけでなく，キャリア形成の阻害や少子化を防ぐため，仕事と家庭生活の両立を可能にする観点からも行われる。長時間労働に対しては，主に2つの法的な規制がある（ただし，管理監督者は規制の対象外）。

1つ目は「労働時間の上限規制」である。1日8時間および1週間40時間を超えて働かせることは労働基準法により禁止されている（ただし一部の事業では例外的に1週間44時間が上限とされているほか，変形労働時間制のようにこの規制のあてはまらない働き方もある▶069。また，災害等で臨時の必要がある場合は，これを超えることも認められる）。この法的に定められた労働時間の上限を，法定労働時間という。使用者は基本的に，この法定労働時間の範囲内で労働時間を定めることになり，それを所定労働時間という。

しかし，労働基準法第36条で定められた時間外・休日労働に関する協定，通称３６協定を結べば，法定労働時間を超えることも可能になる。この労使協定を使用者が労働者の代表（過半数労働組合や労働者の過半数代表者）と締結し，労働基準監督署に届け出ることで，法定労働時間を超える時間外労働が法的に認められる。

なお，36協定のもとでも，時間外労働の上限は原則として月45時間以内かつ年360時間以内である。ただし，臨時的な特別の事情がある場合は，その点も含めて協定を締結し届け出ることで，年間6カ月まではこの上限を超えることも可能となる。その場合も，時間外労働の合計が年720時間以内，かつ，時間外労働と休日労働の合計が月100時間未満および2〜6カ月平均で月80時間以内と決められている（図1）。

2つ目は「割増賃金の支払い義務」である。法定労働時間を超える場合には，割増賃金の支払い義務が法的に生じる。ただし，一般に所定労働時間を超えた労働時間を指して残業と呼ぶことが多いものの，法定労働時間を超えない範囲の残業に対しては，使用者には割増賃金を支

図1 労働時間の上限規制

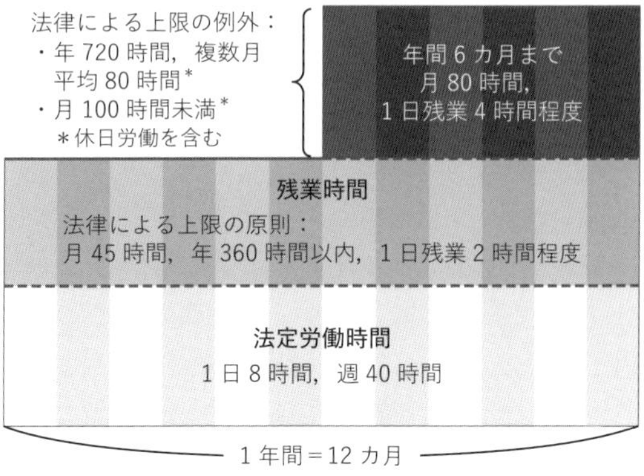

法律による上限の例外：
・年720時間，複数月平均80時間*
・月100時間未満*
＊休日労働を含む

年間6カ月まで
月80時間，
1日残業4時間程度

残業時間
法律による上限の原則：
月45時間，年360時間以内，1日残業2時間程度

法定労働時間
1日8時間，週40時間

1年間＝12カ月

払う義務がないことには注意を要する。

割増賃金は，通常の賃金に割増賃金率を掛けた金額となる。時間外労働に対する割増賃金率は，25％以上と定められている。たとえば時給が1000円の場合，8時間を超える時間外労働には250円以上の割増賃金が必要となる。ただし，時間外労働が1カ月60時間を超えると，その超えた労働時間に対する割増賃金率を50％以上とするか，有給休暇に代替することが求められる。なお，22時から5時までの深夜労働に対しては25％以上，休日労働に対しては35％以上の割増賃金支払いが義務づけられている。時間外労働や休日労働が深夜に及ぶ場合は，それぞれの割増賃金率が合算される。ただし，休日労働と時間外労働の割増賃金は重複せず，休日労働の割増賃金のみが適用となる。

勤務時間が9時から17時（休憩1時間を含む）で，所定労働時間が7時間と定められた人を例に，労働時間と割増賃金について説明しよう（図2）。この人が18時に勤務を終えたとすると，労働時間は8時間となり1時間の残業をしたことになるが，17時から18時の1時間は法定労働時間を超える労働時間にはあてはまらないので，通常の賃金の1時間分を支払うのみで，割増賃金を支払う法的義務はない。しかし，23時まで，計13時間働いた場合は，8時間を超えた5時間分が時間外労働となり，25％以上の割増賃金支払いが求められる。さらに，22時から5時までの労働には深夜労働の割増賃金

図2　労働時間と割増賃金の例

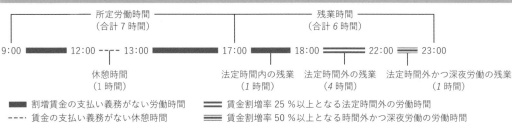

割増賃金の対象となる労働	回答企業数（社）	割増賃金率別の企業数の割合（％）													平均割増賃金率（％）
		25％	25％超30％未満	30％	30％超35％未満	35％	35％超40％未満	40％	40％超45％未満	45％	45％超50％未満	50％	50％超60％未満	60％以上	
時間外労働（合計が1カ月45時間以下）	158社	34.8	12.7	50.6	0.6	0.6	0.6	—	—	—	—	—	—	—	28.0
時間外労働（1カ月45時間を超え60時間以内）	164社	28.0	11.6	45.1	1.2	7.3	0.6	3.0	—	—	—	2.4	0.6	—	29.7
時間外労働（1カ月60時間超）	173社	—	—	—	—	—	—	—	—	—	—	96.5	2.3	1.2	50.3
深夜労働	174社	23.0	3.4	19.0	4.0	16.7	4.6	5.7	—	—	—	12.1	11.5	—	36.6
休日労働（法定休日）	175社	—	—	—	—	54.9	4.6	22.9	1.7	7.4	—	8.0	0.6	—	38.4

（注）　1）　回答企業は，資本金5億円以上かつ労働者1000人以上の企業。
　　　　2）　時間数や時間帯によって割増賃金率が複数設定されている企業は除外している。

も適用されるため，22時から23時の1時間は時間外労働と深夜労働の両方の割増賃金支払いが求められ，割増賃金率は50％以上となる。

　実際の割増賃金率の分布は**表**の通りである。1カ月45時間以下および1カ月45時間を超えて60時間以内の時間外労働と，深夜労働に対する割増賃金率は，法的に定められた最低基準の25％を上回る率にしている企業が6〜8割に達する。休日労働についても，法的な最低基準の35％を超える率にしている企業が半数程度に上る。しかし，1カ月60時間を超える時間外労働に対する割増賃金率は，ほぼすべての企業が法による最低基準の50％に設定している。

　このように，労働者保護や両立支援の観点から長時間労働を抑制するため，労働時間の上限規制や割増賃金の支払い義務が設けられている。

　それに加え，2019年からは長時間労働に対する新たな規制として，勤務間インターバルが努力義務として施行された。勤務間インターバルとは，勤務が終わってから次の勤務が始まる

までの間に一定時間以上の休息時間を設けるものである。たとえば，休息時間が12時間と定められた場合，22時に勤務が終わった人は，その12時間後である翌朝10時以降にしか次の勤務を始めることができない。これにより，生活時間や睡眠時間を確保することができる。

　しかし，休息時間の導入には課題もある。たとえば，重要な会議など決まった予定が翌朝にある場合，前日の退勤時間次第では，その予定までに出勤できなくなりうるため，退勤時間の管理がこれまで以上に求められることになる。

　休息時間の規制は主にヨーロッパですでに導入されており，日本でもトラックやバスなどの自動車運転者には「自動車運転者の労働時間等の改善のための基準」で「休息期間」として実質的な休息時間が定められている。今後，勤務間インターバルが普及すれば，終電まで働き，家にはシャワーと睡眠のためだけに帰り，翌朝も定時で出社する，という生活がなくなる日も，そう遠くはないのかもしれない。　●矢野　良太

068 年次有給休暇と特別休暇

表1　年次有給休暇の付与日数（労働基準法第39条）

週所定労働時間	30時間以上	30時間未満			
週所定労働日数	5日以上	1日	2日	3日	4日
年間所定労働日数*	—	48〜72日	73〜120日	121〜168日	169〜216日
継続勤務期間 6カ月	10日	1日	3日	5日	7日
1年6カ月	11日	2日	4日	6日	8日
2年6カ月	12日				9日
3年6カ月	14日		5日	8日	10日
4年6カ月	16日	3日	6日	9日	12日
5年6カ月	18日			10日	13日
6年6カ月以上	20日		7日	11日	15日

（注）　*の基準が適用されるのは，週以外の期間によって労働日数が定められている場合に限られる。

図　年次有給休暇の取得率・取得日数の推移（労働者1人平均）

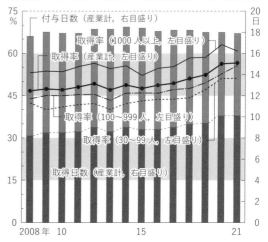

（注）　1）　取得率は，（取得日数計／付与日数計）×100％として計算。また，付与日数は繰越日数を除く。
　　　　2）　調査対象について，2015年以降「常用労働者が30人以上の民営法人」として定義が見直されたほか（2014年以前は「常用労働者が30人以上の会社組織の民営企業」であった），新たに「複合サービス事業」が含まれている。

　年次有給休暇（労働基準法第39条）は，労働者の心身のリフレッシュを図ることを目的に，一定の要件を満たす労働者に対して，休日とは別に毎年所定の日数の休暇を有給で補償する休暇制度である。具体的には，①雇い入れの日から6カ月以上（その後は1年間）継続勤務し，②全労働日の8割以上出勤している，という2つの要件を満たすことで権利が発生し，以降基準日ごとに当該年度の有給休暇が付与されることとなる。**表1**に示す通り，継続勤務期間が長くなるほど付与日数は増加し，法定の最高付与日数は20日である。週30時間未満のパートタイマーなどにも有給休暇は付与されるが，基準日における所定労働日数に応じて，フルタイム勤務の場合よりも少ない日数が付与される（比例付与）。

　日本の労働者1人当たりの年次有給休暇取得率は2015年以降上昇しているが，2021年で56.6％にとどまり（**図**），ヨーロッパなどと比べ低いことが知られる。**表2**からは低取得率の

表2　就業形態別に見た年次有給休暇を取り残す理由（各理由の肯定割合）

	計	正社員	非正社員計	嘱託職員	契約職員	パート・アルバイト
	(n＝13,047)	(n＝11,864)	(n＝1,183)	(n＝308)	(n＝230)	(n＝645)
病気のために残しておく必要がある	70.5 %	70.4 %	71.4 %	68.2 %	78.3 %	70.5 %
急な用事のために残しておく必要がある	74.1	74.1	74.9	69.4	79.1	76.0
仕事の量が多すぎて休んでいる余裕がない	38.5	39.8	24.6	22.1	26.5	25.1
休みの間仕事を引き継いでくれる人がいない	39.7	41.0	26.4	28.3	26.5	25.5
休むと職場の他の人に迷惑になる	51.7	52.4	44.3	40.9	44.0	46.0
職場の周囲の人が取らないので年休を取りにくい	25.6	26.3	17.9	13.6	19.6	19.2
現在の休日日数で十分	28.2	27.4	35.6	39.6	23.4	38.2
休んでもすることがない	11.4	11.6	8.6	11.7	7.9	7.5
子どもの学校や部活動のため，休みの時期が合わない	7.0	6.9	8.5	3.2	9.6	10.7
配偶者や友人と休みの時期が合わない	11.4	11.4	11.4	11.1	11.7	11.3
交通費や宿泊費，レジャーなどにお金がかかる	18.2	18.2	17.4	17.2	17.9	17.4
休むと仕事から取り残されるような気がする	13.4	13.9	8.9	7.1	9.1	9.6
上司がいい顔をしない	15.3	15.9	10.0	8.7	10.4	10.3
勤務評価等への影響が心配	16.1	16.7	9.9	9.8	11.8	9.3

（注）　1）　調査対象は，全国の従業員30人以上の企業1万7000社に勤務する労働者。対象者7万1796人，有効回収数は1万5297票（有効回収率21.3％）。調査対象期間は2020年1月27日〜2月7日。
　　　　2）　「年次有給休暇をすべて消化していますか」との設問に，「年休を取り残すことがある」と回答した者を対象に集計したもの。各項目について「そう思う」「どちらかといえばそう思う」と回答した者の合計を肯定割合として掲載。

114

表3　特別休暇制度の有無および種類

（単位：％）

	全企業	特別休暇制度がある	夏季休暇*	病気休暇*	リフレッシュ休暇*	ボランティア休暇*	教育訓練休暇*	その他1週間以上の長期休暇*	特別休暇制度がない
2021年調査計	100.0	59.9	42.0	23.8	13.9	4.5	3.2	16.0	40.1
1000人以上	100.0	71.9	34.8	36.9	42.3	23.5	5.1	26.2	28.1
100～999人	100.0	63.8	39.2	28.9	21.9	6.9	2.5	19.6	36.2
30～99人	100.0	57.9	43.3	21.3	9.7	2.9	3.4	14.2	42.1

（注）「全企業」には，特別休暇制度の有無が「不明」の企業を含む。＊の選択肢は複数回答可。「1週間以上の長期休暇」には，法定休暇で法律の規定よりも労働者を優遇している場合の上積み分は含まない。

背景に，病気や急用など有事に備えて有給休暇を残しておく意識があることが窺える。また完全取得を前提とした要員配置でないためか，取り残す理由として「仕事の量が多すぎて休んでいる余裕がない」「休みの間仕事を引き継いでくれる人がいない」「休むと職場の他の人の迷惑になる」の回答割合が，とくに正社員で高い。

2019年4月施行の改正労働基準法では，年次有給休暇の取得促進に向け，年10日以上の有給休暇が付与される労働者に対し，うち5日は使用者が時季を指定するなどして確実に取得させるよう企業等に義務づけた。対象には管理監督者や有期雇用労働者も含まれ，使用者は労働者ごとに管理簿を作成・保存し，取得状況の把握や労務管理上の工夫を行うことが求められる。

一方，年次有給休暇を含む法定休暇以外にも企業は種々の特別休暇を独自に就業規則などで定め，導入している。特別休暇は労使による話し合いを通じて目的や取得形態などを任意に設定できる法定外休暇であり，有給か無給かも各企業の判断による。代表的なものとして以下がある。

①夏季休暇（お盆の時期など夏季に与えられる休暇。各労働者の都合に応じて，週休日と組み合わせ長期の連続休暇を取得できる制度を導入するケースもある。同様に，年末年始に合わせて冬季に連続休暇を付与する例もある）

②病気休暇（業務外の私傷病により就労できない場合に認められる休暇。治療・通院のために時間単位や半日単位で取得できる休暇制度を導入する例もある）

③リフレッシュ休暇（一定の勤続を有する，または一定の年齢に達した労働者に対し，心身の休養等のために与えられる休暇）

④ボランティア休暇（労働者が無報酬で行う自発的な社会・地域貢献活動に際し，その参加を可能とするよう特別に認められる休暇。ドナー休暇を含むこともある）

⑤教育訓練休暇（自己啓発のため，自発的に教育訓練等を受ける際に与えられる休暇）

表3によれば，特別休暇制度がある企業は併せて59.9％に上り，普及割合の高い順に「夏季休暇」42.0％，「病気休暇」23.8％，「その他1週間以上の長期休暇」16.0％，「リフレッシュ休暇」13.9％，次いで「ボランティア休暇」となっている。ほとんどの制度は，おおむね企業規模が大きくなるほど普及率が高い。

ほかに，慶弔休暇や誕生日等の記念日休暇，罹災休暇，裁判員休暇，犯罪被害者等の被害回復のための休暇，子の学校行事のための休暇，不妊治療休暇などを導入する例もある。また，年次有給休暇の請求権の時効は労働基準法により2年とされるが，時効となった年次有給休暇を積み立て，病気・育児・介護など使用目的を限定した休暇とする例もある。

特別休暇の導入目的は，労働者の家庭生活の安定や心身のリフレッシュだけでなく，多岐にわたる。病気休暇や罹災休暇は，労働者の安心や年次有給休暇の取得促進に資する。ボランティア休暇などは，通常とは異なる経験をすることで，労働者が新たな気づきや活力を得ることも期待される。特別休暇の導入は，人材の安定的な確保や企業活力向上に向けた人事施策の1つともなっている。

●小澤　彩子

069 労働時間の柔軟化

労働基準法における労働時間は，1日8時間以内，週40時間以内を原則としているが，社会や経済の進展によって，労働の質や労働者の働き方も多様になってきている。それにより，画一的な労働時間管理が適さない労働者が増加し，労働時間制度の柔軟化が進められてきた。たとえば，生活の24時間化といった社会の変化を背景とするサービス提供時間の多様化や，営業職・研究職など労働時間の管理が難しい職種の増加に伴って，変形労働時間制やみなし労働時間制など，労働時間を柔軟化する制度が導入されてきた。また，家庭と仕事を両立したい，仕事の進捗状況に合わせて労働時間を自分で選択したいという労働者のニーズからも，柔軟な労働時間制度が求められてきた。2018年の労働基準法改正（2019年施行）では，「働き方」改革の実現を目的に，フレックスタイム制における清算期間の1カ月から3カ月への延長，高度プロフェッショナル制度の導入等，労働時間の柔軟化がさらに進められた。

労働時間を柔軟化する主な制度は，①時期などにより仕事量の変動が多い場合に，それに応

表1　変形労働時間制・みなし労働時間制の適用有無・労働者割合

(単位：%)

	2001年	2006年	2011年	2016年	2021年
合　計	100.0	100.0	100.0	100.0	100.0
変形労働時間制適用労働者	49.5	48.9	48.9	52.3	48.9
1カ月単位変形労働時間制	18.1	16.5	15.9	23.0	21.5
1年単位変形労働時間制	22.8	23.7	24.6	21.5	17.8
フレックスタイム制	8.7	8.6	8.4	7.8	9.5
変形労働時間制未適用労働者	50.5	51.1	51.1	47.7	51.1
みなし労働時間制適用労働者	4.0	8.0	7.3	8.1	8.2
事業場外労働のみなし労働時間制	3.4	6.5	5.6	6.4	6.7
専門業務型裁量労働制	0.5	1.4	1.2	1.4	1.2
企画業務型裁量労働制	0.0	0.2	0.4	0.3	0.3
みなし労働時間制未適用労働者	96.0	92.0	92.7	91.9	91.8

(注)　一般的に，労働時間の柔軟化に関する制度は，表2のように変形労働時間制，フレックスタイム制，みなし労働時間制に分類される。しかし本表においてのみ，出所の厚生労働省「就労条件総合調査」の分類に従い，「変形労働時間制」をフレックスタイム制を含める広義の意味で使用する。

表2　労働時間の柔軟化に関する制度

変形労働時間制	労使協定または就業規則等で定めることにより，業務の繁閑に応じて労働時間を柔軟に設定できる制度。一定期間を平均し，1週間当たりの労働時間が法定の労働時間を超えない範囲内において，特定の日または週に法定労働時間を超えて労働させることができる。①1カ月，②1年，③1週間（特定の業種のみ）を単位とするものがある
フレックスタイム制	労働者が自らの始業・終業時刻，労働時間を決めることにより，生活と業務との調和を図りながら効率的に働くことができる制度である。制度の運用にあたり，労使協定で対象者の範囲，清算期間，清算期間における総労働時間，標準となる1日の労働時間，コアタイム（労働者が必ず出勤しなければならない時間帯）・フレキシブルタイム（自由に出退勤できる時間帯）を定める
みなし労働時間制	事業場外みなし労働時間制と裁量労働制がある
事業場外みなし労働時間制	営業などの事業場外で労働する場合に，労働時間の算定が困難な業務に対し，原則として所定労働時間労働したものとみなす制度
裁量労働制	2種類あり，①専門業務型裁量労働制は，デザイナーやシステムエンジニアなど，仕事の方法や時間配分などに裁量を持つ業務について，②企画業務型裁量労働制は，経営の企画・立案・調査・分析の業務で，仕事の方法や時間配分を自らの裁量で決定する者について，労使委員会で定めた労働時間数を働いたものとみなす制度

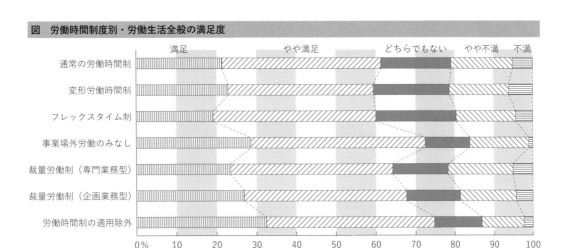

図 労働時間制度別・労働生活全般の満足度

（凡例）満足　やや満足　どちらでもない　やや不満　不満

- 通常の労働時間制
- 変形労働時間制
- フレックスタイム制
- 事業場外労働のみなし
- 裁量労働制（専門業務型）
- 裁量労働制（企画業務型）
- 労働時間制の適用除外

（横軸：0% 10 20 30 40 50 60 70 80 90 100）

表3 高度プロフェッショナル制度の対象労働者数・事業場数（2022年）

業務の種類	金融商品の開発の業務	ファンドマネージャー，トレーダー，ディーラーの業務	証券アナリストの業務	コンサルタントの業務	新たな技術，商品または役務の研究開発の業務	合 計
対象者数	0人 (0.0%)	78人 (11.7%)	34人 (5.1%)	550人 (82.7%)	3人 (0.5%)	665人 (100.0%)
事業場数	1事業場	6事業場	6事業場	14事業場	3事業場	22事業場 (21社)

じて企業が労働時間を定める変形労働時間制，②出退勤時間の選択や労働時間の配分を，労働者自身に任せるフレックスタイム制，③労働時間を厳密に管理することが難しい，あるいはそうした働き方になじまない労働者に対して，実際に働いた時間ではなく，一定の労働時間を働いたと見なす，みなし労働時間制から構成される。労働者の約半数が変形労働時間制で働いているが，みなし労働時間制で働く者は約8％にとどまっている（**表1**）。各制度の詳細は，**表2**の通りである。

このように，労働時間を柔軟化する制度にはさまざまなものがあるが，これらの労働時間制度を適用されている労働者は，労働生活に満足しているのだろうか。**図**は，労働時間制度ごとに「労働生活全般の満足度」を見たものである。「満足」「やや満足」の合計を比較すると，「労働時間制の適用除外」（管理監督者）や「事業場外労働のみなし」の満足度がやや高いが，労働時間を柔軟化する他の制度は，「通常の労働時間制」と大きな差は見られない。

なお，高度プロフェッショナル制度は，労働者が創造的・専門的能力を発揮しやすい自律的な働き方として，前述の通り2018年の労働基準法改正により導入された。高度プロフェッショナル制度は，高度の専門的知識等を有する5業務（①金融商品の開発，②ファンドマネージャー，トレーダー，ディーラー，③証券アナリスト，④コンサルタント，⑤新たな技術，商品または役務の研究開発）に従事し，かつ職務の範囲が明確で一定の年収要件（年収1075万円以上）を満たす労働者に対して，労使委員会の決議と労働者本人の同意を前提として適用される。年間104日以上の休日確保措置や健康管理時間の状況に応じた健康・福祉確保措置等を講ずることにより，労働基準法に定められた労働時間・休憩・休日および深夜の割増賃金に関する規定は適用除外となる（これに対して，変形労働時間制，フレックスタイム制，みなし労働時間制においては，休憩時間や休日，時間外労働，深夜労働などに関する労働基準法が適用される）。しかし，同制度の対象となる労働者数は少ない人数にとどまっており，中では「コンサルタントの業務」が多くを占めている（**表3**）。

●池田 梨恵子

070 交替制勤務・深夜勤務

表1 深夜勤務の有無別労働者割合（2020年）

(単位：％)

		うち深夜業務がある	うち深夜業務がない	うち不明
交替制である	22.8 (100.0)	9.8 (43.1)	12.6 (55.2)	0.4 (1.7)
交替制ではない	76.8 (100.0)	7.3 (9.5)	67.7 (88.1)	1.8 (2.4)

（注）　交替制の有無が不明の割合は 0.4 ％。

表2 交替制勤務の事例（4組3交替制）

	勤務時間	拘束時間	休憩時間	実働時間
1直	7時～15時15分	8時間15分	1時間	7時間15分
2直	15時～23時15分	8時間15分	1時間	7時間15分
3直	23時～ 7時15分	8時間15分	1時間	7時間15分

日	1	2	3	4	5	6	7	8	9	10	11	12	13	14	15
A組	3直	3直	3直	休	2直	2直	2直	休	1直	1直	1直	休	3直	3直	3直
B組	休	2直	2直	2直	休	1直	1直	1直	休	3直	3直	3直	休	2直	2直
C組	2直	休	1直	1直	1直	休	3直	3直	3直	休	2直	2直	2直	休	1直
D組	1直	1直	休	3直	3直	3直	休	2直	2直	2直	休	1直	1直	1直	休

　労働者は，平日の9時から17時といった固定的な時間帯以外にも労働を行っている。交替制（交代制）勤務とは，労働者を2つ以上の組に分け，1日の中で異なる勤務時間帯に交替で就労させる制度である。この交替制勤務は，一般にシフト制ともいわれる（「シフト制」に明確な定義はなく，一般的には交替制勤務と同じ意味として使用されている。ただし厚生労働省は，2022年作成の「いわゆる『シフト制』により就業する労働者の適切な雇用管理を行うための留意事項」において，労働契約締結時点では労働日や時間を確定的に定めず，一定期間〔1週間，1カ月など〕ごとに作成される勤務シフトなどで，はじめて具体的な労働日や労働時間が確定するような勤務形態を，「いわゆる『シフト制』」とした。交替制勤務のように，年や月などの一定期間における労働日数・労働時間数は決まっていて，就業規則等に定められた勤務時間のパターンを組み合わせて勤務する形態は除くとし，両者を区別している）。

　交替制勤務や深夜勤務は，①生産施設の効率的な利用のために導入している自動車産業などの業種，②鉄鋼業など製造過程において24時間の連続操業が避けられない業種，③24時間営業を行うレストラン・小売店などの業種，④運輸・警察・病院・介護・ホテルなど公共的性格を持つ業種で，主に採用されている。

　表1に見られるように，交替制勤務に従事する労働者の割合は，約23％にとどまる。また，交替制で勤務する労働者の約4割に，深夜勤務がある。深夜勤務は労働者の生活リズムを不規則なものにし，労働者のメンタルヘルスおよび身体の健康に対する負の影響や，家庭との両立において困難を生じさせることが少なくない。これらの困難を軽減するため，企業や病院等の組織では勤務間隔の適切な管理など，交替制勤務の編成に工夫が施されている。さらに近年では，一部の飲食業や小売業において，人手不足を理由に24時間営業の見直しが検討されている。

　交替制勤務には，2交替勤務，3交替勤務，一昼夜交替勤務など，いくつかの編成方法がある。**表2**は，製造業の工場における交替勤務の事例であるが，このように労働者グループを4つの組に分け，1日24時間を日勤・夕勤・深夜勤の3つに区分した3直を順番に担当して勤務させる方式を，4組3交替制という。

●池田 梨恵子

071 リモートワークの形式と普及

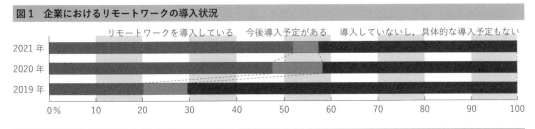
図2　リモートワークを利用する従業員の割合（産業別）

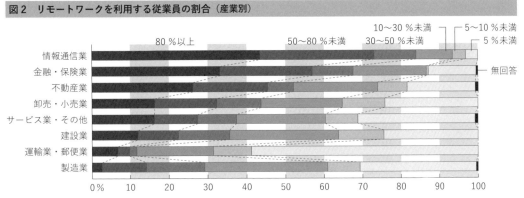

80 % 以上　　50〜80 % 未満　　10〜30 % 未満　5〜10 % 未満　30〜50 % 未満　5 % 未満

情報通信業
金融・保険業　　　　　　　　　　　　　　　　　　　無回答
不動産業
卸売・小売業
サービス業・その他
建設業
運輸業・郵便業
製造業

0%　10　20　30　40　50　60　70　80　90　100

リモートワーク（テレワーク）とは，「ICT を利用し，時間や場所を有効に活用できる柔軟な働き方」である（「令和3年版 情報通信白書」）。企業におけるリモートワークには，自宅で働く「在宅勤務」，通常利用している職場以外のオフィスやシェアオフィス，遠隔地勤務用の施設等で働く「サテライト・オフィス勤務」，移動中の交通機関や駅・カフェなどで外出中に働く「モバイル勤務」という，3つの形式がある。近年では，仕事（work）と休暇（vacation）を組み合わせたリモートワークの形式である「ワーケーション」の導入事例も出てきている。

企業におけるリモートワークの導入は，新型コロナウイルス感染症の拡大を契機として，急速に進んだ。総務省の「令和3年 通信利用動向調査」によると，企業におけるリモートワークの導入率は，2019年12月の20.2％から，2021年9月には51.9％にまで上昇した（**図1**）。企業規模別の導入率は，100〜299人で44.4％，300〜499人で60.3％，500〜999人で73.8％，2000人以上で91.6％であり，企業規模が大きいほど導入率が高い傾向が見られる。リモートワークの形式については，導入企業のうち，

91.5％が在宅勤務，15.2％がサテライト・オフィス勤務，30.5％がモバイル勤務を実施している。リモートワークを利用する従業員の割合は，情報通信業や金融・保険業で高く，運輸業・郵便業や製造業で低い（**図2**）。リモートワークの導入目的には，ほとんどの企業が新型コロナウイルス感染症の対応（90.5％）をあげている。その他，従業員の通勤改善（37.0％）やワーク・ライフ・バランスへの配慮（27.9％）といった従業員のウェルビーイングの向上，非常時の事業継続（31.1％）や業務効率性の向上（27.6％）といった企業のパフォーマンスの維持・向上も，導入目的にあげられている。

従業員を対象にした，内閣府の「新型コロナウイルス感染症の影響下における生活意識・行動の変化に関する調査」によると，2022年6月時点で，従業員の30.6％がリモートワークで働いていると回答した（**図3**）。リモートワークの頻度に関しては，労働政策研究・研修機構の「新型コロナウイルス感染拡大の仕事や生活への影響に関する調査」によれば，2022年2月第4週〜3月第1週時点で，1週間に1〜2日が23.8％と最も割合が高く，次いで5日が

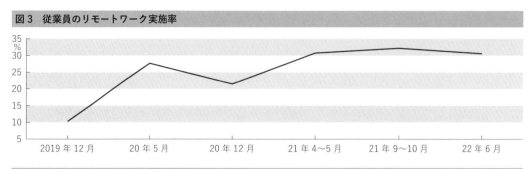

図3　従業員のリモートワーク実施率

図4　リモートワークの頻度の推移

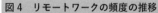

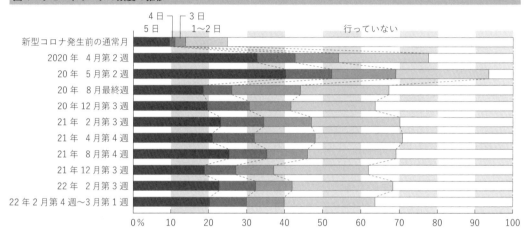

図5　リモートワークの課題

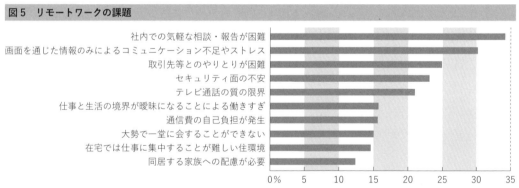

（注）　複数回答。

20.3％となっている（**図4**）。

　リモートワークに対しては，前出の内閣府の調査によれば，コミュニケーションの困難さや，ストレス，私生活との調整の難しさといったソフト面の課題，および通信環境やセキュリティ等ハード面の課題が報告されている（**図5**）。リモートワークは新型コロナウイルス感染症の拡大により急速に広まったが，今後はそれぞれの企業が，導入目的や課題を踏まえて職場での勤務とリモートワークとをどう効果的に組み合わせられるかを，改めて検討する必要があるだろう。

●大平　剛士

第 **10** 章

従業員の生活支援

図1 女性の年齢別就業率（15 歳以上の人口に占める「就業者」の割合）

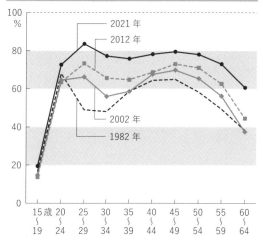

図2 「夫は外で働き，妻は家庭を守るべきである」という考え方に反対の割合

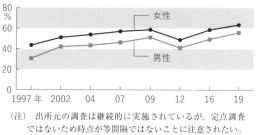

（注） 出所元の調査は継続的に実施されているが，定点調査ではないため時点が等間隔ではないことに注意されたい。

　仕事と家庭の調和への関心は年々強くなっている。こうした問題に関心が寄せられるということは，裏を返せば，「仕事と家庭が調和されておらず，分断・対立している」という状況が典型的であることを暗に示している。仕事と家庭の調和を阻害し，その分断と対立を正当化する社会的な規範の1つに，性別役割分業意識がある。

　性別役割分業とは「男は外で働き，女は家庭を守るべきである」といった形で，性別ごとに異なる社会的役割が期待されることである。ここでの社会的役割とは，1つが公的な空間（市場）で経済的な資源を得るための生産労働に従事する「稼得役割」，もう1つが私的な空間（家庭）で家事や育児などの再生産労働に従事する「ケア役割」である。男性が前者を，女性が後者を担当することが多い。この性別役割分業意識の影響もあり，結婚・妊娠・出産などのライフ・イベントによって仕事を辞めたり，家庭を優先して仕事をセーブするというライフ・コースが女性において典型的となる。事実，かつて女性の年齢別就業率は，20代後半から30代前半にかけて谷を形成するM字カーブを描いていた（図1）。

　直近約20年間における性別役割分業意識に関する調査では，全体的な傾向として，性別役割分業意識に反対する人の割合が男女ともに上昇しつつある（図2）。性別役割分業意識に反対という割合は，1997年時点では女性で約44％，男性では約30％であったが，2019年時点では女性で約63％，男性で約56％となった。すなわち，この間，女性では約19ポイント，男性では約26ポイント，反対の割合が増加している。今日では男女ともに過半数が性別役割分業意識に反対を表明しているのである。

　このように性別役割分業は，意識の面においては近年解消されつつある。では，人々の実際の生活においてはどうなのだろうか。少なくとも女性の就業率には改善が見られる。女性の年齢別就業率は，1982年から2021年までの約40年間の間に大きく向上し，前出のM字カーブは2021年時点でほぼ台形に近い形状となった（図1）。

　しかし実際には，多くの女性労働者は非正社員であり，ケア役割を主としながら部分的に稼得役割を担っている。女性の年齢別正社員率はL字カーブといわれるように，20代後半以降急激に低下する。この正社員率の低さは2021年時点でもほとんど改善されていない（図3）。今日，結婚・妊娠・出産などのライフ・イベントに伴って仕事を辞める女性は少なくなっているものの，女性が主にケア役割を担うという性別役割分業には，いまだに大きな変化がないのである。

　今日における性別役割分業の実態は，生活時間の配分により顕著に表れている。一例として，

図3　女性の年齢別正社員率（雇用者に占める「正規の職員・従業員」の割合）

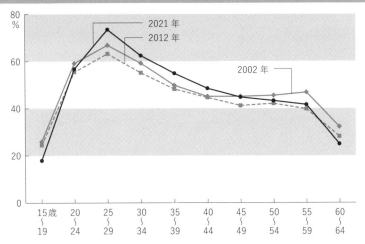

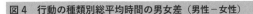

（単位：分）

	行動の種類	1996年	2006年	2016年
平日	仕事，通勤・通学	403	394	390
	家事，育児，介護・看護	146	146	147
	睡　眠	432	424	423
	その他	459	476	480
日曜	仕事，通勤・通学	139	143	133
	家事，育児，介護・看護	169	161	162
	睡　眠	485	476	476
	その他	647	658	667

（注）　有業者の中にはパートタイマーなどの正社員も含まれている。

図4　行動の種類別総平均時間の男女差（男性−女性）

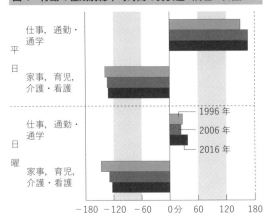

女性有業者の平均的な1日における生活時間の配分（**表**）と，その男女差（**図4**）に注目してみよう。ここでは，「仕事，通勤・通学」に費やした時間を仕事時間，「家事，育児，介護・看護」に費やした時間をケア時間とする。1996年の女性有業者の生活時間は，平日に仕事時間が6時間43分（403分）とケア時間が2時間26分（146分），日曜はそれぞれが2時間19分（139分）と2時間49分（169分）であった（**表**）。2016年は，平日の仕事時間が13分減少したが，おおむね1996年と同様の傾向を示している。生活時間の男女差を見ても，平日・日曜ともに男性のほうが仕事時間が長く，女性のほうがケア時間が長いことがわかる（**図4**）。しかも，仕事時間の男女差は日曜に縮小するものの，ケア時間のそれは平日と日曜でほとんど変わらない。ただ，こうした中でも日曜におけるケア時間の男女差は縮小が続いており，男性の育児・家事参加が拡大していることが窺える。

　以上の通り，性別役割分業は，意識の面では解消されつつあるものの，男性が仕事領域，女性が家庭領域を中心とした社会生活を営むという役割分業自体に大きな変化は見られない。このような性別役割分業に関する意識と実態とのギャップがより顕著になってきたからこそ，仕事と家庭の調和への関心が高まっていると考えられる。仕事と家庭の調和を達成するためには，性別にかかわりなく，すべての労働者が平等に稼得役割とケア役割を担うことができるよう，政策や企業からのサポートを整備していく必要がある。

●田上　皓大

図1　各国の合計特殊出生率の推移

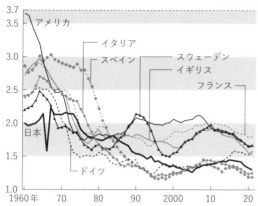

図2　各国女性の世代別・コーホート完結出生率の推移

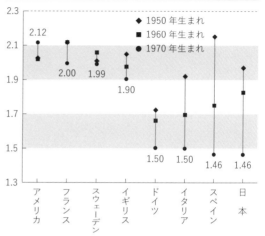

(注)　図中の数値は1970年生まれの女性の完結出生率（平均生涯子ども数）。ただし，イタリアは1968年生まれ，フランス，ドイツ，イギリス（イングランド，ウェールズ）は1969年生まれの女性の値。

図3　女性の世代別・加齢に伴う未婚率の推移

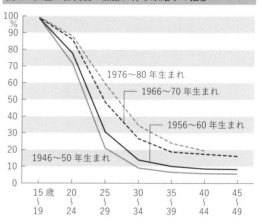

　日本の「（期間）合計特殊出生率」は低下傾向にあり，2021年に1.30となった（**図1**）。なお，地域差が大きく，都市部の値が低い。この指標は，ある時点における15～49各歳の女性の出生率を足し合わせて算出され，出産可能年齢内の合計値を1人の女性の値と仮定して生涯の出生数を即時的に捉える。2人の男女から平均的に1.30人の子どもしか産まれない場合，高齢層の構成割合が高まっていく。

　1960年以降の値を見ると，一部が乱高下を示すものの，多くの国で合計特殊出生率は減少傾向にある（**図1**）。直近では，日本，スペイン，イタリアが最低の水準にある。ちなみに，同図に掲載していない韓国は，中期的な落ち込み幅が一段と大きく，1960年の6.00から2020年の0.84まで減少した。なお，必ずしも女性の労働力水準が高いほど合計特殊出生率が低いわけではない（守泉理恵のレビューを参照されたい）。

　合計特殊出生率は重要な指標であるが，一時点における異なる集団の情報を集計するため，各世代の女性の生涯を通した出生行動の多様性が大きいほど，誤差が大きくなり精度を欠く。より正確な指標に「コーホート完結出生率」がある。これは，同じ生まれ年の女性の出生率を累積した数値であり，ある年の15歳女性の値に翌年の16歳女性の値を接続する作業を49歳まで繰り返す，追跡統計である。世代別の生涯の完結出生率を見ると，1950年生まれの日本女性が平均的に1.97人の子どもを産んでいたのに対し，1970年生まれは1.46人となった（**図2**）。20年間の世代差は大きく，平均子ども数の減少幅はスペインの31.9％に次ぐ25.7％と，速い速度で少産化が進んでいる。

　この間は同時に未婚率が上昇し，若い世代ほど未婚率が高い（**図3**）。1946～1950年生まれ女性の45～49歳時点の未婚率は5.6％であったのに対し，1966～1970年生まれは16.1％に上る。婚外子が少ない日本では，一般に結婚と出産が連続性を持つ面が関連しよう。

● 福田　隆巳

074 育児休業制度と男性の育児

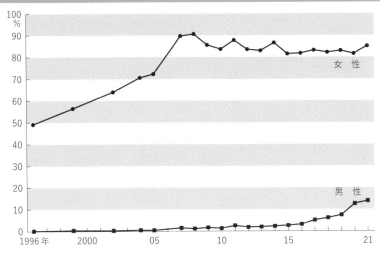

図　男女別の育児休業取得率の推移

育児休業制度とは，原則として１歳に満たない子を養育する男女労働者が休業を取得できる制度である。ただし厚生労働省の「令和３年度雇用均等基本調査」によれば，男女別での取得率を比較すると，女性については 1996 年から 2007 年にかけて 49.1 ％から 89.7 ％へと大きく上昇したものの，男性は 0.12 ％が 1.56 ％となったに過ぎず，低水準にとどまっていることが課題とされてきた。

だが近年は，政府の後押しもあって，男性の育児休業取得率が上昇している。2015 年までは 0～2 ％台を推移していたが，2016 年以降は毎年上昇し，2021 年には約 14 ％に達した（図）。男性の育児休業取得率上昇の背景には，ワーク・ライフ・バランスへの関心の高まりや，政府の「働き方改革」などによって企業に意識変化が生じたことが要因と考えられる。

しかし，男性の育児休業取得率は上昇したといっても，依然として低水準にとどまっている。これには，男性の育児休業の取得に対して職場の理解が得られない，上司からの評価が気になって取得しづらいなど，さまざまな理由が考えられる。こうした男性育児休業の低取得率は，種々の社会課題を発生させる。たとえば，出産を機に家事・育児負担が増大するため，キャリアの継続を断念し，離職を選択する女性は，今

も一定数存在すると考えられる。こうしたケースにおいて，男性が育休を取得していれば，取得しない場合よりも平日における男性の家事・育児時間は大きく伸びるだろう。そのことは女性の育児負担を軽減するため，女性のキャリア継続を促す効果が期待される。

政府は 2022 年４月に育児・介護休業法を改正し，男女とも仕事と育児を両立できるように産後パパ育休制度の創設や雇用環境整備，個別周知・意向確認措置の義務化などを行った。従業員数 1000 人超の企業には育児休業等の取得状況を年１回公表することが義務づけられたため，結果として対応が進み，育児休業取得率の上昇につながることが期待されている。

ただ，内閣府の調査では，2020 年に育児休業を取得した男性のうち，休業期間が５日未満の者の割合は 28.3 ％に上り，短期間の取得にとどまっている人が少なくない。育児休業期間中の社会保険料の免除や給料の減額，１日の育児休業でも育児休業給付金の対象となることなどを考え併せ，手取り額を増やすために短期間の育児休業を取得することが理由とも考えられている。そこで政府は，2022 年 10 月に社会保険料に関する法改正を行い，こうした短期間の取得を回避させ，男性の取得期間の伸長を実現しようとしている。

●佐藤　優介

表1 福利厚生費の推移（月平均）

（単位：円，%）

区分	費用項目	2006 年 平均額	2006 年 構成比	2011 年 平均額	2011 年 構成比	2016 年 平均額	2016 年 構成比	2021 年 平均額	2021 年 構成比
法定福利費	健康保険料・介護保険料	15,746	33.9	14,845	33.2	16,881	35.4	17,496	34.8
	厚生年金保険料	23,831	51.3	24,053	53.7	25,914	54.3	27,905	55.5
	労働保険料	6,363	13.7	5,277	11.8	4,244	8.9	3,695	7.3
	子ども・子育て拠出金	317	0.7	409	0.9	452	0.9	987	2.0
	障害者雇用納付金	62	0.1	35	0.1	74	0.2	96	0.2
	法定補償費	9	0.0	8	0.0	10	0.0	4	0.0
	その他の法定福利費	129	0.3	144	0.3	118	0.2	98	0.2
	計	46,456	100.0	44,770	100.0	47,693	100.0	50,283	100.0
法定外福利費	住居に関する費用（例：社員寮，住宅手当）	4,766	49.9	4,110	49.4	3,090	47.3	2,509	51.4
	医療保健に関する費用（例：人間ドック受診の補助）	641	6.7	958	11.5	877	13.4	729	14.9
	食事に関する費用（例：食堂，食事手当）	871	9.1	759	9.1	616	9.4	493	10.1
	文化・体育・娯楽に関する費用（例：社員旅行）	574	6.0	379	4.6	383	5.9	163	3.3
	私的保険制度への拠出金	999	10.5	556	6.7	552	8.5	373	7.6
	労災付加給付の費用	216	2.3	169	2.0	128	2.0	88	1.8
	慶弔見舞等の費用（例：慶弔見舞制度）	306	3.2	266	3.2	222	3.4	184	3.8
	財形貯蓄奨励金，給付金および基金への拠出金	238	2.5	158	1.9	161	2.5	48	1.0
	その他の法定外福利費 (注)	944	9.9	961	11.6	500	7.7	296	6.1
	計	9,555	100.0	8,316	100.0	6,528	100.0	4,882	100.0

（注）　「その他の法定外福利費」とは，通勤バス・売店等の費用，共済会への拠出，持株援助に関する費用等をいう。

福利厚生とは，賃金や賞与などの基本的労働対価以外に，企業が従業員とその家族の福祉向上のために提供する報酬の総称である。

福利厚生は大きく「法定福利厚生」と「法定外福利厚生」の２つに分類できる。法定福利費とは，法令や政令によって会社に加入が義務づけられている厚生年金保険・健康保険・労働保険などの社会保険費用である。一方，法定外福利費は，企業が独自に実施する福利厚生制度・施策であり，仕事能力と成果にかかわらず，従業員のニーズに応じて平等に配分されるという性格を有する。法定外福利費の例としては，社員寮・社内食堂といった生活支援制度や，介護・育児休暇といった家庭と仕事との両立に向けたサポートのための制度などがあげられる。企業は多様な福利厚生制度を用意することで，従業員のモチベーション向上や人材確保へとつなげ，さらなる業績向上を期待するのである。

企業による福利厚生の実態について，厚生労働省「就労条件総合調査」を見ると，法定福利

図　福利厚生費用の労働費用総額に対する比率

費はこの20年間で右肩上がりに増加し，2021年調査では平均で１人１カ月当たり５万283円となった（**表1**）。これは，労働費用総額の約12％に上り，過去最高である。一方，法定外福利費は2000年代から減少傾向にある。2021年調査では，平均で１人１カ月当たり4882円と，法定福利費の10％未満，労働費用総額の１％程度である（**図**）。同様の傾向は，大企業を対象とした日本経済団体連合会「福利厚生費調査」（2019年度）でも示されている。同調査に

よると，全産業平均で従業員1人1カ月当たりの法定福利費は8万4392円，法定外福利費は2万4125円であった。現金給与総額に占める法定福利費の比率は，過去最高だった2018年度と同率の15.4％，法定外福利費の比率も変わらず4.4％だった。

福利費の変動に影響を及ぼしている要因として，少子高齢化がある。法定福利費用内訳を見ると（**表1**），2021年調査では「厚生年金保険料」の構成比が55.5％，「健康保険料・介護保険料」は34.8％と，この2項目のみで法定福利費の9割以上を占めた。少子高齢化の進展に伴い，厚生年金や健康・介護保険料の料率引き上げが続いているため，これら保険料を中心に今後も法定福利費の増大が予想される。

このように膨張する法定福利費の影響により，法定外福利費は趨勢的には減少傾向にある。法定外福利費の構成を見ると，最も多いのは住宅関連費用であり，ほぼ半分を占める状態が長年続いている。2021年調査では，住宅関連費用の構成比が51.4％，次いで医療保健費用が14.9％，食事費用が10.1％と続く。医療保健費用の構成比は年々増大傾向にあり，2006年調査では6.7％だったものが2021年調査では上述の通り14.9％となった。一方，文化・体育・娯楽に関する費用や，私的保険制度への拠出金などは，縮小・後退傾向が顕著になっている。

なお，労働政策研究・研修機構による調査が，勤務先での制度・施策の有無にかかわらず，従業員にとって「とくに必要性が高いと思う福利厚生の制度・施策」を尋ねている（**表2**）。そこでは，「人間ドック受診の補助」（21.8％），「慶弔休暇制度」（20.0％），「家賃補助や住宅手当の支給」（18.7％），「病気休暇制度（有給休暇以外）」（18.5％）などの割合が高い。ただ，企業規模による差異も大きく，たとえば「家賃補助や住宅手当の支給」について，従業員300人以上の企業では30.0％が希望しているのに対し，同30人未満では13.6％に過ぎない。また，男女別で大きな差は見られないが，女性は男性に比べ，休暇と医療保健・育児支援制度に強い関心を持っていることがわかる。

働き方改革や職場構成員の多様化に伴い，福利厚生制度の見直しが求められている。これからも働きやすい職場環境を整備しつつ，従業員の需要に応じて福利厚生施策を充実させることが重要である。　　　　●于 松平

表2　福利厚生の制度・施策で必要性が高いと思うもの（2017年）

		全 体	人間ドック受診の補助	慶弔休暇制度	家賃補助や住宅手当の支給	病気休職制度	病気休暇制度（有給休暇以外）	リフレッシュ休暇制度	有給休暇の日数の上乗せ	治療と仕事の両立支援策	慶弔見舞金制度	法定を上回る育児休業・短時間制度
従業員規模	30人未満	3,108 100.0％	609 19.6％	505 16.2％	424 13.6％	483 15.5％	485 15.6％	347 11.2％	340 10.9％	383 12.3％	329 10.6％	282 9.1％
	30〜99人	2,558 100.0％	526 20.6％	496 19.4％	465 18.2％	464 18.1％	470 18.4％	412 16.1％	391 15.3％	377 14.7％	395 15.4％	312 12.2％
	100〜299人	1,228 100.0％	304 24.8％	311 25.3％	299 24.3％	273 22.2％	266 21.7％	276 22.5％	247 20.1％	217 17.7％	225 18.3％	197 16.0％
	300人以上	859 100.0％	239 27.8％	231 26.9％	258 30.0％	208 24.2％	201 23.4％	205 23.9％	201 23.4％	168 19.6％	174 20.3％	199 23.2％
計		8,298 100.0％	1,806 21.8％	1,659 20.0％	1,555 18.7％	1,537 18.5％	1,533 18.5％	1,334 16.1％	1,264 15.2％	1,227 14.8％	1,206 14.5％	1,076 13.0％
男 性		3,648	20.2％	18.3％	19.1％	16.7％	16.2％	13.8％	12.5％	11.5％	13.3％	8.9％
女 性		4,628	23.0％	21.3％	18.6％	19.9％	20.2％	17.9％	17.4％	17.4％	15.5％	16.2％

（注）　従業員側の回答。複数回答の上位10項目。

076 健康保険財政の危機

表　主な医療保険制度の概要

	地域保険	被用者保険（職域保険）			後期高齢者医療制度
		健康保険（一般被用者保険）		特定被用者保険	
	国民健康保険（市町村国保）	全国健康保険協会管掌健康保険（協会けんぽ）	組合管掌健康保険（組合健保）	共済組合	
対象者	自営業者，非正規雇用者や無職の人とその家族など，被用者保険に加入していない国民	主として中小企業に勤めている人とその家族（旧政府管掌健康保険）	主として大企業やそのグループ企業に勤めている人とその家族	国家公務員，地方公務員，私学の教職員とその家族	75歳以上，および65〜74歳で一定の障害の状態にある旨認定を受けた人
保険者数（2019年3月末）	1,716	1	1,391	85	47
加入者数（2019年3月末）	2752万人（1768万世帯）	3940万人（被保険者2376万人　被扶養者1564万人）	2954万人（被保険者1672万人　被扶養者1282万人）	858万人（被保険者454万人　被扶養者404万人）	1772万人
加入者平均年齢（2018年度）	53.3歳	37.8歳	35.1歳	32.9歳	82.5歳
65〜74歳の割合	43.0％	7.5％	3.3％	1.4％	1.8％
加入者1人当たり医療費（2018年度）	36.8万円	18.1万円	16.0万円	15.9万円	94.2万円

　日本では，1961年に「国民皆保険制度」が成立して以来，原則としてすべての国民は何らかの公的な医療保険に加入するよう義務づけられている。公的医療保険は被用者保険（職域保険）と地域保険の2つに大別でき，被用者保険には，中小企業の被用者とその扶養家族を対象とした「全国健康保険協会管掌健康保険」（協会けんぽ）と，大企業の被用者などを対象とした「組合管掌健康保険」，公務員・私立学校教職員・船員といった特定の被用者などを対象とする「国家公務員共済組合」「地方公務員等共済組合」「私立学校職員共済制度」（総称して「共済組合」）および「船員保険」がある。これらに加入していない無職者・非正規雇用者・自営業者などは，地域保険である「国民健康保険」（市町村国保）に加入する（同種の事業・業務従事者で組織する「国民健康保険組合」に加入するケースもある）。また，2008年に老人保健制度が見直されて以降，75歳以上のすべての高齢者は「後期高齢者医療制度」に加入することとなった（**表**）。

　医療技術の高度化や少子高齢化などによって医療費は増大し，2019年度には44兆円，対GDP比約8％の水準に達した（**図**）。また経済が長期停滞し給与所得が低迷する中で保険料収

図　国民医療費の推移

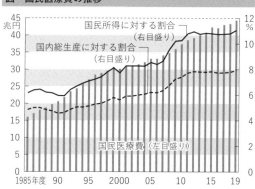

（注）介護保険制度が開始されたことに伴い，従来国民医療費の対象となっていた給付の一部が介護保険の対象へ切り替わったため，これらは2000年度以降のデータに含まれていない。

入は伸び悩み，各保険制度の持続可能性は大きく揺らいでいる。組合によっては保険料率引き上げ等の対応も進むが，高齢者医療を支える拠出金負担もあって，赤字の組合は少なくない。

　健康保険財政の健全化に向けては，制度改革や医療の効率化のみならず，健康寿命を延ばす個人の取り組みや，後発医薬品（ジェネリック医薬品）の使用促進，さらには企業の健康経営の取り組みなどによる，医療費自体の抑制も重要となる。

● 小澤 彩子

第10章　従業員の生活支援

図1 日本の年金制度の体系（数値は 2021 年 3 月末現在）

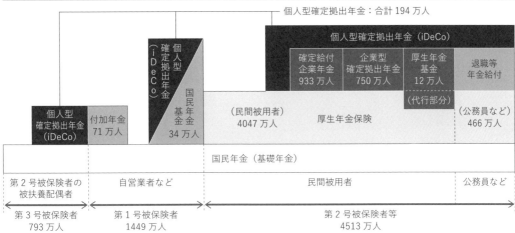

個人型確定拠出年金：合計 194 万人

	個人型確定拠出年金（iDeCo）			
	確定給付企業年金 933 万人	企業型確定拠出年金 750 万人	厚生年金基金 12 万人	退職等年金給付
個人型確定拠出年金（iDeCo）			（代行部分）	
付加年金 71 万人	国民年金基金 34 万人	（民間被用者）4047 万人 厚生年金保険		（公務員など）466 万人
		国民年金（基礎年金）		

第 2 号被保険者の被扶養配偶者	自営業者など	民間被用者	公務員など
第 3 号被保険者 793 万人	第 1 号被保険者 1449 万人	第 2 号被保険者等 4513 万人	

表 確定拠出年金と確定給付企業年金の比較

		確定拠出年金（DC）	確定給付企業年金（DB）
仕組み		あらかじめ拠出する掛金額が定められ，掛金額とその運用収益との合計額をもとに個人別年金給付額が確定する仕組み	あらかじめ年金給付の算定方法が定められ，給付額が決まっている
実施主体	企業型	事業主	企業年金基金または事業主
	個人型（iDeCo）	国民年金基金連合会	
掛金	企業型	事業主拠出（「マッチング拠出」を規約に定めた場合は加入者も拠出可能）	原則事業主拠出（加入者が同意した場合は加入者拠出が可能）
	個人型（iDeCo）	本人拠出（「iDeCo＋」を利用する場合は事業主も拠出可能）	
資産の管理・運用		資産は個人別に管理され，加入者個人が運用する	制度実施者（企業等）がまとめて運用管理を行う
税制	拠出時	非課税	非課税（加入者拠出は実質課税〔生命保険料控除〕）
	運用時	・運用益：運用中は非課税 ・積立金：特別法人税課税（現在，課税は停止）	・積立金：特別法人税課税（現在，課税は停止）
	給付時	・年金として受給：公的年金等控除 ・一時金として受給：退職所得控除	・年金として受給：公的年金等控除 ・一時金として受給：退職所得控除 ＊加入者拠出相当分は非課税

確定拠出年金（defined contribution plan：DC）とは，拠出された掛金とその運用収益との合計額をもとに，将来の給付額が決定する年金制度である。従業員の老後の所得確保を図るための制度として，確定拠出年金法により 2001 年に創設された。それから 20 年余が経過し，現在 DC の加入者は労働人口の約 10 ％に達している。

日本の年金制度は 3 つの階層からなる（**図1**）。1 階部分と 2 階部分は公的年金で，すべての国民に加入が義務づけられている国民年金（基礎年金）が 1 階，会社員や公務員が加入する厚生年金保険が 2 階に積み上がる。その上の 3 階部分には，企業が独自に設定する企業年金や，個人が任意で加入する私的年金が上乗せされる。DC は，3 階に位置する私的年金の 1 つとして加わった，最も新しい年金制度である。

2001 年までの企業年金は，将来の給付額をあらかじめ定めておく確定給付企業年金（defined benefit plan：DB）であった。DB は，年金の掛金として積み立てた金額が一定の利率で増えていくことを想定して将来の給付額を約束する年金制度である。資産の運用は企業が行い，実際の金利が予定利回りを下回る場合は，企業がその差額を補塡する義務がある。1990 年代初めのバブル崩壊とその後の不況によって，

DBを有する企業の多くが年金資金の積み立て不足に苦しむこととなり，DBの存続が危ぶまれる事態となった。こうした問題を打破すべく，新たな年金制度としてDCは創設された。

DCは公的年金や従来の企業年金と異なり，資産は加入者個人ごとに管理され，その運用は個々の加入者自身が行う。DCには，掛金を事業主が拠出する企業型DCと，加入者自身が拠出する個人型DC（愛称：iDeCo〔イデコ〕）の2種類がある。企業型DCは企業が独自に設定する企業年金に位置づけられ，個人型DCは65歳未満の国民年金加入者を対象に公的年金の上乗せ給付が受けられる任意加入の私的年金制度の1つとなっている。

DCの最大の利点は税制上の優遇措置にある。掛金の拠出（損金参入，所得控除），運用（運用益非課税），受給（退職所得，公的年金等控除）時の3段階において税制優遇が適用され，他の金融商品に比べて税制面で恵まれており，効率的に老後資金を準備することのできる制度となっている。

ただ，こうした利点があるにもかかわらず，普及への足どりは鈍かった。**図2**で確認すると，企業型DCはDBなど従来型の企業年金の移行先として順調に導入件数が増え，それに伴って企業型DC加入者数も順調に増えている。一方，個人型DCの加入者数は，長い間伸び悩んだ。その原因として，60歳まで資産を現金化できないこと，掛金のほかに手数料が必要となること，資産の運用リスクを個人が負うことなどがあげられる。

企業型DCにおいても，企業年金の資産運用リスクを従業員に転嫁することに対する強い懸念があった。そのため，企業型DCの導入企業では事業主による投資教育の継続実施が努力義務となっている。加入対象の従業員は，投資教育において退職後のライフプランを想定したDCの活用方法や資産運用に関する知識を習得することができる。

図3では，過去20年間の老後必要資金の平均額と標準的な年金額を示している。会社員における平均的な公的年金の支給額は22.1万円

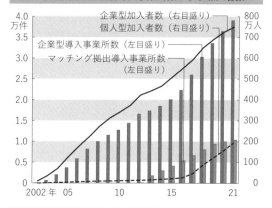

図2 確定拠出年金制度導入事業所数および加入者数

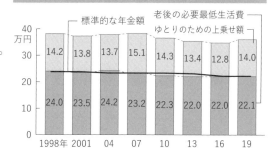

図3 夫婦2人の老後必要資金平均額と標準年金額

（2019年度）である。「令和元年度 生活保障に関する調査」によると，夫婦2人の老後生活に最低限必要とされる金額は平均で約23万円，ゆとりある老後生活のための上乗せ額は平均で約14万円に上る。公的年金だけではゆとりある老後生活の実現は難しく，現役時代から老後に向けたライフプランを検討し，老後資金を準備することが重要となってくる。DCへの加入は，原則60歳をゴールとした資産運用を通じて加入者自身がライフプランを主体的に検討するきっかけとなり，老後の資産形成について自助努力を促す役割を担っている。

数回にわたる法改正を経て，DCの利便性は格段に改善された。企業型DCと個人型DCの双方への加入が可能となった（2017年施行）ほか，企業型DCで加入者が掛金を上乗せできる「マッチング拠出」（2012年施行）や，中小企業で個人型DCに事業主が掛金を追加拠出できる「iDeCo＋」（イデコプラス，2018年施行）など，事業主が従業員の老後資金確保を後押しする仕組みが拡充され，今後はよりいっそうの活用が期待される。

●平本 奈央子

公的年金改革と高齢者雇用

表　66歳以上まで働ける制度のある企業の状況

（単位：％）

年次, 企業規模	報告した全企業	社数	66歳以上まで働ける・計	70歳以上まで働ける	定年制廃止	66歳以上定年	70歳以上	66歳以上継続雇用 希望者全員	基準該当者	その他	70歳以上継続雇用 希望者全員	基準該当者	その他
2019年・31人以上計	100.0	161,378	30.8	28.9	2.7	2.2	1.3	6.8	10.3	8.8	6.5	9.9	8.6
31〜300人	100.0	144,571	31.4	29.6	2.9	2.4	1.5	7.3	10.3	8.5	6.9	10.0	8.3
301人以上	100.0	16,807	25.3	23.3	0.5	0.6	0.4	3.1	9.7	11.4	2.7	8.8	10.8
2020年・31人以上計	100.0	164,151	33.4	31.5	2.7	2.4	1.5	7.5	10.9	9.8	7.1	10.5	9.6
31〜300人	100.0	147,081	34.0	32.0	3.0	2.6	1.6	8.0	10.9	9.5	7.6	10.6	9.3
301人以上	100.0	17,070	28.2	26.1	0.6	0.6	0.4	3.6	10.8	12.7	3.2	9.9	12.0
2021年・31人以上計	100.0	174,257	37.5	35.7	3.1	2.7	1.7	8.8	11.7	11.3	8.4	11.3	11.3
31〜300人	100.0	157,290	37.8	36.1	3.3	2.9	1.8	9.2	11.5	10.9	8.8	11.2	10.9
301人以上	100.0	16,967	34.1	32.1	0.6	0.7	0.5	4.5	13.3	15.0	4.1	12.5	14.4
2021年・21人以上計	100.0	232,059	38.3	36.6	4.0	2.9	1.9	9.3	11.1	11.1	8.9	10.8	11.1

　公的年金制度改革の背景には，少子高齢化に伴う現役世代の社会保障費負担の増大がある。給付と負担のバランスをとるために，公的年金の受給開始年齢の引き上げと高齢者雇用の推進がセットでなされてきた。

　公的年金の受給の有無は，高齢者（55歳以上）の就労決定を大きく左右する。公的年金は，高齢者世帯（65歳以上）の平均所得の60％以上を占める（「2019年 国民生活基礎調査」）。

　公的年金の受給開始時期の引き上げに伴い，継続雇用の義務化など，高齢者雇用が促進されてきた。2012年の高年齢者雇用安定法（以下，高年法）改正により65歳までの雇用が義務化され，これに伴って老齢基礎年金（報酬比例部分）の受給開始が延期された。これは，公的年金の受給開始年齢の引き上げに伴い60代前半層の希望者全員が継続雇用の対象になるように設計されたもので，定年後の社員に無年金・無収入の状態（空白期間）が生じないようにすることが改正の主眼であった。この改正により，定年における雇用終了機能は消失したといえる。

　さらに2020年には，高年法改正と年金制度改正法により，70歳までの就労を促進する環境整備が図られ，企業に下記5つの施策のいずれかを努力義務として課すことになった。すなわち，①70歳までの定年引き上げ，②定年制の廃止，③70歳までの継続雇用制度の導入，④70歳まで継続的に業務委託契約を締結する制度の導入，⑤70歳まで継続的に社会貢献事業に従事する制度の導入である。とりわけ④で，60代後半層に業務委託，つまり個人事業主としての働き方を提示している点に着目できる。これは，平均寿命そして健康寿命も長期化する中で，就労意欲のある高齢者に雇用という働き方に限らず長く働ける選択肢を増やすものである。

　このように，公的年金の受給時期を先に延ばし，かつ公的年金の受給開始までは働ける環境を整備するというのが政府の方針になっている。「令和3年 高年齢者雇用状況等報告」によると，65歳までの高年齢者雇用確保措置のある企業は99.7％，65歳定年企業は21.1％に上る。また，66歳以上も働ける制度のある企業は38.3％，同70歳以上も36.6％あり，66歳以降も働ける環境整備は年々進んでいる（表）。

　また，公的年金の受給時期を65歳から75歳までの間で柔軟に選択できる制度改革もなされている。受給開始時期を65歳より遅くすると受給額が1カ月につき0.7％増額される制度で，高齢者の就労意欲を促進するインセンティブとなることが期待されている。

　高年法と年金制度法の度重なる改正により高齢者の就労が促進されたことは，現役世代の社会保障費負担の軽減につながる可能性がある。一方で，高年法は世界でも稀な高齢者（60歳前半層）の雇用義務を強制する法規であり，高齢者雇用と若年者雇用の置換効果（高齢者雇用が若年者雇用を阻害する可能性）に対しても政策的な配慮が求められよう。　●岸田 泰則

079 介護支援の広まり

表 国の介護支援に関する制度の概要

介護休業	要介護状態にある対象家族1人につき通算93日まで，3回を上限として分割して休業を取得できる。有期契約労働者も要件を満たせば取得可能である
介護休暇	通院の付き添い，介護サービスに必要な手続きなどを行うために，年5日（対象家族が2人以上の場合は年10日）まで1日または時間単位で休暇を取得できる
所定外労働・時間外労働時間・深夜業の制限	介護が終了するまで，残業や，1カ月24時間，1年150時間を超える時間外労働，午後10時から午前5時までの労働を制限することができる
所定労働時間短縮等の措置	事業主は，利用開始の日から3年以上の期間で，2回以上利用可能な措置（短時間勤務制度，フレックスタイム制度，時差出勤の制度，介護費用の助成措置のいずれか）を講じなければならない。労働者は措置された制度を利用することができる

図 企業の仕事と介護の両立支援を目的とした取り組みの状況

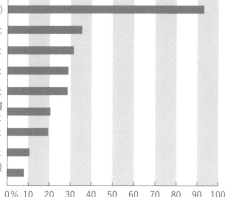

- 介護休業や介護休暇等の法定の制度を整えること（就業規則への明記など）
- 介護に直面した従業員を対象に仕事と介護の両立に関する情報提供を行うこと
- 介護に関する相談窓口や相談担当者を設けること
- 制度を利用しやすい職場づくりを行うこと
- 法定以外の制度等，介護との両立のための働き方に関する取り組みを充実させること
- 介護に直面しているか否かを問わず，全従業員あるいは一定の年齢層以上の従業員に対して仕事と介護の両立に関する情報提供を行うこと
- 従業員の仕事と介護の両立に関する実態把握やニーズ把握を行うこと
- 管理職に対し，仕事と介護の両立に関する理解を深める研修を行うこと
- 介護の課題のある従業員に対して，会社独自で経済的な支援を行うこと（所得補償や介護サービスの利用料の補助など）

（注）「すでに，取り組んでいるもの」と「直近1年間に強化もしくは新たに取り組んだもの」の割合の合計。

高齢化による在宅介護の増加に伴い，介護を担う従業員が増加している。「平成24年 就業構造基本調査」および平成29年の同調査によると，介護を担う従業員数は，2012年に約240万人だったが，2017年には約300万人と増加傾向にあり，とりわけ中高年女性の割合が比較的高い。それに伴って，介護を担う従業員の介護離職が，企業の経営課題の1つになっている。

そのような状況を反映して，国や企業の介護支援が拡大している。国の介護支援は，介護休業が法制化された1995年の育児・介護休業法の改正に始まった。その後も，長期休職せず働きながら介護を担えるように，介護休暇の制定，所定外労働や時間外労働時間，深夜業の制限，所定労働時間短縮等の措置のほか（**表**），介護休業の分割取得や介護休暇の半日単位取得が可能となるなどの介護支援が，段階的に拡充されてきた。一方，企業の介護支援に関しては，法定の制度整備は済んでいるものの，仕事と介護の両立に関する情報提供やニーズの把握，経済的支援などの取り組みは，一部にとどまっている（**図**）。佐藤博樹と矢島洋子，また池田心豪によれば，今後は上司による部下とのコミュニケーションや業務調整などのサポートが，職場における有効な両立支援になると考えられる。

介護支援の主体は国や企業に限らない。「令和元年度 仕事と介護の両立等に関する実態把握のための調査」によれば，最も助けられた介護の相談相手として，「家族・親族」「ケアマネジャー」という回答が多く，要介護者や介護を担う従業員の近くに寄り添う家族・親族や，ケアマネジャーからのサポートも重要である。近年は，企業内で両立支援を行うケアマネジャー（ワークサポートケアマネジャー）の導入も期待されている。今後，介護を担う従業員は，さらなる増加が見込まれるため，それら当人と，国，企業，家族・親族，ケアマネジャーが一体となった介護支援が必要となろう。　●大平 剛士

080 労働ストレスとメンタルヘルス

仕事や職業生活をめぐって不安，ストレス，悩みを抱える労働者の割合は，近年も依然として高い。厚生労働省「労働安全衛生調査」によれば，職業生活において強いストレスを感じている労働者の割合は，1997年以降継続的に5割を超え，横ばい状態が続いている。ストレスの内容は，主に仕事の量や質，職場の対人関係などに起因したものである（図1）。R.C.ケスラーらによって開発され，こころの健康状態（以下，メンタルヘルス）を示す指標として広く利用されている「K6スコア」が5点以上，すなわち何らかの不調を抱えているとされる労働者も少なくない（図2）。

このような現状を踏まえ，労働者のメンタルヘルスを良好な状態に保つことが強く求められている。厚生労働省は，労働災害防止計画の重点施策の1つとして「労働者の心の健康の保持増進のための指針」（メンタルヘルス指針：2006年3月策定，2015年11月30日改正）を定め，労働安全衛生水準の向上に努めるよう働きかけている。また，労働安全衛生法の改正に伴い，2015年12月以降，労働者が50人以上所属する事業所では年1回のストレスチェック制度の実施が義務づけられた。

これらの政策に基づき，メンタルヘルス対策を講じる事業所は着実に増えてきている。厚生労働省が2002年に実施した「労働者健康状況調査」では，「メンタルヘルスケアに取り組んでいる」と回答した事業所は23.5％であったが，2021年の「労働安全衛生調査」では59.2％にまで増加した。ストレスチェックを通じた不調の早期発見が中心ではあるものの，事業所内相談制度の整備（50.2％）や，産業保健スタッフによる保健指導（35.5％），当該労働者への配慮の実施（50.2％）など，メンタルヘルスの不調を未然に防止し，重症化させないための取り組みも徐々に実施されつつある。

一方で，過去1年間のうちにメンタルヘルスの不調による長期休業者や退職者がいた事業所も，1割近く存在する。メンタルヘルス不調の

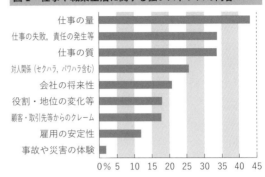

図1 仕事や職業生活に関する強いストレスの内容

（注）複数回答3つまで。

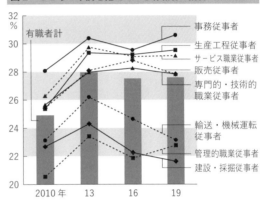

図2 こころの不調を抱えている有職者の割合（職業別）

（注）K6スコア5点以上。なお，同スコアの調査においては，「絶望的だと感じましたか」など過去1カ月間のこころの状態を問う6項目について，「まったくない」～「いつも」の5件法（0～4）で尋ねる。一般的に，カットオフ値として6項目の合計得点が5点以上の場合，何らかのこころの不調を抱えている状態とされる。

防止や早期発見に加え，不調を訴えた労働者の職場復帰支援までが円滑に行われるよう，継続的な取り組みが必要だろう。

最後に，健康経営の観点から労働者のウェルビーイングを高めることの重要性が指摘されて久しい。労働者のメンタルヘルス不調を緩和するという目的のためだけでなく，労働者がいきいきと働ける環境をいかに整備すればよいかという点にも，同様に取り組んでいく必要がある。

● Shin Hayoung

表　ハラスメントの定義と関係法令

	パワーハラスメント	セクシュアルハラスメント	妊娠・出産・育児休業等に関する ハラスメント
定義	職場において行われる①優越的な関係を背景とした言動であって，②業務上必要かつ相当な範囲を超えたものにより，③労働者の就業環境が害されるものであり，①から③までの要素をすべて満たすものをいう	職場において行われる性的な言動に対する労働者の対応により当該労働者がその労働条件につき不利益を受けるもの（対価型セクシュアルハラスメント）と，当該性的な言動により労働者の就業環境が害されるもの（環境型セクシュアルハラスメント）がある	職場において行われる上司・同僚からの言動（妊娠・出産したこと，育児休業，介護休業等の利用に関する言動）により，妊娠・出産した「女性労働者」や育児休業・介護休業等を申出・取得した「男女労働者」の就業環境が害されること
法律	労働施策総合推進法	男女雇用機会均等法	・男女雇用機会均等法 ・育児・介護休業法
指針	事業主が職場における優越的な関係を背景とした言動に起因する問題に関して雇用管理上講ずべき措置等についての指針	事業主が職場における性的な言動に起因する問題に関して雇用管理上講ずべき措置等についての指針	・事業主が職場における妊娠，出産等に関する言動に起因する問題に関して雇用管理上講ずべき措置等についての指針 ・子の養育または家族の介護を行い，または行うこととなる労働者の職業生活と家庭生活との両立が図られるようにするために事業主が講ずべき措置等に関する指針

　ハラスメント対策に関する法整備がなされ，2020年より企業でのハラスメント防止対応が義務づけられている。各種法令（**表**）により，職場におけるパワーハラスメント，セクシュアルハラスメント，妊娠・出産・育児休業等に関するハラスメントが定義づけられ，各指針には事業主が講ずべき措置の具体的なポイントが示されている。

　実際にハラスメントに該当するかどうかの判断は難しく，必ずしも被害者の主観のみによって決まらない点に注意が必要である。パワーハラスメントの場合，当該言動の目的・内容・程度・労働者の感じ方など，さまざまな要素を総合的に考慮する必要がある。客観的に見て，業務上必要かつ相当な範囲で行われる適正な業務指示や指導については，パワーハラスメントに該当しないとされる。

　企業に求められる対応措置として，「事業主の方針の明確化およびその周知・啓発」「相談（苦情を含む）に応じ，適切に対応するために必要な体制の整備」「職場におけるハラスメントへの事後の迅速かつ適切な対応」「併せて講ずべき措置（プライバシー保護，不利益取扱いの禁止等）」などが義務づけられている。厚生労働省

図　ハラスメントを受けた経験割合（2020年）

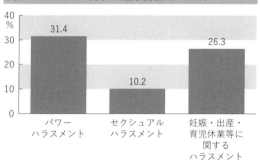

（注）　パワーハラスメントとセクシュアルハラスメントについては，男女労働者8000人を対象とし，過去3年間に当該ハラスメントを一度以上経験した割合。妊娠・出産・育児休業等に関するハラスメントについては，就業中に妊娠／出産した女性労働者1000人を対象とし，過去5年間に当該ハラスメントを経験した割合。

の調査（**図**）によれば，現状，約3人に1人がパワーハラスメント被害を経験していると報告しており，ハラスメントを経験しやすい職場の特徴には，「防止規定が制定されていない」「コミュニケーションが少ない」などがあげられる。ハラスメントは個人の尊厳や人格を不当に傷つけるとともに，人権侵害にかかわる許されない行為である。職場における重大な問題の発生を未然に防ぐためにも，事業者と労働者が一体となって対策を進める必要がある。　●羽生　琢哉

第 **11** 章

労 使 関 係

082 労使関係と労働組合

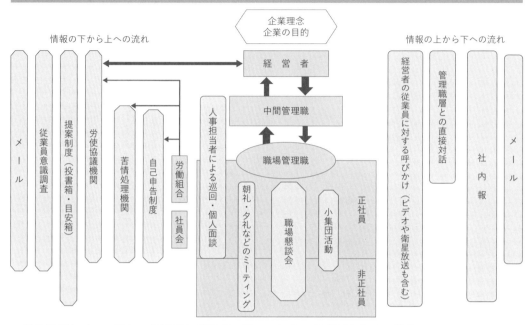

図 労使コミュニケーション

* 図表の出所は巻末参考文献参照（以下同様）。

労使関係とは，一般に，使用者と労働者の間に生じる利害対立を調整・解消する過程をいい，個別的労使関係と集団的労使関係から構成される。うち後者が，労働者の集団的な発言機構（多くは労働組合）と経営側との関係で，通常，労使関係として取り上げられる領域である。具体的には，団体交渉や労使協議制など，労使間の情報交換や交渉および決定の過程を指す。この集団的労使関係と，使用者と個々の労働者との関係である個別的労使関係は，相互に関係するとともに独立している。集団的労使関係によって形成されたルールは，個別的労使関係を律するが，そのすべてを包括することはできない。

各国の労使関係は，それぞれの国の企業や労働組合の性格（イデオロギー，政策など）によって多様な形態をとる。労使関係が形成されるレベルは，国，地域，産業，企業，事業所，職場などがあるが，日本では企業内労使関係が中心であり，それに対する産業別・地域別などの外部組織の直接的な統制や介入は相対的に弱い。

使用者と労働者の間に生じる利害対立を調整・解消するには，企業の方針や職場の問題を労使で共有する場や，それらをめぐる労使の話し合いが必要となる。労使のコミュニケーションを充実させることで，放っておくと伝わりにくい情報がさまざまなルートをたどって使用者に伝達され，従業員の本当の意図や気持ちを伝えることを可能とする。労使のコミュニケーションは，企業内の多様なレベルにおいて，多様な方法で存在する（図）。それらのルートには，組織の上から下への流れだけでなく，下から上への情報の流れもある。また，必要な情報を横に広げていくルートも存在する。

労使のコミュニケーションの枠組みは，大きく3つの部分からなっている。第一に，企業の理念や経営者の考えを従業員に伝える部分であり，①全社集会，ビデオ，社内放送などによる経営者から従業員への直接の訴えかけ，②管理職層との直接対話，③社内報など印刷物による情報伝達，④社内のイントラネットを通じたメールによるメッセージ伝達，が実際にとられている方法である。第2に，職場内のコミュニケーションがある。職場内では，毎日の朝礼や夕礼といった公式・非公式のミーティングや，職場懇談会などを通じて，労使のコミュニケーションがとられている。これらの情報交換活動は，

第11章　労使関係

しばしば非正社員の人たちも含めて行われる。第3に，現場で起こっていることを直接経営の上層部に伝えるルートとして，いくつかの仕組みが用意されている。経営者に直接情報を伝えるという意味では，労使協議制，提案制度（投書箱，目安箱），メール等がある。そのほかにも，経営者をはじめとした上層部に従業員の意見を伝えるルートとして，苦情処理機関や自己申告制度がある。苦情処理機関に上がってくる案件を見れば，従業員がどういうところに不満を持っているのか，職場で何が問題になっているのかを知ることができる。自己申告制度は，従業員の前向きな気持ちを知る手段になる。また，人事担当者による巡回・個人面談も，従業員の気持ちを知るルートになっている。

さまざまな労使間のコミュニケーション方法がある中で，従業員全体の意見をとりまとめ，企業側に伝える組織として，労働組合や従業員組織（親睦会や会社会）がある。中でも，従業員側の発言機構として，法的にも保障された，とくに強い権限を有するのが労働組合である。労働組合とは，労働者が自らの仕事や暮らしの質や条件を維持・改善することを目的として自主的に組織した民主的な団体である。資本主義経済のもとでは，労働者は労働力というサービスを市場で提供することによって生計費を賄わざるをえない。しかし，彼／彼女らは生産手段から切り離されているために，単独で企業と渡り合うのは困難である。「交渉上の地歩」を高め，個人で交渉するよりも多くの成果を引き出すには，労働組合の結成が有効な方法となる。つまり労働者は，労働組合を結成して使用者側と交渉することで，個人で交渉するよりも多くの成果を引き出せる可能性が高まる。

では，労働組合はどのような活動をしているのか。その活動は多様であるが，代表的な活動として次の3つがあげられる。第1に，使用者との協議・交渉である。代表的な制度として団体交渉や労使協議制がある。その中では，実に幅広い事柄が議論・交渉されている。雇用の条件にとどまらず，人材育成や未組織労働者（多くの場合，非正規）の雇用，さらには経営の方針，

計画などといった経営側の専権事項等，一般的には労働組合が直接関与しない事項についても，議題として取り上げられることが少なくない。

第2に，政策にかかわる活動である。労働組合の活動の幅は，企業内にとどまらない。雇用の安定，労働条件の維持向上と相互扶助の充実による働く者の経済的・社会的地位の向上を主な目的とし，目的達成へ向けて，労働組合以外の政府・経済団体・NPOなどとの社会対話や政治行動に取り組んでいる。たとえば，労働組合全国組織（ナショナル・センター）の1つである連合（日本労働組合総連合会）は，社会保障制度・教育制度・税制など，国や地方自治体のもとで設計・運用される諸制度の仕組みや運用の改善を求める運動を展開している。また，中央・地方で開催される労働法制・税制・社会保障に関する審議会（分科会，部会）に委員として参加し，労働側の意見反映に努めている。

第3に，地域活動である。労働組合は地域社会と連携し，災害復旧支援や難病支援の募金活動，地域でのボランティア活動など，地域活動にも取り組んでいる。

近年，労働組合の組織率の低下や，組合員のニーズの多様化により，労働組合の影響力低下が指摘されている。「集団」的だった従業員の利益が「個別」化している結果，今後は「個別的労使紛争」がより頻繁に発生すると予想される。たとえば，上司と部下との交渉で賃金が決められるシステムは，一見納得性が高いようでいて，「上司が部下の能力を過小評価する」「部下が意図的に低い目標を設定して高い成果を上げようとする」といった危険性をはらんでいる。個別的労使紛争を処理する選択肢としては，第1に，企業の中に人事部門・ライン管理職・労働組合などからなる紛争処理機関をつくることがあげられる。第2に，企業外の個別的労使紛争を取り扱う専門機関を利用することがあげられる。現在，国の地方労働局においては，個別労使紛争解決促進制度が運用されている。また，都道府県によっては，個別労働関係の紛争に関する相談・あっせんが，集団的労使関係を担当する労働委員会で行われている。●渡部 あさみ

図1　日本の産業別労働組合の組織事例

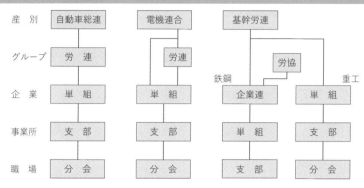

図2　組合役員としての継続意思

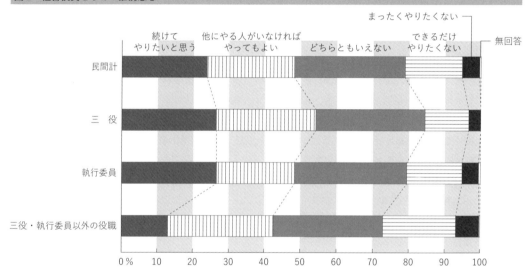

　労働組合の組織形態には，どのような特徴が見られるだろうか。同一産業に属する労働者を横断的に組織した産業別労働組合や，同一職種の労働者を横断的に組織した職種別労働組合，あるいは特定地域の労働者を組織した合同労組，コミュニティ・ユニオン，個人加盟ユニオンなど，さまざまな組織形態があるが，日本では企業を単位にした企業別労働組合（以下，企業別組合）が圧倒的に多い。また産業別労働組合と企業別組合の間の中間組織として，複数の企業別組合が集まって「グループ労連」が形成されることも少なくない（**図1**）。

　企業別組合は，特定の企業ないしはその事業所を組織単位とし，ブルーカラーかホワイトカラーかを問わず，原則として当該企業の正社員が組合員の中心をなす。組合の役員は，労働組合の運営・活動に専念する専従役員と，従業員としての勤務のかたわら組合業務にも携わる非専従役員から構成され，当該企業の従業員から選ばれた企業在籍役員がほとんどを占める。

　一般組合員がはじめて組合の業務に携わるきっかけや組合役員を引き受ける主な理由は「組合役員に勧められて」や「順番で」が多い。組合役員の継続については続けてやりたいと思う積極層は2割強にとどまり，三役・執行委員以外の役職ほど消極的である（**図2**）。近年では，仕事と組合活動，そして生活時間とのバランスをとることの難しさから，役員層の担い手の確

保に苦労する組合が少なくない。

　企業別組合の役員を務めた後のキャリアについて見ると，組合委員長ではほとんどの者が仕事に復帰し，管理職ないしは会社の役員になる者も少なくない。一方，企業別組合の役員任期終了後に産別など上部組織に進む者は非常に少ない。日本のユニオン・リーダーの多くは職業生涯の一時期だけ組合活動にかかわり，リーダーを退任した後は企業に復帰するという特徴が指摘できる。

　ところで，ある企業に雇用されることと，その企業の組合に加入することとの間に，どのような関係性があるかを整理する概念として，「ショップ制」という見方がある。日本の場合，ショップ制の代表的な形態として，次の2つをあげることができる。第1は，従業員の身分と組合員としての資格の有無とが関係ない，オープン・ショップである。第2は，組合員であることは雇用の前提ではないが，その後に従業員としての身分を維持するには組合員でなければならないとする，ユニオン・ショップである。

　日本の現状では，ユニオン・ショップを採用する企業が，企業規模計で7割弱と多くなっている（表1）。ユニオン・ショップの場合，組合を離れたり除名された労働者は本来，使用者によって解雇される必要がある。このようにユニオン・ショップ制が厳格に運用されている場合を「完全ユニオン」という。しかし，ユニオン・ショップが謳われているにもかかわらず，組合離脱者の取り扱いについて労使協議の対象とする場合（これを「尻抜けユニオン」という）や，そもそも何も規定していないような場合（これを「宣言ユニオン」という）が，実際には少なくない。また，ユニオン・ショップ制がとら

表1　ユニオン・ショップ協定の有無

（単位：％）

	計	ユニオン・ショップを締結している	ユニオン・ショップを締結していない	不明
企業規模計	100.0	66.2	32.5	1.3
5000 人以上	100.0	69.6	30.0	0.5
1000〜4999 人	100.0	76.9	21.8	1.2
500〜999 人	100.0	69.4	28.8	1.8
300〜499 人	100.0	57.8	39.4	2.9
100〜299 人	100.0	60.1	38.1	1.8
30〜99 人	100.0	53.7	45.9	0.4

れる場合には，「逆締め付け条項」によって組合員が正社員に限定されていることも多く，近年増加が著しい非正社員の組合加入を妨げる要因となっている。

　組合員の範囲について見ると，労働組合法第2条1項は，「使用者の利益を代表する者」が組合に加入することを禁止している。それは同法が「労働者が主体となつて自主的に労働条件の維持改善その他経済的地位の向上を図ることを主たる目的と」する組織こそが，労働組合であると規定するからである。ただ，誰が使用者の利益を代表するかは，本来，個々の従業員について検討されることが望ましい。

　しかし実際には，役職や職能資格等によって一律に組合員の範囲を決めている企業も少なくない。「名ばかり管理職」という言葉が示唆するように，非組合員が「使用者の利益を代表する者」であるとは限らないのが実態である。**表2**の通り，実際には係長クラスの33.1 %，課長クラス以上の10.6 %が組合員となっているのは，以上のような事情が関係している。

● 西村　健

表2　労働組合への加入状況別労働者割合

（単位：％）

区　分		計	企業内に労働組合がある	加入している	加入資格があるが加入していない	加入資格がない	労働組合がない	不明
役職	課長クラス以上	100.0	40.5	10.6	5.9	24.0	59.3	0.3
	係長クラス	100.0	45.2	33.1	8.3	3.8	52.8	2.0
	役職なし	100.0	39.7	29.3	5.0	5.4	58.7	1.6

労働組合の組織形態

労働組合組織率の推移

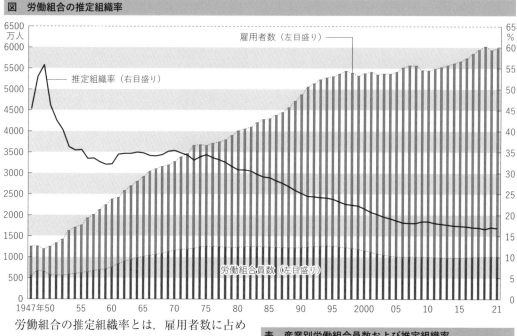

表　産業別労働組合員数および推定組織率

産　業	労働組合員数(千人)	対前年差(千人)	対前年比(%)	雇用者数(万人)	推定組織率(%)
総　計	10,011	− 33	− 0.3	5980	16.7
農業，林業，漁業	11	0	− 1.2	62	1.7
鉱業，採石業，砂利採取業	5	0	0.5	2	26.4
建設業	841	4	0.5	382	22.0
製造業	2,670	− 4	− 0.2	1017	26.2
電気・ガス・熱供給・水道業	159	− 4	− 2.3	31	51.4
情報通信業	339	− 4	− 1.2	242	14.0
運輸業，郵便業	844	− 4	− 0.4	338	25.0
卸売業，小売業	1,522	28	1.9	992	15.3
金融業，保険業	744	− 4	− 0.5	164	45.4
不動産業，物品賃貸業	36	2	5.6	120	3.0
学術研究,専門·技術サービス業	143	− 1	− 0.9	201	7.1
宿泊業，飲食サービス業	327	− 3	− 1.0	329	9.9
生活関連サービス業，娯楽業	118	− 9	− 6.8	164	7.2
教育，学習支援業	440	− 13	− 2.8	310	14.2
医療，福祉	511	− 2	− 0.4	832	6.1
複合サービス事業	258	− 4	− 1.7	50	51.6
サービス業(他に分類されないもの)	196	3	1.5	421	4.7
公務(他に分類されるものを除く)	788	− 16	− 2.0	256	30.8
分類不能の産業	61	− 2	− 2.8	70	−

　労働組合の推定組織率とは，雇用者数に占める労働組合員数の割合のことであり，1949年の55.8％をピークに，長期低下傾向にある。2021年の推定組織率は16.9％であり，ピーク時よりも40％近く低下した。ただし，2010年代以降，ほぼ横ばい傾向にある（**図**）。

　ところで，日本ではユニオン・ショップ制をとる企業が多く（▶**083**），企業に雇用されることは事実上，企業別組合に加入することを意味する。このように労働組合にとって好都合な仕組みがあるにもかかわらず，なぜ推定組織率は長期低下傾向にあるのだろうか。

　その要因については多くの分析がなされてきたが，要点として次の3点を指摘できる。

　第1に，産業構造の変化である。すなわち，組織率の低い第三次産業で働く労働者が増加している。「卸売業・小売業」のように組織化を進めている産業もあるが，「医療，福祉」（6.1％），「宿泊業，飲食サービス業」（9.9％），「学術研究，専門・技術サービス業」（7.1％）に見られるように，第三次産業には組織率の低い産業が多い（**表**）。

　第2に，雇用の構造の変化があげられる。パートタイマーや派遣社員など企業別組合が組織化の対象としてこなかった就業形態の労働者が増加したことも，組織率低下の要因の1つになっている。

　第3に，社員の高齢化や高学歴化などによって，非組合員である管理職（管理職相当職も含む）が増加したことも，組織率の低下に影響を与えている。

●岸田　泰則

表1　組織拡大の取り組み対象として，とくに重視する労働者の種類別・労働組合の割合

（単位：％）

| | | 重点課題として取り組んでいる・計 | 取り組み対象として，とくに重視する労働者の種類 | | | | | | |
			在籍する組合未加入の正社員	新卒・中途採用の正社員	パートタイム労働者	有期契約労働者	嘱託労働者	派遣労働者	不明
	計	100.0	22.6	41.5	13.6	9.6	10.7	0.6	1.3
ユニオン・ショップ協定の有無	締結している	100.0	13.4	27.5	20.3	15.1	20.8	1.3	1.5
	締結していない	100.0	31.4	54.9	7.3	4.3	1.0	—	1.1

表2　非正規労働者の組合加入資格の有無と組合員の有無

（単位：％）

区　分		組合加入資格がある（注）	組合員がいる	組合員がいない	組合加入資格がない
パートタイム労働者	2021 年	37.3	30.0	6.8	62.2
	2018 年	35.6	28.6	6.8	64.2
有期契約労働者	2021 年	41.5	32.9	7.8	57.9
	2018 年	39.9	31.1	8.2	59.7
嘱託労働者	2021 年	39.6	29.9	8.7	60.0
	2018 年	35.6	29.2	5.9	63.9

（注）　組合員の有無不明も含む。

　現状の組織率に鑑みると，正社員と非正社員の双方に対して，組合は組織化を進めていく必要がある。そこで本項では，組織拡大に関する取り組み状況について見ていくことにしよう。まず，ユニオン・ショップ協定（ユ・シ協定）の有無別に，組織化の対象としてとくに重視している労働者を確認すると，正社員の組織化に重点的に取り組むべきだと考えている組合は，ユ・シ協定を締結していない組合に多い。一方，締結している組合は，正社員以外の労働者の組織化にも重点的に取り組むべきだと考えている傾向がある（表1）。このように，ユ・シ協定の有無によって，組織拡大の方針には違いが見られる。

　以上から，正社員の中で非組合員が増加していることへの対応としては，ユ・シ協定のない企業における正社員の組織化が重要と考えられる。

　これに加えて，ユ・シ協定を締結している組合も含めて，非正社員の増大に対応していく必要がある。「労働組合基礎調査」に基づいて，正社員以外の組織化状況を確認すると，非正社員の大半を占めるパートタイマーのうち労働組合に加入している者は，2000 年の 25 万 9860人から 2021 年には 136 万 3364 人に増加した。

　表2 は，事業所に該当する非正社員がいる労働組合における，非正社員の組織化への取り組み状況を示したものである。3 分の 1 近くの労働組合がパートタイム労働者，有期契約労働者，嘱託労働者の組織化に取り組んでいる。これについてさらに，業種別の特徴を確認すると，①パートタイム労働者に関しては「医療，福祉」「複合サービス事業」「卸売業，小売業」「宿泊業，飲食サービス業」などで，②有期契約労働者に関しては「宿泊業，飲食サービス業」「金融業，保険業」「複合サービス事業」「医療，福祉」などで，③嘱託労働者に関しては「教育，学習支援業」「医療，福祉」「電気・ガス・熱供給・水道業」「運輸業，郵便業」などで，組織化に取り組んでいる労働組合が多くなっている。

　中村圭介によれば，組合が非正社員の組織化に乗り出すきっかけとしては，①経営の先行きに対する不安，②職場が停滞・混乱しているとの認識，③労働者代表としての地位の揺らぎの3 つが考えられるという。

●岸田　泰則

086 団体交渉と労使協議

労使が交渉を行う枠組みとして最も重要な役割を担っているのは団体交渉である。労働者が使用者と団体交渉を行う権利は憲法第28条で保障され，労働者の雇用・労働条件等の重要事項は団体交渉にかけられ決まることが多い。また，使用者が正当な理由なく団体交渉を拒否することは，労働組合法第7条によって「不当労働行為」として禁止されている。団体交渉権に，団結権，争議権を加えた3つの権利は，「労働3権」と総称される。

具体的にどのような事項が団体交渉にかけられるかは，労使が独自に決めることになっている。一般的に，労働組合側は雇用・労働条件を有利にするため，できるだけ交渉事項を拡大しようとする。一方，使用者側は交渉事項をできるだけ縮小し，経営権や人事権の専権事項の拡大を意図する傾向にある。しかし趨勢的には，団体交渉事項の範囲は広く，経営の専権事項はそれほど多くない。**図**で，団体交渉で取り上げられた事項を見ると，「賃金・退職給付に関する事項」（60.1 %），「労働時間・休日・休暇に関する事項」（43.4 %）などの割合が高い。なお，日本の労働組合の組織形態は企業別組合であることが最も多いため，団体交渉の当事者は個別企業の使用者と当該企業の労働組合であるのが一般的である。

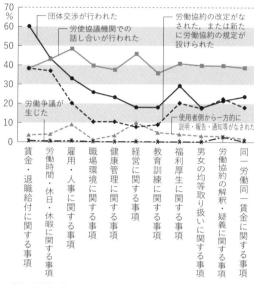

図　過去3年間の労使間の交渉別労働組合の割合

（注）　複数回答。

ただし近年は，労使間の問題を解決する手段として，団体交渉よりも労使協議を重視する組合が多い。労使協議制とは，労働者代表と使用者とが，雇用・労働条件に影響するさまざまな問題について，常設的に意見を交換する制度のことである。**表1**を見ると，全体で37.1 %の企業がこうした労使の協議機関を設置しており，とくに企業規模が1000人を超える大企業に広く普及していることがわかる。労使協議の付議

表1　労使協議機関の有無および労使協議機関の成果の有無別事業所割合（2018年）

（単位：%）

区　分		計	労使協議機関がある[2]	成果の有無			労使協議機関がない	不明
				成果があった	成果がなかった	どちらともいえない		
計		100.0	37.1 (100.0)	(60.7)	(1.8)	(36.2)	62.9	0.1
企業規模	5000人以上	100.0	75.1 (100.0)	(82.5)	(2.7)	(14.4)	24.9	─
	1000〜4999人	100.0	61.2 (100.0)	(63.4)	(─)	(36.3)	38.8	0.0
	300〜999人	100.0	39.4 (100.0)	(59.0)	(0.1)	(38.4)	60.6	─
	100〜299人	100.0	28.5 (100.0)	(50.0)	(0.1)	(49.9)	71.5	─
	50〜99人	100.0	21.9 (100.0)	(50.3)	(8.5)	(37.0)	77.8	0.3
	30〜49人	100.0	17.7 (100.0)	(28.7)	(1.4)	(67.7)	82.3	─
労働組合の有無	労働組合がある	100.0	83.9 (100.0)	(71.1)	(1.0)	(27.7)	16.1	─
	労働組合がない	100.0	16.8 (100.0)	(38.2)	(3.6)	(54.7)	83.1	0.1

（注）　1）　（ ）内は，労使協議機関がある事業所に対する割合。
　　　　2）　労使協議機関の成果の有無「不明」を含む。

表2　ヤマハにおける労使協議・委員会

名　称	開催頻度	出席メンバー		主な議題
経営協議会	年2回（8月，2月）	会社：社長，各事業担当役員（本部長）ほか 組合：本部役員		全社経営テーマについて
全社生産販売委員会	毎　月	会社：労政担当役員，人事部門（部長・労政担当） 組合：本部役員		月次仮決算報告や労務状況
事業所労使委員会	毎　月	会社：事業所長，事業所内部門管理責任者 組合：支部執行部（本部役員）		各部門の月次生産販売状況・労務状況の報告
配分委員会	年2回（5月，11月）	会社：人事部門（部長・処遇担当） 組合：本部役員		昇給，賞与配分について
ワークライフバランス (WLB)推進委員会	適　宜 年1回以上レポート発行	会社：人事部門（労政担当） 組合：本部役員		長時間労働，深夜労働の削減，休暇取得推進や両立支援制度の改善・構築をはじめ，WLBに関するさまざまな取り組み

（注）　上記のほか，海外勤務委員会，年間稼働日協議，会社・部門施策に関する労使協議，ユニオンミーティングで顕在化した課題対応に向けた労使協議，各部門の事業概況報告会などが実施されている。

事項としては，「労働時間・休日・休暇に関する事項」が86.0％と最も多く，「安全衛生に関する事項」（77.3％）や「賃金・退職給付に関する事項」（69.9％）などが続く。

　労使協議は，具体的にはどのように行われているのだろうか。ここでは，ヤマハにおける労使協議を通じた労働時間管理の事例を取り上げよう。

　ヤマハでは，国内グループ企業各社で労使協議会が定期的に開催され，業績・労務の状況や経営課題について話し合われるほか，海外グループ企業においても，各国の労働法制に則して労使の対話が行われている（表2）。

　重要な経営課題については，「経営協議会」などの労使協議・委員会がテーマに応じて複数設けられて労使の話し合いが持たれ，労働組合が業務の現況を踏まえた提言を経営側に行っている。人事・労務関連の諸制度の運用・改定に際しても，労使双方の課題認識をもとに協議が行われる。

　こうした協議の結果は，会社および労働組合が発行するレポートによって従業員へ周知される。また，組織や職制変更，配置転換を伴う異動など，従業員に著しい影響を及ぼす可能性がある事業上の変更については，労働組合への速やかな通知，もしくは労使協議を実施すべき事項である旨が労働協約で定められている。

　近年では，ワーク・ライフ・バランスの推進に労使が協力して取り組んでおり，2006年度には「ワークライフバランス推進委員会」が設置され，総労働時間の短縮や個々の従業員の多様な事情に対応可能な両立支援制度の構築・改善が図られてきた。

　過重労働防止のため，労使で所定外労働のガイドライン（40時間以内/月）が設定され，ガイドラインを超えることが予想される場合に，所定外労働の事前申請を徹底している。

　ガイドラインを超過する場合であっても遵守すべき上限基準（60時間/月，540時間/年，2022年3月期から）を別に設定し，上限基準を超過した際には，労働組合本部役員，当該社員在籍支部の支部長と，当該社員の所属長，部門管理責任者，人事労政担当による個別労使会議が開催され，個別施策と進捗の確認が行われている。

　以上のように，毎月の労働時間の状況が労使によってモニタリングされ，ガイドラインで設定した上限時間を超過しそうな部門には早期の注意喚起が行われている。　　　　●西村　健

087 労働協約を結んでいる労働組合の割合

「令和 2 年 労働組合基礎調査」によれば，2020 年現在，労働組合と使用者との間で労働協約を締結している労働組合は，93.1 ％に上る。労働協約は，規範的効力と一般的拘束力という 2 つの形で，当該企業における労働者の労働条件に影響を与える。

規範的効力は，労働組合法第 16 条に根拠を持ち，労働協約が定める労働条件を組合員に適用するものである。仮に，就業規則で定める労働条件が労働協約を下回る場合，当該労働条件が無効となり労働協約の規定が優先される。一般的拘束力は，労働組合法第 17 条に根拠を持ち，労働協約が適用される組合員が事業場労働者総数の 4 分の 3 を超える場合，その協約が非組合員にも適用されるというものである。

労働協約が規定する事項は多岐にわたる。「平成 29 年 労使間の交渉等に関する実態調査」においては，労働協約を締結している労働組合のうち，「人事等に関する事項」（62.6 ％），「賃金に関する事項」（59.4 ％），「労働時間・休日・休暇に関する事項」（67.9 ％），「福利厚生に関する事項」（37.4 ％），「安全衛生に関する事項」（42.2 ％），「経営等に関する事項」（21.3 ％），「苦情処理機関」（28.4 ％）について，労働協約が規定されていることが明らかになっている（図）。人事・賃金・労働時間などの基礎的な労働条件については協約が多く結ばれているものの，経営等に関する事項などに関しては協約が結ばれる場合が相対的に少数であることがわかる。

さらに，労働組合にとって非正社員の組織化が課題となり，取り組みが進んでいることとも関連して，正社員以外の労働者も労働協約の対象に含まれる傾向にある。「令和 2 年 労使間の交渉等に関する実態調査」では，正社員以外の労働者がいる労働組合のうち，労働協約を締結している労働組合は 94.2 ％に上るが，この内訳は「労働協約の全部又は一部が正社員以外の労働者に適用される」（75.2 ％）と「正社員以外の労働者には全く適用されない」（18.4 ％）となっている。労働協約の影響力を踏まえたときに，

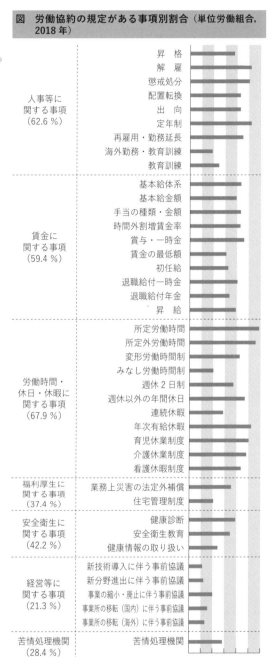

図　労働協約の規定がある事項別割合（単位労働組合，2018 年）

非正社員をさらに包摂した労働協約を締結できるかどうかが，今後の課題となってくるだろう。

●松永 伸太朗

088 「春 闘」

　毎年，春になると「春闘賃上げ率○○％」という数値が発表される。日本では，春季に多くの労使で賃金交渉が行われ，労働組合のない企業でも，ほぼそれに準じる水準で新しい賃金が決定される。欧米にはない日本独自の慣行で，これが一般的に「春季生活闘争」（春闘）と呼ばれているものである。春闘の発生は1955年とされ，1960年代後半から1970年代前半に発展・定着したとされる。

　賃上げ率は，現在働く社員の平均賃上げ率を指し，定期昇給分とベースアップ分から構成される。その率は，個別企業の状況のみで決められるわけではなく，社会的に形成された相場の影響を受ける。鉄鋼・電機・自動車といった中核的産業における代表的企業の労使交渉で決まった賃上げ率が相場となり，それが他産業，中小企業，さらには公務員にまで，広く波及していく。相場を決める中核的産業における代表的企業の労使は，企業の競争力やインフレなどの状況に配慮して交渉を行う。こうした社会的相場形成の仕組みは，経済合理的な賃金決定を実現し，日本経済の競争力を支えてきた。この社会的相場のもとで個別企業は，自社の企業業績に，自社内の社員・労働組合との関係や，労働市場の状況を加味して，賃上げ率を決める。

　賃上げ率は，1960年代には平均して10％を超える高い水準を維持していたが，第1次石油危機が起きた1970年代前半に経済状況が一変し，企業は不況に苦しんだ。にもかかわらず狂乱的な物価上昇が起きたため，1974年の賃上げ率は30％を超える異常な水準となった。このような事態の鎮静化を目的に，国民経済との整合性を重視して自制的賃金要求（「経済整合性論」）を行う労働組合が出始め，以降，「経済整合性論」に立った賃金決定が定着していくこととなる。物価が落ち着き始めた1980年代，賃上げ率は5％前後の安定期を迎えた。ところが1990年代に入ると，バブル崩壊および円高の進行と国際競争の激化という環境変化の中，1990年春闘の5.94％を頂点に賃上げ率は低下

し続け，1990年代半ば以降は3％を下回る水準となった。さらに2000年代以降は，2％前後の低い水準で推移している。こうした状況を受け，2014年以降は，賃金引き上げ政策の一環として，政府が積極的に賃上げを求める動きが見られている（いわゆる「官製春闘」）。

　なお，春闘は労働条件一般を交渉する場であり，賃金以外の事項も取り上げられる。企業経営をめぐる内的・外的環境を労使で確認し，今後の見通しを踏まえた労働条件決定の基本方針が方向づけられるのである。近年は，基本給やボーナスに加えて，ワーク・ライフ・バランスの実現に向けた労働時間短縮や，育児・介護をしながらでも働きやすい仕組みづくりについても，交渉内容に含まれるようになった。また，雇用形態の多様化を背景に，正社員だけでなく，パートタイマー・契約社員といった非正社員の労働条件や労働環境の改善等も交渉されている。春闘における交渉内容は，年々，多様化・複雑化しているのである。

● 渡部 あさみ

図　主要企業春季賃上げ率の推移

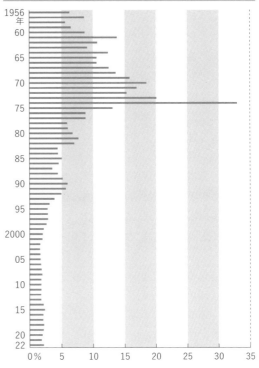

表　労働争議の推移の国際比較

年	日本			アメリカ			ドイツ			イギリス			オーストラリア			スウェーデン		
	労働争議件数	労働損失日数(千日)	労働争議参加人員(千人)	労働争議件数	労働損失日数(千日)	労働争議参加人員(千人)	労働争議件数	労働損失日数(千日)	労働争議参加人員(千人)	労働争議件数	労働損失日数(千日)	労働争議参加人員(千人)	労働争議件数	労働損失日数(千日)	労働争議参加人員(千人)	労働争議件数	労働損失日数(千日)	労働争議参加人員(千人)
1975	3,391	8,016	2,732	235	17,563	965	202	69	35	2,282	6,012	809	—	—	—	—	—	—
80	1,133	1,001	562	187	20,844	795	132	128	45	1,348	11,946	834	—	—	—	—	—	—
85	627	264	123	54	7,079	324	53	35	78	1,903	6,402	791	1,895	1,256	571	160	504	125
90	284	145	84	44	5,926	185	77	364	257	630	1,903	298	1,193	1,377	730	126	770	73
95	209	77	38	31	5,771	192	361	257	183	235	415	174	643	548	344	36	627	125
2000	118	35	15	39	20,419	394	67	11	7	212	499	183	700	469	325	2	0	0
05	50	6	4	22	1,736	100	270	19	17	116	224	93	462	228	241	14	1	1
10	38	23	2	11	302	45	131	25	12	92	365	133	227	127	55	7	29	3
15	39	15	13	12	740	47	1,618	1,092	230	106	170	81	224	83	73	—	—	—
16	31	3	2	15	1,543	99	718	209	215	101	322	154	254	125	106	—	—	—
17	38	15	8	7	440	25	1,170	129	61	79	276	33	154	148	67	5	3	0
18	26	1	1	20	2,815	485	1,528	571	682	81	273	39	158	106	58	1	0	0

(注)　1)　日本の件数は，半日以上のスト（同盟罷業）および作業所閉鎖件数。参加人員は実際に争議に参加した労働者数。
　　　2)　アメリカは，1000人未満の争議，1日に満たない争議を除き，件数および参加人員は当該年に開始された争議。
　　　3)　ドイツは，参加人員10人以上，全日以上の争議。なお件数は，1992年までは旧西ドイツ地域，1993年以降は統一ドイツの数値で事業所単位。損失日数と参加人員数は，1990年以前は，旧西ドイツ地域の数値。
　　　4)　イギリスは，1日に満たない争議，10人未満の争議を除く（ただし，労働損失日数が100労働日を超える場合は含まれる）。件数は政治的ストを除く。
　　　5)　オーストラリアは，10日に満たない労働争議は除く。各年12月の公表値。
　　　6)　スウェーデンの参加人員は，実際に争議に参加した労働者数。

　労働争議とは，広い意味では，労働者と使用者の間に発生する紛争すべてを指す。紛争には集団的なものと個別的なものとがあるが，「集団的紛争」を労働争議と呼ぶのが一般的である。争議権は，憲法第28条で団結権・団体交渉権とともに労働者に認められた基本的な権利である。ただし，一般に日本の労働組合は大規模ストライキを長期間にわたって打つ能力がなく，そこから「部分スト」や「指名スト」といった争議戦術が発展した。

　表は，労働争議の国際比較推移である。日本では，労働争議の件数および参加人員は，1975年には約3400件・約273万人に上ったが，2010年代においては約30件・1000～1万3000人ほどとなっており，数・規模ともに縮小している。近年の状況を他国と比較すると，日本の労働争議件数は，アメリカと同水準といえるが，ドイツ，イギリス，オーストラリアよりも少ない。また，日本の労働損失日数や労働争議参加人員は，アメリカ，ドイツ，イギリス，オース

トラリアと比べ，きわめて少ない。

　一方，近年の日本では，労働組合を介さない個別的紛争が増加傾向にある。2012年度の総合労働相談件数は106万7210件，民事上の個別労働紛争相談件数は25万4719件であったが，2021年度には総合労働相談件数が124万2579件，民事上の個別労働紛争相談件数は28万4139件と推移しており，それぞれ1割強ほど増えている。

　また民事上の個別労働紛争相談件数の内訳を見ると，2021年度は，「いじめ・嫌がらせ」（8万6034件）が一番多く，次いで「自己都合退職」（4万501件），「解雇」（3万4561件）となっている。推移を見ると，2012年度の「いじめ・嫌がらせ」は5万1670件，「自己都合退職」は2万9763件であり，「いじめ・嫌がらせ」は約3万件，「自己都合退職」は約1万件増加している。一方，2012年度の「解雇」は5万1515件であり，「解雇」は約2万件減少している。

●穴田　貴大

労働組合の組織率が低下し（▶**084**），未組織企業比率が増大している。未組織企業に労使関係は存在しないのだろうか。答えは「ノー」である。企業に労働組合がない場合でも，労使関係は存在する。

労働組合以外の従業員側による集団的な発言機構として，従業員組織がある。従業員組織とは，親睦会や社員会のように，従業員の恒久的組織で，規約またはそれに類するものを備えているものである。厚生労働省「労使コミュニケーション調査」（2019 年）によると，「労働組合がない」事業所において，「従業員組織（社員会）がある」と回答した事業所が 49.3 ％あった。野田知彦の研究によって，従業員組織の存在は，離職率を低下させることが明らかにされている。ここから，未組織企業の労使コミュニケーションにおいて，従業員組織が重要な役割を果たしていることが窺える。

従業員組織の類型として，親睦型従業員組織と発言型従業員組織の 2 つが存在する。前者は文化・リクリエーションや共済などを主な活動としており，後者は労働条件について会社側と話し合う機能を有している（佐藤博樹の分類に基づく）。都留康によると，親睦型従業員組織が 82.0 ％，発言型従業員組織が 18.0 ％であり，従業員組織の多くが親睦型従業員組織となっている（**表1**）。

このほかに，労使がコミュニケーションをとる場として，職場懇談会がある。これは，職場単位で従業員と管理職が一定の業務運営・職場環境等について話し合う場である。厚生労働省「労使コミュニケーション調査」（2019 年）によると，「労働組合がない」事業所の中で，「職場懇談会がある」事業所は 49.0 ％あった。職場懇親会における話し合い事項には，「日常の業務の運営に関すること」「安全衛生に関すること」「経営方針，生産，販売等の計画に関すること」などがあげられている。また，パートタイム労働者，有期契約労働者，嘱託労働者，派遣労働者等，正社員以外の労働者が参加している事業所が 60.2 ％に上っている（**表2**）。

● 渡部 あさみ

表1　未組織企業における従業員組織の類型別企業の割合

（単位：%）

区　分		合　計	発言型従業員組織	親睦型従業員組織	無回答
総　計		100.0	18.0	82.0	0.0
企業規模	50〜99 人	100.0	14.3	85.7	0.0
	100〜299 人	100.0	21.7	78.3	0.0
	300〜999 人	100.0	17.6	82.4	0.0
	1000 人以上	100.0	46.7	53.3	0.0

表2　職場懇談会へ参加した正社員以外の労働者の就業形態別事業所割合（2018 年 1 年間）

（単位：%）

区　分		職場懇談会が開催された計	正社員以外の労働者がいる	正社員以外の労働者が参加した[3]	就業形態（複数回答）				正社員以外の労働者が参加していなかった	不明
					パートタイム労働者[4]	有期契約労働者	嘱託労働者	派遣労働者		
計		100.0	93.1 (100.0)	(58.3)	(43.9)	(25.6)	(19.2)	(8.2)	(41.4)	(0.3)
企業規模	5000 人以上	100.0	98.8 (100.0)	(62.5)	(49.9)	(24.8)	(12.7)	(3.7)	(36.6)	(0.9)
	1000〜4999 人	100.0	95.0 (100.0)	(63.5)	(43.2)	(35.7)	(19.4)	(9.8)	(36.5)	(－)
	300〜999 人	100.0	94.1 (100.0)	(56.7)	(42.5)	(29.2)	(22.1)	(12.5)	(43.3)	(－)
	100〜299 人	100.0	87.1 (100.0)	(56.3)	(46.0)	(31.5)	(22.8)	(7.6)	(43.7)	(－)
	50〜99 人	100.0	91.1 (100.0)	(53.8)	(39.9)	(22.0)	(19.8)	(9.6)	(45.6)	(0.7)
	30〜49 人	100.0	92.8 (100.0)	(57.9)	(42.0)	(13.7)	(19.3)	(6.9)	(42.1)	(－)
労働組合の有無	労働組合がある	100.0	96.5 (100.0)	(54.8)	(41.1)	(25.1)	(17.6)	(6.3)	(44.7)	(0.5)
	労働組合がない	100.0	91.3 (100.0)	(60.2)	(45.5)	(25.8)	(20.1)	(9.3)	(39.6)	(0.2)
2014 年調査計[5]		100.0	91.1 (100.0)	(59.6)	(49.9)	(…)[6]	(…)[6]	(10.2)	(40.4)	(0.0)

（注）　1）　（　）内は正社員以外の労働者がいる事業所に対する割合。
　　　　2）　2014 年調査は調査対象産業「宿泊業，飲食サービス業」のうち「バー，キャバレー，ナイトクラブ」を除外している。
　　　　3）　職場懇談会に参加した正社員以外の労働者の就業形態「不明」を含む。
　　　　4）　用語の変更により 2014 年調査とは「パートタイム労働者」の定義が異なる。
　　　　5）　2014 年調査の開催および参加状況は 2013 年 1 年間についての結果である。
　　　　6）　2014 年調査は「有期契約労働者」「嘱託労働者」を調査していない。

091 グローバルな労働運動

　近年，企業の活動は国境を越えて広がっており，中には自国以上に海外で利益を上げている企業もある。企業の国際化は，自国の生産性向上や技術の発達に寄与するとともに，直接投資先の国にも経済成長をもたらしている面がある。その一方で，国家間における企業誘致のための競争が，賃金や労働条件の引き下げ競争を引き起こしている面もある。国際化の進展が，劣悪な労働環境のもとで働かされる労働者を生み出していることは否定できない。

　2013年にバングラデシュで起こったラナ・プラザの崩壊事故は，その象徴的なできごとであった。多国籍企業の縫製工場に勤務する労働者の多くが劣悪な労働環境と杜撰な安全管理のもとで働いていた事実を露呈し，アジアやアフリカ諸国における労働者の権利向上に向けた動きを誘発した。

　一国内であれば，競争は一定のルールに基づいて進めることができる。しかし，国際的な労働問題は決して1つの企業内で解決できるものではなく，国を超えた規制のルールをつくることで対処すべき課題である。こうした考えに基づいて，多国籍企業の権力による不公正な国際競争を防止するため，1919年から国際労働機関（International Labour Organization：ILO）が組織されている。ILOは，労働者保護の観点から，国際的な労働基準の設定や労働法の確立を目的とする組織である。

　ただ，2013年の事故が示すように，ILOが存在しても，国際的な労働問題は容易に解決するわけではない。首藤若菜によれば，一国内の労使関係では，労使コミュニケーションの仕組みを保障する法律や制度，その遵守を監視する機関などが設けられているのに対し，国際的な労使関係においては，基本的人権にかかわる最低限の内容ですら，その遵守を監視する機関があるわけではなく，また違反行為を罰則する仕組みも整っていない（**図**）。

　こうした中，労働組合はどのように国際的な問題へ取り組んできたのだろうか。個別の労働

図　国内外における労使関係の概念図

国内における労使関係の構図

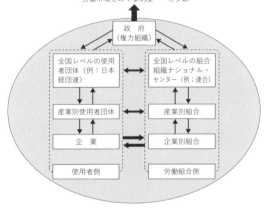

国際的な労使関係の構図

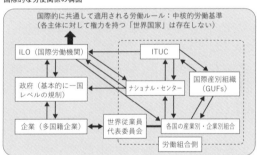

組合については，たとえばトヨタの東アジアにおける労使関係移転のように，現地工場の組織化や進出先の組合文化の育成といった取り組みが見られる。国際的には，多国籍企業によってグローバルな労働運動への関心が高まった1つの成果として，労使一体となってILOの中核的8条約遵守などの公約を果たすことを宣言する，グローバル枠組み協定（GFA）が締結された。中でも，ヨーロッパを中心とする国際産業別労働組合組織は，GFA締結に向けたグローバルな労働運動の中心的担い手として機能している。GFAに基づいて労使紛争が解決された事例もあり，グローバルな労働格差を是正する役割を果たしている。

●園田　薫

第 **12** 章

多様な就業と雇用

092 多様な就業形態と雇用区分

図1　非正社員数および雇用者（役員を除く）に占める非正社員の割合の推移

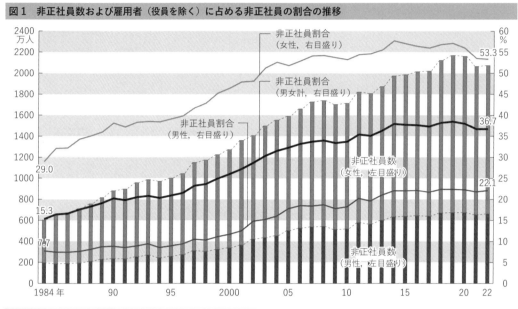

図2　正社員以外の労働者がいる事業所の割合

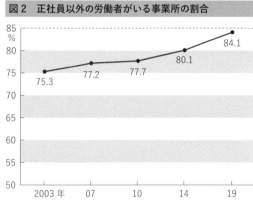

　職場には，正社員だけでなく，正社員以外の
さまざまな就業形態で働いている人たちがいる。
その理由は，労働者の就業ニーズが多様化した
ことだけではない。産業構造の変化など経営環
境の不確実性が高い時代においては，必要な労
働力のすべてを解雇規制が厳しく雇用調整が難
しい正社員によって調達するのは経営上のリス
クが高いという，企業側の理由もある。こうい
った背景から，雇用者に占める正社員の割合が
低下し，非正社員の割合が増加している。**図1**
の通り，役員を除く雇用者に占める非正社員の
割合は，1984 年には 15.3 ％（男性 7.7 ％，女性
29.0 ％）であったが，漸増し，2022 年には 36.7
％（男性 22.1 ％，女性 53.3 ％）となった。男性に

比べて女性の非正社員の割合が高いのは，女性
雇用者に占める非正社員，とくにパートタイマ
ーが多いためである。
　非正社員が，どの程度の事業所で雇用されて
いるかについても見ておきたい。正社員以外の
労働者がいる事業所の割合は，2000 年代初頭
には 75.3 ％だったが，2019 年には 8 割を超え
84.1 ％になっている（**図2**）。
　表は，企業が活用している労働力を整理・分
類したものである。「労働力調査」の定義に準
じれば，就業者とは，収入につながる仕事をし
ている者すべてを指す。同図では，就業者を雇
用契約の有無などによって区分し，雇用者につ
いては雇用区分別に，期間の定めや労働時間の
実態を整理した。
　表の雇用契約欄の矢印で示されているように，
労働力はまず，雇用契約（労働者が雇い主に使用
されて労働に従事し，雇い主はその労働に対して賃
金を与える約束をする契約）の有無で二分できる。
企業などとの間に雇用契約がある雇用者に対し
て，自営・個人事業主・家族従業者には雇用契
約がない。次に，雇用者は，就労する企業など
と雇用契約を締結する直接雇用と，就労先とは
別の企業などと雇用契約を締結する間接雇用に

表　企業が活用する労働力の分類

雇用契約		雇用区分	期間の定め	労働時間
雇用契約あり	直接雇用	正社員	無期（定年まで）	原則フルタイム
		パートタイマー	有期が多い（無期の場合もあり）	短時間が多い（フルタイムの場合もあり）
		アルバイト		
		契約社員		
		嘱託社員	有　期	
	間接雇用	派遣社員	有期・無期（派遣元との契約による）	フルタイムが多い（短時間の場合もあり）
		請負社員	有期・無期（請負企業との契約による）	
なし		自　営 個人事業主 家族従業者		

区分される。

就労する企業などに直接雇用される雇用区分について，さらに細かく見ていこう。直接雇用の中で，雇用期間の定めがなく，フルタイム（1日8時間程度，週40時間程度）の勤務を基本とするのが，正社員である。嘱託社員，契約社員，パートタイマーやアルバイトなども直接雇用だが，雇用期間の定めがある，もしくは労働時間が短いといった点で正社員とは異なることから，これらの雇用区分は，いわゆる非正社員として位置づけられる。以下，それぞれの雇用区分について，雇用期間の定めや労働時間の特徴を述べる。

嘱託社員は，多くの場合，企業などが定年退職者等を一定期間再雇用する目的で雇用契約を締結し，期間を定めて雇用している社員を指す。契約更新もあるが，実態としては更新の期限が設けられているケースが多い。嘱託社員の週当たり労働時間は，正社員と同等もしくは短いことが多く，雇用契約によっては週3日・週4日など少ない労働日数で勤務しているケースもある。

契約社員は，正社員と同様フルタイムで働いているものの，雇用期間には定めがあるというケースが多い。ただ，たとえば雇用期間が1年でも，5年を超えて契約更新された場合，当該社員には無期転換申込権（希望すれば雇用契約を無期に転換できる権利）が発生する（これは契約社員に限らず，雇用契約が有期の社員すべてに該当する）。

パートタイマーやアルバイトと呼称される労働者は，正社員と比べて労働時間が短い場合が多い。パートタイマーとアルバイトは呼称が異なるが，労働の実態が類似しているケースも少なくない。これらの雇用区分は，雇用時に雇用期間が明示されることが多いが，雇用期間の定めがないケースも実態としては存在する。雇用者の属性としては，パートタイマーには中高年の女性が多く，アルバイトは学生が多いといわれている。

続いて，就労先と雇用契約を直接結んでいない間接雇用の雇用区分を確認していく。派遣社員は，派遣会社（派遣元）と雇用契約を締結し，派遣元が派遣契約を結んでいる派遣先で就労する。雇用期間（有期か無期か）や派遣先での労働時間（フルタイムか短時間か）は，派遣元との雇用契約による。なお，派遣社員は，派遣元との雇用契約に雇用期間の定めがなく，フルタイム勤務であったとしても，間接雇用であることから，非正社員と位置づけられることが多い。

請負社員は，請負事業者と雇用契約を締結し，職務に関する指揮命令も請負事業者から受ける。事業者が請負契約を結んだ顧客企業の事業所で就労するケースも少なくない（製造ラインの構内請負や，ITエンジニアの客先常駐等）。請負社員の労働時間や雇用期間は，請負企業との雇用契約による。また，正社員か非正社員かも，原則この内容によって判断される。

企業によっては，**表**よりもさらに細かい雇用区分を設けている場合もある。たとえば，正社員の中にも，一般職，エリア総合職（勤務地限定），総合職といったコース別雇用管理制度を導入している企業や，職種などによって雇用区分を違えている企業もある。さらに，非正社員にも，職務内容や労働時間などによって複数の雇用区分を設けるケースもある。

このように，多様な就業形態，多様な雇用区分の人材が存在する中で，企業は目的によってそれらを組み合わせながら活用しているのである。

●髙崎　美佐

企業における非正社員の活用の進展

表1　非正社員の人数と割合の推移

(単位：上段＝万人，下段＝%)

調査年	1982	1987	1992	1997	2002	2007	2012	2017
非正社員の総数，および雇用者（役員を除く）に占める割合	537.0 14.0	738.0 17.6	952.4 20.0	1156.5 23.1	1525.9 30.6	1785.5 34.2	1924.1 36.8	2036.1 37.1
パートタイマー	467.5 (87.1)	467.7 (63.4)	596.7 (62.7)	699.8 (60.5)	782.4 (51.3)	885.5 (49.6)	956.1 (49.7)	1032.4 (50.7)
アルバイト		188.6 (25.6)	251.4 (26.4)	334.4 (28.9)	423.7 (27.8)	408.0 (22.8)	439.2 (22.8)	439.3 (21.6)
労働者派遣事業所の派遣社員	—	8.7 (1.2)	16.3 (1.7)	25.7 (2.2)	72.1 (4.7)	160.8 (9.0)	118.7 (6.2)	141.9 (7.0)
契約社員	—	—	—	—	247.7 (16.2)	225.5 (12.6)	290.9 (15.1)	303.2 (14.9)
嘱託社員	69.5 (12.9)	73.0 (9.9)	88.0 (9.2)	96.6 (8.4)		105.9 (5.9)	119.3 (6.2)	119.3 (5.9)

(注)　（　）内は，非正社員に占める割合。

　表1にある通り，非正社員数は1982年には537.0万人だったが，バブル崩壊を契機とする人件費の抑制により，1992年には952.4万人にまで増加し，雇用者全体に占める割合も20%に達した。非正社員数はその後も増加し続け，2017年には2036.1万人（雇用者の37.1%）となっている。

　2017年における非正社員の内訳を見ると，パートタイマーが約半数（50.7%）に上り，次に多いアルバイトの21.6%と併せると，7割強を占める。なお，契約社員（専門的職種に従事す

ることを目的に契約に基づき雇用され，雇用期間の定めのある者）は14.9%，派遣社員（労働者派遣法に基づく労働者派遣事業所に雇用され，そこから派遣されて働いている人たち）は7.0%，嘱託社員（定年退職者等を一定期間再雇用する目的で契約し，雇用する者）は5.9%という構成になっている。

　次に，2019年における非正社員の活用の目的（上位3位まで）を，各雇用区分別に見ていきたい（**表2**）。契約社員における活用理由1位は「専門的業務に対応するため」，2位は「即

表2　非正社員の活用理由

雇用区分	年	1位	2位	3位
契約社員	2003	専門的業務に対応するため	即戦力・能力ある人材を確保するため	賃金の節約のため
	2019	専門的業務に対応するため	即戦力・能力ある人材を確保するため	正社員を確保できないから
派遣社員	2003	即戦力・能力ある人材を確保するため	賃金以外の労務コストの節約のため	景気変動に応じて雇用量を調整するため
	2019	正社員を確保できないから	即戦力・能力ある人材を確保するため	正社員を重要業務に特化させるため
嘱託社員	2003	高年齢者再雇用のため	即戦力・能力ある人材を確保するため	専門的業務に対応するため
	2019	高年齢者再雇用のため	即戦力・能力ある人材を確保するため	専門的業務に対応するため
パートタイマー	2003	賃金の節約のため	1日，週の中の仕事の繁閑に対応するため	賃金以外の労務コストの節約のため
	2019	1日，週の中の仕事の繁閑に対応するため	賃金の節約のため	正社員を確保できないから
臨時労働者	2003	臨時・季節的業務量の変化に対応するため	賃金の節約のため	景気変動に応じて雇用量を調整するため
	2019	臨時・季節的業務量の変化に対応するため	1日，週の中の仕事の繁閑に対応するため	即戦力・能力ある人材を確保するため

(注)　2003年は「3つまでの複数回答」，2019年は「複数回答」。いずれも上位3つまでを記載。

戦力・能力ある人材を確保するため」，3位は「正社員を確保できないから」である。派遣社員の場合，1位は「正社員を確保できないから」，2位は「即戦力・能力ある人材を確保するため」，3位は「正社員を重要業務に特化させるため」である。嘱託社員では1位は「高年齢者再雇用のため」，2位は「即戦力・能力ある人材を確保するため」，3位は「専門的業務に対応するため」である。パートタイマーにおける活用理由の1位は「1日，週の中の仕事の繁閑に対応するため」，2位は「賃金の節約のため」，3位は「正社員を確保できないから」である。臨時労働者の場合，1位は「臨時・季節的業務量の変化に対応するため」，2位は「1日，週の中の仕事の繁閑に対応するため」，3位は「即戦力・能力ある人材を確保するため」である。

2003年と2019年で，非正社員の活用の目的を比較すると，契約社員は「専門的な業務に対応するため」，嘱託社員は「高年齢者再雇用のため」，臨時労働者は「臨時・季節的業務量の変化に対応するため」が，2003年・2019年いずれでもトップにあげられている。一方，派遣社員の活用の目的については，2003年の「即戦力・能力ある人材を確保するため」から，2019年には「正社員を確保できないから」にトップが入れ替わっている。またパートタイマーは，「賃金の節約のため」が2003年でトップだったが，2019年では「1日，週の中の仕事の繁閑に対応するため」が活用理由の1位になった。

これらの結果から，企業がなぜ非正社員を活用するのかを改めて整理すると，①専門的な能力の活用（「専門的業務に対応するため」「即戦力・能力ある人材を確保するため」），②技術・ノウハウを継承する定年後再雇用（「高年齢者再雇用のため」），③コストの抑制と必要人員の量的変動への対応（「賃金の節約のため」「賃金以外の労務コストの節約のため」「1日，週の中の仕事の繁閑に対応するため」「臨時・季節的仕事量の変化に対応するため」「景気変動に応じて雇用量を調整するため」），④正社員の代替（「正社員を確保できないから」「正社員を重要業務に特化させるため」）に大別できる。

契約社員と派遣社員に対しては，主に①専門的な能力の活用が期待されている。

嘱託社員の活用目的のトップにあげられている「高年齢者再雇用」の背景には，高年齢者雇用安定法によって，企業に②定年後再雇用などの雇用延長が求められていることがある。再雇用であることから，在職中の専門的な能力を即戦力として活用でき，技術やノウハウの継承にもつながる。一方で，高齢化が進行する中，高齢者をどのように活用していくべきかは，今後より重要な論点となってこよう。

パートタイマーと臨時労働者の活用の主な目的には，③コストの抑制と必要人員の量的変動への対応があげられる。また前述の通り，「正社員を確保できないから」，つまり④正社員の代替という活用の目的が，2019年には派遣社員について1位となっていたが，契約社員とパートタイマーについても，これが3位に入ってきている。この背後には，正社員採用の主要なターゲットとなる若年層が減少しており，企業が正社員を確保できないために，非正社員を活用せざるをえない状況になりつつある可能性が考えられる。

すでに非正社員は雇用者の約4割を占め，正社員の代わりに非正社員が基幹的業務を遂行する職場も少なくない。今後，正社員の確保がますます難しくなってくることが予想される中，非正社員をどう戦力化していくかが企業に問われている。

●田村　祐介

企業における非正社員の活用の進展

図1 パートタイマーの男女別年齢構成

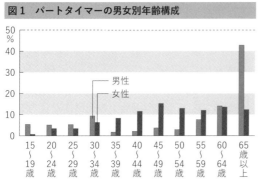

図2 パートタイマーの男女別配偶者の有無

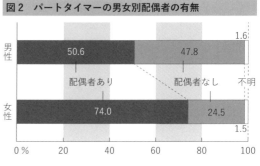

図3 男女別パートタイマーを選んだ理由

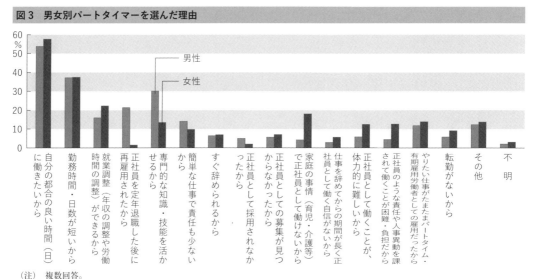

（注）複数回答。

総務省統計局「労働力調査」によると，パートタイマー（パートタイム労働者）は1021万人を数え，雇用者の約17％，非正社員の約49％を占める。うち男性が124万人，女性は897万人と，女性が約88％を占めている（2022年平均）。年齢構成を見ると，男性は65歳以上に，女性は40歳以上に集中している（**図1**）。有配偶者の割合は，男性が50.6％，女性が74.0％である（**図2**）。つまり，40歳以上の既婚女性がパートタイム労働の主な担い手であることがわかる。

パートタイマーを選択した理由は，男女とも「自分の都合の良い時間（日）に働きたいから」が最も高い（**図3**）。また，女性では「就業調整（年収の調整や労働時間の調整）ができるから」も2割強に上る。

就業調整とは，税制や社会保険制度上のいわゆる「年収の壁」の範囲内で就業を調整しようとするものである。「年収の壁」が既婚女性の就業促進の妨げになっている面もあり，見直しの必要性が指摘されている。

「年収の壁」（2022年時点）として，税制上は，本人に所得税が発生し，配偶者に配偶者控除が適用されなくなる「103万円の壁」が有名である。代わりに適用される配偶者特別控除も段階的に減額され，本人の年収が201万円を超えるとなくなる。また，社会保険制度については，社会保険への加入が必要となる「106万円の壁」（正確には月額賃金8.8万円），被扶養者枠から外れる「130万円の壁」があげられる。

● 髙橋 冬馬

パートタイマーの基幹労働力化

表1　正社員と職務が同じパートタイマーがいる事業所割合

（単位：％）

	正社員とパートの両方を雇用している事業所 1)	うち、正社員と職務および責任の程度）が同じパートがいる	うち、人事異動等の有無や範囲が正社員と同じパートがいる	うち、有期労働契約を締結しているパートがいる
総　数	[64.0]	100.0	15.7	3.2	1.4
（官公営を除く総数）	[63.2]	100.0	15.6	3.2	1.3
鉱業, 採石業, 砂利採取業	[27.8]	100.0	22.2	―	―
建設業	[24.9]	100.0	18.9	0.3	0.3
製造業	[58.5]	100.0	12.6	2.3	1.1
電気・ガス・熱供給・水道業	[45.7]	100.0	20.1	10.6	8.6
情報通信業	[28.2]	100.0	14.7	5.4	1.6
運輸業, 郵便業	[54.4]	100.0	12.7	1.9	1.6
卸売業, 小売業	[61.6]	100.0	16.8	3.1	0.5
金融業, 保険業	[62.8]	100.0	11.6	4.5	3.6
不動産業, 物品賃貸業	[56.9]	100.0	12.8	2.8	1.4
学術研究, 専門・技術サービス業	[51.3]	100.0	25.3	5.4	3.3
宿泊業, 飲食サービス業	[81.4]	100.0	5.2	1.2	0.1
生活関連サービス業, 娯楽業	[71.0]	100.0	13.1	2.5	1.2
教育, 学習支援業	[81.3]	100.0	15.7	3.0	2.7
医療, 福祉	[88.8]	100.0	24.9	5.6	2.9
複合サービス事業	[46.7]	100.0	21.4	4.8	4.8
サービス業	[58.0]	100.0	14.0	3.7	1.3

（注）　1)　[ ] は，全事業所のうち，正社員とパートの両方
　　　　　を雇用している事業所の割合。
　　　　2)　総数は，岩手県・宮城県・福島県および官公営を
　　　　　除く集計。

表2　パートタイマーの勤続年数の推移

（単位：年）

	女　性	男　性
1970 年	2.0	―
75	3.2	―
80	3.3	―
85	3.9	―
90	4.5	3.0
2000	4.9	3.1
10	5.4	4.4
15	5.8	5.3
16	5.9	5.1
17	6.1	5.2
18	6.3	5.3
19	6.2	5.3

（注）　パートタイマーは，1日の所
定労働時間または1週の労働
日数が事業所における一般労
働者よりも少ない常用労働者
である。男性について，1985
年以前はデータなし。

パートタイマーの主な活用理由は，人件費節約や仕事の繁閑への対応だが，相当数の企業は，パートタイマーの活用を補助的な業務だけでなく基幹的な業務へと拡大するとともに，臨時的でなく恒常的な労働力として活用している。正社員と職務が同じパートタイマーがいる事業所の割合は産業全体で 15.7 ％に上り（表1），たとえばパートタイマーが店長や売場主任などを任される事例も珍しくない。勤続年数もかなり伸びてきており，2019 年には，女性パートタイマーが 6.2 年，男性パートタイマーが 5.3 年となっている（表2）。

パートタイマーの「基幹労働力化」には，パートタイマーの人数が増えて職場に欠かせない集団となる「量的基幹化」と，パートタイマーの仕事内容・能力・意欲などが正社員に接近する「質的基幹化」がある。

パートタイマーの戦力化に取り組んでいる企

表3　労働者の種類と手当等各種制度の実施および福利厚生施設の利用の状況別事業所割合（2016年）

（単位：％）

	正社員に実施	パートに実施
正社員とパートの両方を雇用している事業所	[64.0]	
	100.0	100.0
定期的な昇給	71.8	32.3
人事評価・考課	61.0	38.8
通勤手当	90.4	76.4
精勤手当	20.7	5.8
役職手当	70.6	7.3
家族手当	49.2	2.3
住宅手当	38.4	1.5
賞　与	84.6	33.7
退職金	71.7	8.7
企業年金	21.6	2.2
人間ドックの補助	43.8	18.0
社外活動（スポーツクラブの利用など）の補助	18.9	8.6
慶弔休暇	80.7	40.8
給食施設（食堂）の利用	22.5	20.0
休憩室の利用	62.4	56.9
更衣室の利用	64.0	58.4

（注）　1)　複数回答。
　　　　2)　正社員とパートの両方を雇用している事業所には，
　　　　　状況不明の事業所が含まれる。
　　　　3)　[ ] は，全事業所のうち，正社員とパートの両方
　　　　　を雇用している事業所の割合。

業は，パートタイマーの能力向上策を実施するだけでなく，能力向上を評価し，それを処遇に反映する仕組みを導入している（職能資格制度，役職への登用，昇進・昇格，定期昇給など）。実際，パートタイマーを雇用している事業所のうち，定期的な昇給を実施する割合は32.3 %，人事評価・考課を実施する割合は38.8 %に上っている（表3）。

では，パートタイマーの雇用管理の実例を見てみよう。銀行業のA社では，従業員約2000人のうち500人ほどがパートタイマーとして働いている。A社の雇用区分は，行員（正職員），嘱託職員，パートタイマーの3つに分かれているが（表4(a)），パートタイマーはさらに，業務内容の違いに応じてA〜Cという3つの職種区分に分けられる（表4(b)）。正職員と比較して，パートタイマーの職務範囲や責任の度合いは総じて小さい。

パートタイマーの時給は，職務区分ごとに異なる金額が設定されている。採用後は契約期間6カ月を2回更新し，3回目以降は1年単位の更新となるが，それぞれの契約更新時に時給の引き上げが行われる。年2回，賞与の支給もある（表4(b)）。賞与の金額は，勤務評価の結果に基づいて決定される。具体的には「勤務時間区分」（フルタイム勤務・フルタイム以外勤務の別），「職務区分」（A〜Cの3職種），および「5段階の評価ランク」の組み合わせによって支給額が細かく決められており，パートタイマーにはその支給額の一覧表が明示されている。支給額の上限は，フルタイム勤務者は7万円，フルタイム以外の勤務者は6万円である（表4(c)）。評価項目は，事務処理の丁寧さ，コンプライアンス遵守，トラブル時の顧客対応等である。項目ごとに評価され，最終的に5段階のランクが決定される。勤務評価の結果は，賞与の支給日前に行われる個人面談の際に，所属長から本人へフィードバックされる。

パートタイマーのモチベーションを高めると同時に正職員の年齢の偏りを調整するため，A社には①パートタイマーから嘱託職員，②嘱託職員から正職員へそれぞれ転換できる制度も用

表4　銀行業A社におけるパートタイマーの雇用区分と処遇

（a）　雇用区分ごとの人数と特徴

雇用区分	人　数	特　徴
行　員（正職員）	約1400名（男性約900名，女性約500名）	契約期間の定めなし。月給制。退職金制度あり。他の雇用区分と比べて，職務の幅が広く，責任の度合いも大きい
嘱託職員	約130名（男性約50名，女性約80名）	1年契約・更新あり。月給制。退職金制度あり（正職員とは異なる制度）。フルタイム勤務（勤務時間は正職員と同じ）。パートタイマーからの転換，中途採用者，定年退職者の再雇用等が該当。主として正職員の補助業務等を担う
パートタイマー	約500名（男性若干名，女性500名）	1年契約・更新あり。時給制。1カ月15日，1日5〜6時間の勤務を基本とするが，本人の希望も勘案して決定する。正職員に比して定型事務，補助的業務，軽易な業務に従事する

（b）　職種区分と処遇の概要

職務区分	職種区分A	職種区分B	職種区分C
業務内容	営業店一般事務，本部事務ほか	窓口業務（振込・預金の受付等）	窓口業務に加え，セールス業務あり
契約期間	当初1年は6カ月ごとの更新，以後は1年ごとの更新		
当初6カ月（時給・初任時給は職種ごとに異なる）	同行規定の初任時給	同行規定の初任時給	同行規定の初任時給
次の6カ月	初任時給に10円加算	初任時給に50円加算	初任時給に50円加算
1年契約以降	初任時給に30円加算	初任時給に100円加算	初任時給に100円加算
通勤費	公共交通機関利用者は実費支給：1日当たりの交通費実費×出勤日数（1カ月当たり）車通勤は片道2キロ以上の場合，距離数に応じて所定額を支給		
賞　与	年2回支給（6月，12月）		
健康診断	採用時健診，定期健診あり。パートタイマーの労働時間にかかわらず受診できる		

（c）　賞与支給額の概要

職務区分	フルタイム勤務	フルタイム以外の勤務
評　価		
職種区分A	職種区分・評価のランクごとに7万円以下の範囲で賞与額があらかじめ設定されている	職種区分・評価のランクごとに6万円以下の範囲で賞与額があらかじめ設定されている
職種区分B		
職種区分C		

意され，パートタイマーが勤務を継続できるよう工夫されている。

●西村　健

職場における外部人材の活用：派遣社員・請負社員

表1　派遣と請負の枠組みと活用（イメージ）

派遣		請負
	枠組み	
労働者派遣法 派遣先 あり 時間当たり単価×労働時間	根拠となる法律 指揮命令 期間の制限 料　金	民　法 請負業者 な　し 業務量
	活用になじむ業務	
1人から 不明確 頻繁にある 確保しづらい	受け入れ可能な人数 成果物 工程の変更 工程の独立性	複　数 明　確 少ない 確保しやすい

派遣側の図：派遣元 ←労働者派遣契約→ 派遣先／雇用関係／派遣社員／指揮命令関係

請負側の図：請負会社 ←請負契約→ 顧客企業／雇用関係，指揮命令関係／請負社員

職場で就業する派遣社員や請負社員は，その職場の企業ではなく，派遣元（派遣会社）や請負会社と雇用関係を結ぶ。このため一般的に「外部人材」や「間接雇用」と呼ばれ，この点がパートタイマーや契約社員といった直接雇用の非正社員とは異なるところである。派遣元や請負会社が介在することで，これら外部人材を活用する企業は，募集・採用費や管理負担（労働・社会保険の加入手続き等）を抑えられる。加えて，必要な人材を，必要なときに，必要なだけ確保できることも，メリットにあげられよう。

ただし，同じ外部人材でも，派遣と請負には仕組み上の違いがある。最も留意すべき違いは，派遣社員は派遣先から指揮命令を受けるが，請負社員は請負会社と指揮命令関係にあることである。

派遣と請負の制度的な枠組みを，歴史的な経緯とともに見ておきたい。「自己の雇用する労働者または自己の支配関係にある労働者を供給事業によって他人に使用させる」労働者供給事業は，1947年制定の職業安定法により禁止された。この禁止は，戦前の労働者供給に労働の強制や中間搾取などの弊害が散見されたことによる。

請負は，前述の通り顧客企業に自社の労働者を使用させること（指揮命令）がないため，そもそも労働者供給事業の枠外に位置づけられる。請負については民法で，「当事者の一方がある仕事を完成することを約し，相手方がその仕事の結果に対してその報酬を支払うことを約する

によって，その効力を生ずる」（第632条）と規定されている。造船や鉄鋼の現場では，直接雇用の非正社員である「臨時工」と並び，「社外工」と呼ばれる請負社員の活用が見られたことが知られる。

一方，派遣という枠組みは，企業の業務の専門化や労働者の就業ニーズの多様化を背景として，1985年制定の労働者派遣法により創設された。派遣は，派遣元と派遣社員の雇用関係を前提に，派遣元が派遣先に労働者ではなく人材サービスを提供するという，労働者供給事業とは一線を画する新しい枠組みとして位置づけられ，その後，現在に至るような派遣社員の活用が進んでいく。派遣法は当初，対象業務の拡大や期間制限の緩和といった規制緩和が進められた。だが，後に顕在化した派遣をめぐるさまざまな課題を解決するために，あるいは非正社員全体の処遇改善に向けた動きと歩調を合わせるような形で，派遣法は改正が重ねられ，派遣社員の保護が強化されてきた。

こうした制度的な枠組みの違いから，派遣と請負の活用ニーズにも相違が見られる（表1）。派遣先が指揮命令を行える派遣では，派遣社員が職場の他の雇用形態の従業員との連携が必要な作業も担当できることから，企業としては派遣社員1人から活用が可能となり，作業工程の変更等にも対応しやすい。他方で請負の場合は，業務の独立性が求められることから，複数人の受け入れが必要となり，作業工程の変更頻度は制約される。また派遣は，活用できる期間が派

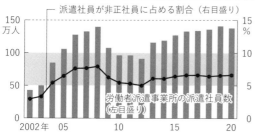

図　派遣社員数の推移

派遣社員が非正社員に占める割合（右目盛り）

労働者派遣事業所の派遣社員数（左目盛り）

表2　派遣社員数の上位5業務と料金・賃金

		派遣社員数（人）	構成比（%）	派遣料金（円）	派遣社員の賃金（円）
上位5業務	一般事務従事者	313,249	20.1	2,073	1,412
	製品製造・加工処理従事者	239,961	15.4	1,935	1,325
	情報処理・通信技術者	151,157	9.7	4,018	2,472
	運搬従事者	81,758	5.2	1,857	1,293
	機械組立従事者	67,656	4.3	2,067	1,382
派遣社員計／平均		1,562,090	100.0	3,025	1,949

（注）　派遣社員数は2020年6月1日現在。派遣料金および派遣社員の賃金は時間当たりの額，2020年度。

遣法によって制限される場合がある。具体的には，派遣元に無期雇用される派遣社員や60歳以上の派遣社員などの例外を除き，同じ派遣社員を同じ派遣先の同じ組織単位に派遣できる期間は3年までである。一方，請負についてはこのような活用期間の制限がない。

次に，公的統計から実態を見ていこう。ただし請負社員については，全体を俯瞰し，活用実態等の変化を追えるような統計資料がほとんどない。以下では派遣社員を中心に取り上げる。

まず，総務省「労働力調査」をもとに派遣社員数を見ると，2020年で138万人，非正社員に占める割合は7％と，それほど多くはない。しかし，その推移を見ると，ここ20年の間で大きく変化した様子が見て取れる。派遣社員数は，景気とそれに伴う業務量の変動に大きく影響されることが示唆される（**図**）。

では，派遣社員はどのような業務を担い，どの程度の賃金を得ているのだろうか。派遣元が厚生労働大臣に対して提出を義務づけられている「労働者派遣事業報告書」の集計結果によれば，2021年6月1日時点で派遣社員が従事する業務のうち最も数が多いのは「一般事務従事者」で，これに「製品製造・加工処理従事者」が続く。上位5業務の派遣料金（派遣先が派遣元に支払う料金のこと。派遣社員の賃金・社会保険料・有給休暇費用，派遣元の諸経費・営業利益で構成される）と派遣社員の賃金（いずれも1人・1時間当たり）を見ると，「一般事務従事者」や「製品製造・加工処理従事者」の派遣料金の平均は約2000円，賃金は1500円である。他方で，たとえば「情報処理・通信技術者」ではこれより高く，派遣料金の平均は約4000円，派遣社員の賃金は2500円となっている（**表2**）。

「労働者派遣事業報告書」の集計結果によれば，2020年6月1日時点で派遣社員のうち6割が有期契約で派遣元に雇用されている。また，製造分野の請負会社を対象としたアンケート調査結果によれば，請負会社が雇用する請負社員に占める有期雇用の割合は平均で53.8％である（「製造請負事業実態把握調査報告書」）。これら有期雇用の外部人材の雇用安定に向けた選択肢の1つとして，彼／彼女らが派遣元／請負会社で無期雇用に移行することがあげられる。なお派遣については，派遣社員が派遣先に直接，無期雇用されることもありうる。派遣社員は派遣先から指揮命令を受けることから，同じ職場での勤務が長くなれば，派遣先における企業特殊的なスキルも蓄積する。派遣社員を直接雇用し，職場で長期にわたり職業能力を発揮してもらいたいと考える派遣先もいるかもしれない。

ただし，こうした雇用安定策が，外部人材の活用をめぐる当事者たちのニーズと必ずしも合致しない可能性もある。たとえば外部人材の中には，1社にとらわれず，都合のよい時間のみ働きたいという就業ニーズも持つ者も存在するし，派遣先／顧客企業の側も「業務の繁閑への対応」のために外部人材を活用する場合が多いからである。

職場における外部人材の活用に関しては，外部人材の労働者保護や雇用の安定に配慮しつつ，3者，すなわち外部人材・活用企業（派遣先・顧客企業）・雇用企業（派遣元・請負会社）のニーズが適切に満たされるような制度の設計が望まれよう。

●山口　塁

第12章　多様な就業と雇用

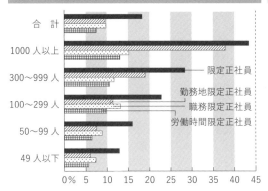

図　限定正社員を雇用する企業の割合（従業員規模別）

（凡例：限定正社員／勤務地限定正社員／職務限定正社員／労働時間限定正社員）

合計
1000 人以上
300〜999 人
100〜299 人
50〜99 人
49 人以下

0% 5 10 15 20 25 30 35 40 45

表　企業が限定正社員を導入した理由

（単位：％）

	勤務地限定	職務限定	労働時間限定
正社員の定着を図るため	42.2	32.3	32.2
優秀な人材を採用するため	28.7	28.7	27.3
ワーク・ライフ・バランスを支援するため	23.8	15.5	34.1
育児・介護等と仕事との両立への対応のため	19.1	12.8	46.5
人材の特性に合わせた多様な雇用管理を行うため	22.5	24.8	19.6
職務を限定することで，専門性や生産性の向上をより促すため	14.4	35.1	7.9
女性や若者を採用・活用したいから	17.3	12.8	22.0
高齢者の柔軟な働き方に対応するため	7.6	10.7	11.2
非正社員から正社員への転換の円滑化のため	8.9	7.5	8.4
改正労働契約法に伴う無期転換に対応するため	4.4	4.5	3.0
人件費の抑制につながるから	6.2	5.7	4.2
1日や週の中の仕事の繁閑など業務量の変化に対応するため	2.9	3.9	4.2
労働組合・労働者からの要望	1.3	0.5	2.8
無回答	21.6	24.1	21.3

（注）　各限定正社員がいる企業を対象に集計。複数回答。

限定正社員とは，無期・直接雇用であるが，勤務地（転勤がない，特定店舗勤務など）・職務（事務職，SE 採用など）・労働時間（短時間勤務，残業なし勤務など）のいずれかまたは複数において限定性を有する正社員を示す。いわゆる正社員である，勤務地・職務・労働時間に限定のない無限定正社員と対比される雇用形態である。

限定正社員は，大企業を中心に活用されている。2021 年に実施された調査（図）によれば，限定正社員は，全企業の 18.3 ％，従業員規模 1000 人以上の大企業の 43.4 ％で雇用され，限定種類別に見ても，いずれの種類も従業員規模が大きいほど割合が高く，とくに勤務地限定正社員は大企業の 37.9 ％で雇用されている。

表で導入理由を確認すると，「正社員の定着を図るため」「優秀な人材を採用するため」が，限定種類に共通して上位を占める。限定正社員は，企業の労働力確保に対する危機感が高まる中，労働者の価値観の多様化や働き方の制約など，労働者のニーズへの対応を主な理由に導入されてきた。このため，導入理由に「改正労働契約法に伴う無期転換に対応するため」をあげる企業は少ないが，実際には限定正社員が，非正社員の無期雇用化の受け皿にもなっている。

限定種類別に限定正社員の導入理由を比較すると，勤務地限定正社員では「ワーク・ライフ・バランスを支援するため」が多い。ただ，勤務地限定正社員に関しては，転勤がなくなることで就業が継続しやすくなる一方，処遇やキ

ャリア形成支援の面で無限定正社員を下回ることが多い点に留意を要す。職務限定正社員の導入理由には「職務を限定することで，専門性や生産性の向上をより促すため」が多く，専門性に特化した人材の採用・育成手段として活用されている傾向が見て取れる。労働時間限定正社員については「育児・介護等と仕事との両立への対応のため」「ワーク・ライフ・バランスを支援するため」が多く，家庭との両立支援策として導入されていることがわかる。

このように限定正社員については，働き方や導入理由が限定種類によって異なる上に，業態や職種によっても変わってくることから，企業は自社への導入要否や制度設計を，それぞれの事情に合わせて検討する必要がある。制度設計にあたっては，限定正社員と無限定正社員との間の公平性の担保も重要な論点となる。限定正社員の導入企業には，無限定正社員の働き方との相違に応じて，限定正社員と無限定正社員の双方から納得を得られる水準の処遇を設定することが求められている。　●平本　奈央子

098 待遇における均等・均衡

総務省統計局によって発表された「労働力調査」によれば，2021 年において非正社員は，役員を除く雇用者全体の 36.7 %（年平均）を占める。ゆえに，非正社員の仕事における幸福や生産性の向上は，政策的・経営的課題として近年ますます重要性を増している。このような背景のもとで注目を集めるのが，同一組織内の正社員と非正社員の待遇差に関する問題である。

表1 および図に示すように，非正社員の待遇は，賃金だけではなくさまざまな面で正社員を下回っている。日本の経営組織における人事管理では，一般に労働者の待遇は雇用形態だけでなく，労働者の選択した将来のキャリア・コース，職務の遂行に必要な能力の有無，労働者に課された責任の大きさ，業績や成果といった多くの要素の組み合わせによって総合的に決定される。このため，同じ組織で同様の仕事に従事していたとしても，正社員と非正社員との待遇は必ずしも同一である必要はない。しかし，中には合理的な理由なく設けられた待遇差も存在し，それらは非正社員の待遇改善やキャリア形成の妨げとなってきた。

こうした状況を踏まえ，主として正社員と非正社員との間の不合理な待遇差をより実効的に禁止するために行われたのが，2020 年のパートタイム・有期雇用労働法（中小企業は 2021 年4月施行）および労働者派遣法の改正である。

正社員・非正社員間の待遇差の合理性をめぐる法的枠組みを理解する上でキーワードとなる概念は，待遇の「均等」と「均衡」である。「均等」についてはパート・有期労働法の第9条，「均衡」については同法第8条に規定されている（派遣社員については派遣法第 30 条の3）。

まず，均等とは，①職務内容（業務内容や責任の程度），②人材活用の仕組みと運用（職務内容の変更範囲），③その他の事情が同じである正社員・非正社員間の待遇が，同一であることを意味する。次に，均衡とは，正社員・非正社員間で待遇差がある場合，それが①職務内容，②人材活用の仕組みと運用，③その他の事情の違

表1　正社員－非正社員間の平均賃金（月額，2021 年）

企業規模	正社員・正職員の賃金（千円）	正社員・正職員以外の賃金（千円）	賃金格差(注)
常用雇用者 1000 人以上	366.4	224.1	61.2
常用雇用者 100～999 人	314.8	215.7	68.5
常用雇用者 10～99 人	289.0	203.7	70.5

（注）　正社員・正職員の賃金を 100 としたときの，正社員・正職員以外の賃金の指数。

図　正社員－非正社員間の各種制度等の適用状況の相違（2019 年）

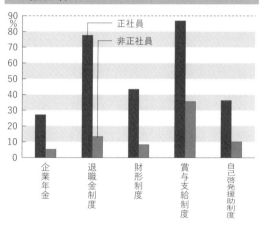

いに基づいて，適切に正当化されていることを意味する。一連の改正法では，従来からあるこの定義に基づき，待遇の性質・目的に照らして，それぞれの待遇ごとに正社員・非正社員間の均衡が求められる旨が明記された。

改正法の考え方を実際の職場に適用する上で注意すべきポイントは3つある。第1に，正社員と非正社員の均等・均衡な待遇の範囲は，基本給・賞与だけでなく，各種手当や福利厚生，教育訓練といった，あらゆる面に及ぶ。第2に，非正社員には「正社員との待遇差の内容や理由」等に関し事業主に説明を求める権利があり，事業者は彼／彼女らに説明をする義務がある。第3に，非正社員が正社員との不合理な待遇差に納得できない場合には，裁判よりは費用や手続きの面で負担が小さい調停である，裁判外紛争解決手続き（alternative dispute resolution：ADR）を利用し事業主を訴えることができる。

表2は，2020年10〜11月に労働政策研究・研修機構によって実施された，パートタイム・有期雇用労働者を雇用する企業6877社を対象とした雇用管理の見直し状況に関する調査結果の抜粋である。これによれば，調査に回答した企業のうち，半数弱が従業員間の均等・均衡待遇の実現に向けて雇用管理の見直しを完了あるいは実行中，今後予定・検討している（表2(a)）。また，これらの企業の具体的な取り組みとして，「正社員と職務・人材活用の異なるパート・有期社員の待遇の見直し」すなわち均衡待遇の実現が最も多かった（表2(b)）。

正社員・非正社員間の待遇の均等・均衡を実現することは，単なる法的要請への適応を超え，企業に対して正社員への待遇を含めた全体的な雇用管理の見直しを促す可能性がある。

企業が正社員・非正社員間の不合理な差を解消しない限り，非正社員の不満はますます高まっていく。たとえば，正社員の年功や職能による待遇，非正社員の仕事内容や成果による待遇といった相違を存置したままでは，両者の処遇差を正当化するのが困難になる可能性が高い。このため，正社員・非正社員双方について待遇の見直しが必要になるケースも出てくるだろう。前述の調査でも，雇用管理見直しの具体的取り組みとして，1割強の企業が「正社員を含めた待遇の整理や人事制度の改定」をあげている。

法改正を背景として，企業が従業員間に待遇差を設ける場合，その根拠となる趣旨や目的を明確に従業員に示すことが，今後より強く求められるようになるだろう。多くの日本企業はこれまで，従業員の処遇をめぐり，その根拠となる趣旨や目的を必ずしも従業員に説明してこなかった。しかし，待遇の均衡やそれに関する調停について法的な枠組みが整備されたことで，とりわけ正社員・非正社員間の待遇差を説明しなければならない機会が増加することが想定される。法的要請というだけでなく，そもそも雇用管理を有効に機能させるためには，企業と従業員との信頼関係の構築・維持が非常に重要である。そのためにも企業は，正社員・非正社員の待遇差に関して納得できる説明を用意する必

要があるだろう。また，不合理な差の解消のために正社員・非正社員双方の待遇の見直しが必要な場合には，企業と正社員・非正社員双方との丁寧な話し合いが不可欠と考えられる。

ただし，不合理な待遇差を解消するために非正社員と話し合うにあたって企業は，個々の非正社員からの問い合わせに応じるだけでなく，新しいコミュニケーション・チャネルを整備する必要があるかもしれない。従来，従業員の待遇をめぐる企業と従業員間の話し合いは，企業別労働組合を通じて行われてきた面が大きい。しかし，従来の企業別労働組合の主たる構成員は正社員であり，非正社員の多くは今も組織化されていない。このため，企業が非正社員の声を吸い上げ，円滑な話し合いを行うためには，非正社員との定期的な職場懇談会の実施など，非正社員とのコミュニケーションの場を意識的に設けることが有効だろう。

本項では主として正社員と非正社員の待遇差の問題について論じてきた。しかし，待遇差が存在するのは正社員と非正社員の間だけではない。正社員内や，非正社員内の雇用区分間の均等・均衡な待遇の実現も重要な論点であり，今後の議論の発展が待たれる。 ●中津 陽介

表2 均等待遇・均衡待遇の実現に向けた雇用管理の見直し状況（2020年）

(a) 対応状況 (*n* = 6,877)
(単位：%)

見直し完了	14.9
見直し中	11.5
見直し予定・検討中	19.5
見直しの必要なし	34.1
対応未定・わからない	19.4
無回答	0.6

(b) 具体的な取り組み (*n* = 3,152)
(単位：%)

正社員と職務・人材活用とも同じパート・有期社員の待遇の見直し（均等待遇）	18.8
正社員と職務・人材活用の異なるパート・有期社員の待遇の見直し（均衡待遇）	42.9
パート・有期社員の正社員化や正社員転換制度の導入・拡充	12.8
正社員とパート・有期社員の職務分離や人材活用の違いの明確化	19.4
正社員を含めた待遇の整理や人事制度の改定	10.7
労働条件（正規社員との待遇差の内容・理由を含む）の明示や説明	17.0
就業規則や労使協定の改定	18.6

（注） 具体的な取り組みは複数回答。回答割合が10%以上のものを抜粋。

高度専門人材の活用

表　有期雇用契約されている高度専門人材の事例

	事例①	事例②	事例③	事例④
職　種	研究・開発エンジニア（プロジェクト限定）	工業デザイナー	安全マネジメントのスペシャリスト	プロジェクト・マネジャー（戦略の企画・立案，推進）
職務内容	(1) 人工知能に関する研究 (2) 燃料開発に関する研究	製品の工業デザイン	未開拓地域における建設現場の安全管理	グループ全体の各事業領域に関する具体的な戦略の策定
契約期間	1 年	1 年	1 年	1 年
想定雇用年数	3 年	3 年	3 年程度	業務進捗に応じて契約を更新
採用方法	(1) 本人に直接依頼 (2) 公　募	人材紹介会社からの紹介	エージェント経由で紹介	社内からの紹介
就労条件 （勤務場所，労働時間等）	研究所にフルタイム勤務（フレックスタイム制，標準労働 8 時間）	本社でのフルタイム勤務	原則，本社でのフルタイム勤務	本社に勤務，標準労働 8 時間
報酬の支払い形態	月給制（基本賃金＋諸手当，年 2 回の賞与を支給）	月給制（基本賃金＋諸手当，年 2 回の賞与を支給）	年俸制	年俸制
報酬水準	平均 400 万円以上 500 万円未満	平均 500 万円以上 695 万円未満	数千万円	1800 万円以上

図 1　高度専門人材の雇用管理

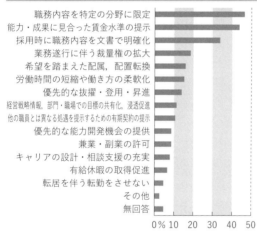

（注）　n＝151，複数回答。

図 2　高度専門人材の特性を勘案した雇用管理に関する方針

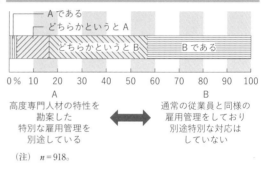

A	B
高度専門人材の特性を勘案した特別な雇用管理を別途している	通常の従業員と同様の雇用管理をしており別途特別な対応はしていない

（注）　n＝918。

　ここでいう高度専門人材とは，ある特定の分野において高度かつ専門的な技術・技能・知識・経験を有する個人を指す。

　変化の激しい競争環境のもとで，企業内部では高度専門人材の育成が間に合わない，限られた人材を各社で奪い合うために高度専門人材の確保が難しいといった課題が顕在化してきている。こうした中，年功的な雇用慣行の枠組みの外に，有期雇用などによる特別な雇用管理の受け皿を用意することで，高度専門人材を確保しようとする企業が出てきている。

　有期雇用契約されている高度専門人材の雇用管理に関する具体的な事例を，表に整理した。2014 年に調査された内容ではあるが，職務内容が限定・明確化されており，多様な報酬の支払い形態や水準の実態が見て取れる。

　高度専門人材に対する特別な雇用管理の内容を見ると，職務内容の限定が 46.4 ％と最も多く，能力と成果に見合った賃金の提示（43.7 ％），職務内容の明確化（33.8 ％）が続いている（図1）。

　ただ，これらの一方で，2018 年に行われた「多様な働き方の進展と人材マネジメントの在り方に関する調査」では，高度専門人材の特性を勘案した特別な雇用管理を行っていると答えた企業は約 15 ％と，いまだ低水準にとどまっているといえる（図2）。

　高度専門人材を効果的に活用することは，企業が変化の激しい競争環境を生き抜く上で重要なポイントになる。そのためには，これまでの雇用慣行にとらわれない新たな雇用管理のあり方を，今後も模索していく必要があるだろう。

　●吉楽　ひかる

100 雇用によらない人材活用

今日，個人請負やフリーランス，「社員の個人事業主（フリーランス）化」などの，「雇用によらない働き方」が注目を集めている。「会社の従業員として雇用される」働き方とは一線を画する，雇用によらない働き方が増加する背景には，2つの側面がある。第1に，非正社員の典型的な活用理由と同じく，企業側のコスト調整という側面である。周燕飛によると，企業は，平時のコスト削減や突発的な労働需要の増減への対処として，業務を外部化し過剰要員を抱えないようにしている。第2に，武石恵美子と林洋一郎によると，特定の組織に所属せず，さまざまな企業のプロジェクトに参加しながら自律的に職業キャリアを形成していく働き方が，少なからぬ労働者にとって魅力的になっているという側面がある。さらに，後述のタニタの事例では，フリーランス化した労働者が主体性を持って働くことにより生産性が向上したり，委託元企業がフリーランスを通して社外へ人脈を拡大できるなど，企業の人材活用におけるメリットも期待されている。

雇用によらない働き方の実態を正確に捉える公的統計は，今のところ存在しない。なぜなら，既存の公的統計では，雇用によらない働き方は「自営業主」（自分で事業を営んでいる者）に含まれてしまい，業務の受託から遂行まで単独で行うフリーランスなどを捉える区分が存在しないからである。最近では，官民問わずいくつかの組織が，雇用によらない働き方の実態を捉えようとしているが，その定義によって結果が異なっている。

ここでは，最も包括的な枠組みで調査を行った労働政策研究・研修機構「雇用類似の働き方の者に関する調査・試算結果等（速報）」を紹介しよう。この調査では，自営業主なども含む広義の「雇用によらない働き方」を，**図1**のように整理している。「従業員を常時雇用していない自営業者」（B）のうち，「発注者から仕事の委託を受け，主に事業者を直接の取引先とする者」（D1）が，狭義の雇用によらない働き方

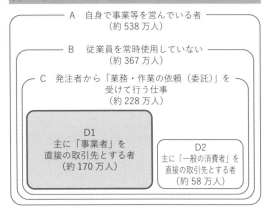

図1　雇用によらない働き方の類型と概算人数

A　自身で事業等を営んでいる者
（約538万人）

B　従業員を常時使用していない
（約367万人）

C　発注者から「業務・作業の依頼（委託）」を
受けて行う仕事
（約228万人）

D1
主に「事業者」を
直接の取引先とする者
（約170万人）

D2
主に「一般の消費者」を
直接の取引先とする者
（約58万人）

（同調査でいうところの「雇用類似の働き方」）にあたる。この集計結果をもとに，2017年の「就業構造基本調査」の分布で補正した上で試算したところ，狭義の雇用によらない働き方の就業者は，約170万人となった。

雇用によらない働き方には，労働者としての保護や保障を受けづらいという問題がある。現代の労働政策は，基本的に「雇用契約のもとでの労働者」に対してさまざまな保護や保障を提供しているため，「自営業者」と見なされてしまう雇用によらない働き方に就く人々は，その対象から漏れてしまう。しかし，雇用によらない働き方の中には，契約上は業務委託や個人請負であっても，実態としては「雇用契約のもとでの労働者」に近い場合もあり，単に契約上の名称によってのみ法制度の保護対象から排除されてしまうのは不合理的である。

こうしたことから，雇用によらない働き方に就く人々を「労働者である」と判断するための基準（労働者性）については，現在も引き続き検討されている（ただし，「労働者」概念の内容は，労働基準法や労働組合法，労働保険・社会保険など各法律によって，やや異なっている）。実際の判例においては，①指揮監督下における労働という労務提供の形態であること，②賃金支払いという報酬の労務に対する対償性があることを基準として（使用従属性），契約の名称にかかわらず実態に即して判断される。

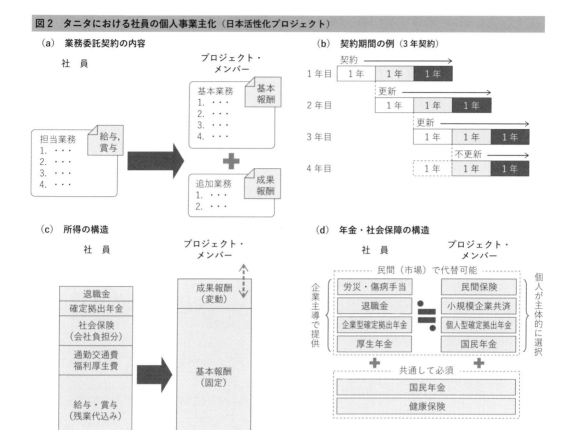

図2　タニタにおける社員の個人事業主化（日本活性化プロジェクト）

（a）業務委託契約の内容

社員　　　　　プロジェクト・メンバー

担当業務
1. ・・・
2. ・・・
3. ・・・
4. ・・・

給与，賞与

基本業務
1. ・・・
2. ・・・
3. ・・・
4. ・・・

基本報酬

＋

追加業務
1. ・・・
2. ・・・

成果報酬

（b）契約期間の例（3年契約）

（c）所得の構造

社員　　　　　プロジェクト・メンバー

退職金
確定拠出年金
社会保険（会社負担分）
通勤交通費福利厚生費
給与・賞与（残業代込み）

成果報酬（変動）
基本報酬（固定）

（d）年金・社会保障の構造

社員　　　　　プロジェクト・メンバー

民間（市場）で代替可能

労災・傷病手当 — 民間保険
退職金 — 小規模企業共済
企業型確定拠出年金 — 個人型確定拠出年金
厚生年金 — 国民年金

＋

共通して必須

国民年金
健康保険

企業主導で提供

個人が主体的に選択

　企業における雇用によらない人材の活用に関しては，この労働者性への向き合い方が重要である。フリーランスの労働者性へ配慮している事例として，2017年からタニタが実行している「日本活性化プロジェクト」があげられる。

　当該プロジェクトへ参加した社員は，会社と合意のもとでいったん退職し，その後はフリーランスとして業務委託契約を締結する。会社は，社員がそれまで行っていた仕事を「基本業務」，それ以外に新たに依頼する仕事を「追加業務」として委託する（**図2(a)**）。突発的な契約解除は企業と個人双方にとって不利益をもたらすため，複数年契約を基本として，1年ごとに契約期間と業務内容・報酬について協議調整を行い，契約の安定性を担保している（**図2(b)**）。

　報酬については，社員時代の給与・賞与・社会保険料などを含めた人件費総額をベースに基本業務に対する「基本報酬（固定）」が設定され，基本業務以外の成果に対しては「成果報酬

（変動）」が支払われる（**図2(c)**）。つまり，業務委託契約に切り替えても社員時代と同等の社会保障を確保できるだけの報酬が労働者に対して支払われるようになっており，さらに追加業務の成果次第では社員時代よりも所得が増加する可能性がある。また，これまで企業主導で提供されていた退職金や諸年金，諸保険については，民間（市場）で代替可能なものを個人が主体的に選択することになる（**図2(d)**）。当該保険を契約するか，どの保険商品を購入するかということを個人のライフスタイルに合わせて選択することができるため，より柔軟な生活設計が可能となる。

　上記のように，雇用によらない人材の活用に関しては，労働者性に十分に配慮して制度を設計することが重要である。　　　　●田上　皓大

第12章　多様な就業と雇用

164

参 考 文 献

＊ 図表番号に続く文献情報は当該図表の出所，その後に箇条書きにて挙示
した文献情報は当該項目本文に関する図表出所以外の参考文献を表す。

第 1 章　人事労務管理と企業経営

001　**図**：平野光俊・江夏幾多郎（2018）『人事管理——人と企業，ともに活きるために』有斐閣，56 頁。

表 1：上林憲雄・平野光俊編著（2019）『日本の人事システム——その伝統と革新』同文舘出版，202 頁より
筆者作成。

表 2：平野・江夏，前掲書，60 頁。

表 3：Boudreau, J., and Lawler, E. E., III（2014）"Stubborn traditionalism in HRM: Causes and consequenc-
es," *Human Resource Management Review*, vol. 24, no. 3, pp. 232-244 より筆者作成。

表 4：上林・平野，前掲書，218 頁，および Boudreau and Lawler，前掲論文より筆者作成。

● Miles, R. E., and Snow, C. C.（1984）"Designing strategic human resources systems," *Organization Dynam-
ics*, vol. 13, no. 1, pp. 36-52.

002　**表**：筆者作成。

● 田中恒行（2019）『日経連の賃金政策——定期昇給の系譜』晃洋書房。

003　**図 1**：*OECD Stat.*, "LFS by sex and age - indicators"（https://stats.oecd.org/Index.aspx?DataSetCode=lfs_
sexage_i_r, 2022 年 8 月 31 日閲覧）より，男女別年齢階層別労働力率（labour force participation rate）
の時系列統計を加工し，世代別統計を筆者作成。

図 2：実績値は総務省統計局「労働力調査」，推計値は労働政策研究・研修機構（2019）「資料シリーズ No.
209 労働力需給の推計——労働力需給モデル（2018 年度版）による将来推計」付表 1, 3, 4, 6 より筆者作成。

● 国立社会保障・人口問題研究所（2023）「日本の将来推計人口（令和 5 年推計）結果の概要」。

004　**図**：厚生労働省「令和 3 年　就労条件総合調査」より算出して筆者作成。ただし，「毎月きまって支給する給
与」の内訳は厚生労働省「毎月勤労統計調査 全国調査（令和 3 年平均確報）」，「所定内給与」と「手当」の
内訳は厚生労働省「令和 2 年　就労条件総合調査」より，合計に占める割合を算出した。

● 藤村博之（2019）「福利厚生の現状——福利厚生として提供されているもの」佐藤博樹・藤村博之・八代充
史『新しい人事労務管理（第 6 版）』有斐閣，221-226 頁（第 8 章 2 節）。

● 労働政策研究・研修機構「データブック国際労働比較 2022」。

005　**表**：厚生労働省「令和 3 年　就労条件総合調査」より筆者作成。

● 浅井義裕（2021）『中小企業金融における保険の役割』中央経済社。

● 岡村和明（2002）「『企業規模間賃金格差』分析の現状と課題」『日本労働研究雑誌』第 501 号，78-80 頁。

● 玄田有史（2011）「二重構造論——『再考』」『日本労働研究雑誌』第 609 号，2-5 頁。

● 西久保浩二（2007）「福利厚生の現状と今後の方向性」『日本労働研究雑誌』第 564 号，4-19 頁。

● 西久保浩二（2015）「わが国の中小企業の福利厚生制度の問題と改革戦略」『月刊 社労士』6 月号，26-28 頁。

● 深尾京司・牧野達治・池内健太・権赫旭・金榮愨（2014）「生産性と賃金の企業規模間格差」『日本労働研究
雑誌』第 649 号，14-29 頁。

006　**図**：平野光俊・江夏幾多郎（2018）『人事管理——人と企業，ともに活きるために』有斐閣，274 頁より筆者
作成。

007　**表**：一守靖（2018）「人事部機能の集権化・分権化の方向性とその課題——日系企業と外資系企業の比較から」
『日本労働研究雑誌』第 698 号，51-61 頁より筆者作成。

● 平野光俊（2006）『日本型人事管理——進化型の発生プロセスと機能性』中央経済社。

008　**表**：Chesbrough, H. W.（2003）*Open Innovation: The New Imperative for Creating and Profiting from Tech-
nology*, Harvard Business School Press（大前恵一朗訳『OPEN INNOVATION——ハーバード流イノベー
ション戦略のすべて』産業能率大学出版部，2004 年），邦訳 10 頁より筆者作成。

- ●『日本経済新聞』2018 年 12 月 4 日（電子版），「NTT データ，AI 技術者らに最大 3000 万円」。
- ●『日本経済新聞』2019 年 6 月 3 日（電子版），「ソニー，デジタル人材の初任給優遇 最大 2 割増 730 万円」。
- ●『日本経済新聞』2019 年 7 月 9 日（電子版），「NEC，新卒に年収 1000 万円超 IT 人材確保に危機感」。

009 図：HR 総研（2021）「人事データの収集・活用に関する実態調査──大企業ではデータの収集より分析に課題感あり」『HRpro』（https://www.hrpro.co.jp/research_detail.php?r_no=306）より筆者作成。
- ● ISO, "ISO 30414: 2018, Human resource management - Guidelines for internal and external human capital reporting"（https://www.iso.org/standard/69338.html，2022 年 9 月 30 日閲覧）.
- ●『HITO REPORT』2019 年 10 月号，「日本企業の人事 300 人に聞く"タレントマネジメントの今"」。
- ● 経済産業省「人的資本経営──人材の価値を最大限に引き出す」（https://www.meti.go.jp/policy/economy/jinteki_shihon/index.html，2022 年 9 月 30 日閲覧）。
- ● 清瀬一善（2020）「ピープルアナリティクス導入・活用の処方箋──人事部門主導で効果的に PDCA サイクルを回すノウハウ」『労政時報』（労務行政）第 3999 号（2020 年 9 月 11 日），93-103 頁。
- ●『労政時報』（労務行政）第 3999 号（2020 年 9 月 11 日），「LINE──社内情報のタイムリーな可視化や分析を実現すべく，人事データを一元化。ピープルアナリティクスの PDCA を回す基盤を整備」。

第 2 章　人事労務管理と従業員

010 図 1：東京大学社会科学研究所附属社会調査・データアーカイブ研究センター SSJ データアーカイブより，「日本人の意識調査，1973～2008」（NHK 放送文化研究所世論調査部）の個票データの提供を受け，筆者作成。
図 2：図 1 に同じ。
図 3：図 1 に同じ。
図 4：図 1 に同じ。

011 図 1：厚生労働省「令和元年版 労働経済の分析」（原資料：島津明人『ワーク・エンゲイジメント──ポジティブ・メンタルヘルスで活力ある毎日を』労働調査会，2014 年）より筆者作成。
図 2：日本生産性本部「労働生産性の国際比較 2021」より筆者作成。
- ● Schaufeli, W. B., and Dijkstra, P. (2010) *Bevlogen aan het werk*, Uitgeverij Thema（島津明人・佐藤美奈子訳『ワーク・エンゲイジメント入門』星和書店，2012 年）.

012 図：Van Der Heijde, C. M., and Van Der Heijden, B. I. J. M. (2006) "A competence-based and multidimensional operationalization and measurement of employability," *Human Resource Management*, vol. 45, no. 3, pp. 449-476 より筆者作成。
- ● 山本寛（2014）『働く人のためのエンプロイアビリティ』創成社。

013 図 1：労働政策研究・研修機構（2018）「労働政策研究報告書 No. 200 キャリアコンサルタント登録者の活動状況等に関する調査」より筆者作成。
図 2：厚生労働省「令和 2 年度 能力開発基本調査」より筆者作成。
図 3：図 2 に同じ。

014 表：「労働基準法」「労働基準法施行規則」（法令条文）。
図：厚生労働省「一般労働者用モデル労働条件通知書（常用，有期雇用型）」（https://www.mhlw.go.jp/seisakunitsuite/bunya/koyou_roudou/roudoukijun/keiyaku/kaisei/dl/youshiki_01a.pdf，2022 年 9 月 22 日閲覧）。
- ● 伊藤庄平（1998）「第 6 回 旧 JIL 講演会　働き方の変容と法改正──改正労働基準法のポイント」（https://www.jil.go.jp/event/jil/kouen/19981109/，2022 年 9 月 22 日閲覧）。
- ● 大阪府「労働相談ポイント解説 3 労働条件の明示」（https://www.pref.osaka.lg.jp/attach/6026/00000000/003.pdf，2022 年 9 月 22 日閲覧）。
- ● 上林憲雄・厨子直之・森田雅也（2018）『経験から学ぶ人的資源管理（新版）』有斐閣。
- ● 濱口桂一郎（2009）『新しい労働社会──雇用システムの再構築へ』岩波書店。
- ● 浜村彰・唐津博・青野覚・奥田香子（2020）『ベーシック労働法（第 8 版）』有斐閣。

015 図：厚生労働省「賃金構造基本統計調査」より筆者作成。
表：厚生労働省（2021）「地方公共団体における障害者差別禁止及び合理的配慮の提供義務に関する実態調査報告書」より筆者作成。
- ● 水町勇一郎（2019）『詳解労働法』東京大学出版会。

016 図 1：厚生労働省「『外国人雇用状況』の届出状況まとめ（令和 3 年 10 月末現在）」より筆者作成。

図2：図1に同じ。

- 井口泰（2016）「外国人労働者問題と社会政策——現状評価と新たな時代の展望」『社会政策』第8巻第1号，8-28頁。
- 神田すみれ（2019）「外国人労働者と企業におけるコミュニケーション」『共生の文化研究』第13号，60-64頁。
- 出入国在留管理庁「2020年版 出入国在留管理」。
- 法務省・厚生労働省「外国人技能実習制度について」（https://www.moj.go.jp/isa/content/930005177.pdf，2022年8月12日閲覧）。

017 図：厚生労働省「令和3年 障害者雇用状況の集計結果」より筆者作成。

- 障害者職業総合センター（2017）「調査研究報告書No.137 障害者の就業状況等に関する調査研究」。

018 図1：Shore, L. M., Randel, A. E., Chung, B. G., Dean, M. A., Holcombe Ehrhart, K., and Singh, G. (2011) "Inclusion and diversity in work groups: A review and model for future research," *Journal of Management*, vol. 37, no. 4, pp. 1262-1289 より筆者作成。

図2：Guillaume, Y. R. F., Dawson, J. F., Otaye-Ebede, L., Woods, S. A., and West, M. A. (2017) "Harnessing demographic differences in organizations: What moderates the effects of workplace diversity?" *Journal of Organizational Behavior*, vol. 38, no. 2, pp. 276-303 より一部修正して筆者作成。

- Leslie, L. M. (2019) "Diversity initiative effectiveness: A typological theory of unintended consequences," *Academy of Management Review*, vol. 44, no. 3, pp. 538–563.
- Triana, M. D. C., Gu, P., Chapa, O., Richard, O., and Colella, A. (2021) "Sixty years of discrimination and diversity research in human resource management: A review with suggestions for future research directions," *Human Resource Management*, vol. 60, no. 1, pp. 145-204.
- van Knippenberg, D., De Dreu, C. K. W., and Homan, A. C. (2004) "Work group diversity and group performance: An integrative model and research agenda," *Journal of Applied Psychology*, vol. 89, no. 6, pp. 1008-1022.

第3章　社員等級制度

019 図1：平野光俊・江夏幾多郎（2018）『人事管理——人と企業，ともに活きるために』有斐閣，74頁。
図2：佐藤博樹・藤村博之・八代充史（2006）『マテリアル人事労務管理（新版）』有斐閣，36頁より筆者作成。

020 図：平野光俊・江夏幾多郎（2018）『人事管理——人と企業，ともに活きるために』有斐閣，79頁。

021 表：社会経済生産性本部編（2005）『事例 日本型成果主義——人事・賃金制度の設計から運用まで』生産性出版，30頁より筆者作成。
図：佐藤博樹・藤村博之・八代充史（2006）『マテリアル人事労務管理（新版）』有斐閣，40頁より筆者作成。

- 石田光男（1990）『賃金の社会科学——日本とイギリス』ミネルヴァ書房。
- 奥林康司・上林憲雄・平野光俊編著（2010）『入門 人的資源管理（第2版）』中央経済社。
- 楠田丘（2003）『日本型成果主義の基盤 職能資格制度——その再点検・整備・リニューアル方策（改訂5版）』経営書院。
- 楠田丘／石田光男監修・解題（2004）『楠田丘オーラルヒストリー 賃金とは何か——戦後日本の人事・賃金制度史』中央経済社。
- 仁田道夫・久本憲夫編（2008）『日本的雇用システム』ナカニシヤ出版。
- 日本経営者団体連盟編（1969）『能力主義管理——その理論と実践』日本経営者団体連盟弘報部。

022 図1：佐藤博樹・藤村博之・八代充史（2006）『マテリアル人事労務管理（新版）』有斐閣，40頁。
図2：今野浩一郎・佐藤博樹（2009）『人事管理入門（第2版）』日本経済新聞出版社，65頁，および笹島芳雄（2001）『アメリカの賃金・評価システム』日経連出版部より筆者作成。

- 今野浩一郎（1998）『勝ちぬく賃金改革——日本型仕事給のすすめ』日本経済新聞社。
- 奥林康司・上林憲雄・平野光俊編著（2010）『入門 人的資源管理（第2版）』中央経済社。
- 草野隆彦（2021）『雇用システムの生成と変貌——政策との関連で』労働政策研究・研修機構。
- 白木三秀編著（2015）『新版 人的資源管理の基本（第2版）』文眞堂。
- 濱口桂一郎（2018）「横断的論考」『日本労働研究雑誌』第693号，2-10頁。
- 平野光俊（2019）「人事部の新しい役割——社員格付け制度との関連から」上林憲雄・平野光俊編著（2019）

『日本の人事システム――その伝統と革新』同文舘出版，18-41 頁。

- ●平野光俊・江夏幾多郎（2018）『人事管理――人と企業，ともに活きるために』有斐閣。

023 **図**：産労総合研究所（2021）「第 8 回 人事制度等に関する総合調査」より筆者作成。

- ●石田光男・樋口純平（2009）『人事制度の日米比較――成果主義とアメリカの現実』ミネルヴァ書房。

024 **表**：『労政時報』（労務行政）第 3927 号（2017 年 3 月 24 日），「日立製作所――国内管理職にグローバル共通の『役割・仕事』基準による人事処遇制度を導入し，『世界市場で勝てる』人財・組織力を実現」より一部修正して作成。
　　　　図：表に同じ。

第 4 章　雇 用 管 理

025 **図 1**：文部科学省・厚生労働省「大学・短期大学・高等専門学校及び専修学校卒業予定者の就職内定状況等調査」より筆者作成。
　　　　図 2：リクルートワークス研究所（2012）「Global Career Survey 基本報告書」より筆者作成。
　　　　図 3：日本経済団体連合会（2022）「採用と大学改革への期待に関するアンケート」より筆者作成。
　　　　図 4：図 3 に同じ。

026 **表**：採用と大学教育の未来に関する産学協議会（2022）「産学協働による自律的なキャリア形成の推進――産学協働による学生のキャリア形成支援活動（4 類型）の概要（動画解説 Ver. 1）」（https://www.keidanren.or.jp/policy/2022/039_kaisetsu.pdf，2022 年 9 月 26 日閲覧）より筆者作成。

- ●内閣府（2021）「学生の就職・採用活動開始時期等に関する調査 調査結果 報告書」（https://www5.cao.go.jp/keizail/gakuseichosa/pdf/20211125_honbun_print_1.pdf，2022 年 9 月 26 日閲覧）。

027 **図 1**：厚生労働省「中学校・高等学校卒業予定者の就職・採用活動時期について」（https://www.mhlw.go.jp/stf/seisakunitsuite/bunya/0000184189.html，2023 年 7 月 20 日閲覧）より筆者作成。
　　　　図 2：内閣官房「2024（令和 6）年度卒業・修了予定者等の就職・採用活動に関する要請について」より筆者作成。
　　　　図 3：厚生労働省「新規学卒就職者の学歴別就職後 3 年以内離職率の推移」，大卒求人倍率はリクルートワークス研究所（2022）「第 39 回 ワークス大卒求人倍率調査（2023 年卒）」より筆者作成。
　　　　表：厚生労働省「平成 30 年 若年雇用実態調査」より筆者作成。

028 **表**：厚生労働省（2020）「『企業等の採用手法に関する調査研究』報告書」より筆者作成。

- ●リクルートワークス研究所（2022）「新卒・中途採用横断レポート 2012 年度〜2021 年度における，新卒と中途の採用比率は 3 対 7――過去 10 年の中途採用市場の拡大は限定的（「ワークス大卒求人倍率調査」詳細分析）」。

029 **表 1**：労働政策研究・研修機構（2014）「国内労働情報 14-12 労働条件の設定・変更と人事処遇に関する実態調査――労働契約をめぐる実態に関する調査（Ⅱ）」より筆者作成。
　　　　表 2：表 1 に同じ。
　　　　表 3：筆者作成。

- ●今野浩一郎・佐藤博樹（2009）『人事管理入門（第 2 版）』日本経済新聞出版社。
- ●川端由美子（2018）「配偶者の転動に対する諸制度とその課題――異動，休職，再雇用の観点から」『日本労務学会誌』第 19 巻第 1 号，26-42 頁。
- ●小山はるか（2021）「総合職共働き世帯における転勤発生時の意思決定プロセスとその影響」『日本労働研究雑誌』第 727 号，45-61 頁。
- ●菅野和夫（2004）『新・雇用社会の法（補訂版）』有斐閣。

030 **図 1**：厚生労働省「労働経済動向調査」より筆者作成。
　　　　図 2：図 1 に同じ。

031 **図 1**：人事院「民間企業の勤務条件制度等調査」より筆者作成。
　　　　表：人事院「令和 2 年度 民間企業の勤務条件制度等調査」より筆者作成。
　　　　図 2：労働政策研究・研修機構（2020）「調査シリーズ No. 198 高年齢者の雇用に関する調査（企業調査）」より筆者作成。

032 **図 1**：内閣府「令和元年度 高齢者の経済生活に関する調査結果（全体版）」より筆者作成。
　　　　図 2：図 1 に同じ。
　　　　図 3：図 1 に同じ。

図4：図1に同じ。

図5：図1に同じ。

●内閣府「令和2年度 第9回 高齢者の生活と意識に関する国際比較調査（全体版）」。

第5章　企業内キャリア形成

033 **図1**：リクルートマネジメントソリューションズ「昇進・昇格実態調査2009」図表3-4-1,3，同「昇進・昇格および異動・配置に関する実態調査2016」4頁より，上位3項目を抜粋して筆者作成。

図2：リクルートマネジメントソリューションズ「人材マネジメント実態調査2021」図表6より，上位3項目を抜粋して筆者作成。

034 **図1**：厚生労働省「令和2年 賃金構造基本統計調査」より筆者作成。

図2：佐藤厚（2021）「ホワイトカラーのキャリア形成に関する英独日比較——大企業管理職を中心とした実証分析」『生涯学習とキャリアデザイン』第19巻第1号，3-26頁，表3,8より筆者作成。

図3：同上・表5より筆者作成（選択肢の文言は省略表記）。

●今野浩一郎・佐藤博樹（2022）「昇進管理」今野浩一郎・佐藤博樹『人事管理入門（新装版）』日経BP 日本経済新聞出版本部，172-200頁。

●小池和男（2005）「大卒ホワイトカラーの技能」「キャリアの組み方」『仕事の経済学（第3版）』東洋経済新報社，22-24頁（第1章3節）；158-161頁（第6章3節）。

035 **表**：日本生産性本部・雇用システム研究センター編（2017）『第15回 日本的雇用・人事の変容に関する調査報告 日本の雇用・人事システムの現状と課題（2016年度調査版）』日本生産性本部・生産性労働情報センター，122頁より筆者作成。

図1：労働政策研究・研修機構（2015）「調査シリーズNo.128『人材マネジメントのあり方に関する調査』および『職業キャリア形成に関する調査』結果——就労意欲や定着率を高める人材マネジメントとはどのようなものか」より筆者作成。

図2：産業能率大学総合研究所（2017）「『次世代リーダー・グローバル人材の育成に関する実態調査』報告書サマリー」より筆者作成。

図3：労働政策研究・研修機構「データブック国際労働比較2022」より筆者作成。

036 **図1**：リクルートワークス研究所（2015）「中国・タイ・インド・アメリカ・日本 マネジャーのリアル——仕事とキャリアの国際比較」より筆者作成。

図2：リクルートワークス研究所（2020）「『マネジメント行動に関する調査2019』基本報告書」より筆者作成。

図3：図2に同じ。

図4：企業活力研究所（2017）「働き方改革に向けたミドルマネージャーの役割と将来像に関する調査研究報告書」より筆者作成。

037 **表1**：『労政時報』（労務行政）第3956号（2018年8月10・24日），「人事労務諸制度の実施状況（前編）——2013年以来5年ぶりに調査。賃金，労働時間，人事評価，雇用関連など10分野・120制度の実施率を見る」より筆者作成。

表2：リクルートマネジメントソリューションズ「昇進・昇格および異動・配置に関する実態調査2016」より筆者作成。

●『労政時報』（労務行政）第4021号（2021年9月24日），「複線型人事制度——自律的な成長，キャリア形成を後押しする制度設計，運用の方向性」。

038 **図1**：厚生労働省「令和3年度 能力開発基本調査」より筆者作成。

図2：労働政策研究・研修機構（2016）「『第7回 勤労生活に関する調査』結果」より筆者作成。

表1：労働政策研究・研修機構（2021）「調査シリーズNo.217 人材育成と能力開発の現状と課題に関する調査（労働者調査）」より筆者作成。

表2：労働政策研究・研修機構（2018）「調査シリーズNo.184 多様な働き方の進展と人材マネジメントの在り方に関する調査（企業調査・労働者調査）」より筆者作成。

表3：表2に同じ。

●厚生労働省（2021）「第11次 職業能力開発基本計画」。

●労働政策研究・研修機構（2020）「調査シリーズNo.193 人手不足等をめぐる現状と働き方等に関する調査（企業調査・労働者調査）」。

039　**表**：『労政時報』（労務行政）第 4030 号（2022 年 2 月 25 日），「人事制度の実施・改定動向――2017 年以降に等級制度を改定した企業は 34.2 ％）」（原資料：労務行政研究所「人事制度の実施・改訂動向アンケート」2021 年 12 月）より筆者作成。

　　　　図1：『労政時報』（労務行政）第 4017 号（2021 年 7 月 9 日），「三菱ケミカル――職務・貢献に応じた等級・処遇制度へと改定。異動は原則社内公募で行い，主体的なキャリア形成を支援」より筆者作成。

　　　　図2：『労政時報』（労務行政）第 4028 号（2022 年 1 月 14・28 日），「ソニーグループ――社内募集の拡充で多様なキャリア展開を促進。キャリア自律支援施策としてベテラン・シニア層にはシナリオのあるパッケージを提供」より筆者作成。

第6章　人事評価

040　**表**：髙橋潔（2010）『人事評価の総合科学――努力と能力と行動の評価』白桃書房，48 頁より筆者作成。

　　　● 今野浩一郎・佐藤博樹（2022）『人事管理入門（新装版）』日経 BP 日本経済新聞出版本部。

　　　● 上林憲雄・厨子直之・森田雅也（2018）『経験から学ぶ人的資源管理（新版）』有斐閣。

041　**図**：高原暢恭（2008）『人事評価の教科書――悩みを抱えるすべての評価者のために』労務行政，53 頁より筆者作成。

　　　　表：石橋貞人（2012）「評定の精度と分布に関する評定誤差の関係――人事評価における評定誤差分析モデル（第 3 報）（理論・技術）」『日本経営工学会論文誌』第 63 巻第 1 号，1-8 頁より筆者作成。

　　　● パーソル総合研究所（2021）「人事評価制度と目標管理の実態調査」。

042　**表**：『労政時報』（労務行政）第 4015 号（2021 年 6 月 11 日），「川崎重工業――能力・役割・成果に応じた処遇を実現すべく人事制度を改定」より筆者作成。

　　　● Putka, D. J., Oswald, F. L., Landers, R. N., Beatty, A. S., McCloy, R. A., and Yu, M. C. (2023) "Evaluating a natural language processing approach to estimating KSA and interest job analysis ratings," *Journal of Business and Psychology*, vol. 38, no. 2, pp. 385-410.

　　　● 髙橋潔（2010）『人事評価の総合科学――努力と能力と行動の評価』白桃書房。

　　　● 日本経営者団体連盟編（1969）『能力主義管理――その理論と実践』日本経営者団体連盟弘報部。

043　**表1**：『労政時報』（労務行政）第 4038 号（2022 年 7 月 8 日），「人事労務諸制度の実施状況（前編）――賃金・賞与，労働時間，人事評価，採用など 12 分野・94 制度の実施率を見る」より筆者作成。

　　　　表2：『労政時報』（労務行政）第 4020 号（2021 年 9 月 10 日），「人事評価制度の最新実態――制度の改定状況，評価関連施策の実施状況，処遇への反映等を 7 年ぶりに調査」より筆者作成。

044　**図1**：髙橋潔（2010）『人事評価の総合科学――努力と能力と行動の評価』白桃書房，90 頁より筆者作成。

　　　　図2：平野光俊・江夏幾多郎（2018）『人事管理――人と企業，ともに活きるために』有斐閣，135 頁より筆者作成。

　　　● 玄田有史・神林龍・篠崎武久（2001）「成果主義と能力開発――結果としての労働意欲」『組織科学』第 34 巻第 3 号，18-31 頁。

　　　●『労政時報』（労務行政）第 3956 号（2018 年 8 月 10・24 日），「人事労務諸制度の実施状況（前編）――2013 年以来 5 年ぶりに調査。賃金，労働時間，人事評価，雇用関連など 10 分野・120 制度の実施率を見る」。

045　**図1**：日本生産性本部・雇用システム研究センター編『日本的雇用・人事の変容に関する調査報告 日本的雇用・人事システムの現状と課題』日本生産性本部・生産性労働情報センター，各年版より筆者作成。

　　　　図2：日本生産性本部・雇用システム研究センター（2020）『第 16 回 日本的雇用・人事の変容に関する調査報告 日本的雇用・人事システムの現状と課題（2019 年調査版）』日本生産性本部・生産性労働情報センター，94 頁より筆者作成。

　　　● Foster, C. A., and Law, M. R. (2006) "How many perspectives provide a compass? Differentiating 360-degree and multi-source feedback," *International Journal of Selection and Assessment*, vol. 14, no. 3, pp. 288-291.

　　　● 髙橋潔（2001）「多面評価法（360 度フィードバック法）に関する多特性多評価者行列分析」『経営行動科学』第 14 巻第 2 号，67-85 頁。

　　　● 労務行政研究所編（2021）『人事評価の運用実務――人事の専門家による解説と 9 社の企業事例，最新調査から課題解決を支援（新版）』労務行政。

第**7**章　報 酬 管 理

046　**図1**：厚生労働省（2014）「委員から要望のあった資料について（平成26年度 第2回 雇用政策研究会 資料 1）」（http://www.mhlw.go.jp/file/05-Shingikai-11601000-Shokugyouanteikyoku-Soumuka/20141111-01.pdf） より筆者作成。

　　　図2：労働政策研究・研修機構「データブック国際労働比較2022」第5-12表より筆者作成。

　　　図3：Lazear, E. P., and Gibbs, M. (2015) *Personnel Economics in Practice (3rd ed.)*, Wiley（樋口美雄監訳 『人事と組織の経済学 実践編』日本経済新聞出版社，2017年），邦訳367-371頁より筆者作成。

047　**図1**：笹島芳雄（2011）「生活給──生活給の源流と発展」『日本労働研究雑誌』第609号，42-45頁より筆者 作成。

　　　図2：筆者作成。

　　　表1：厚生労働省「特定最低賃金の全国一覧」より筆者作成。

　　　表2：東京労働局「東京都最低賃金改正経過一覧」より筆者作成。

048　**表**：西村純（2022）「企業の賃金決定と労使関係に関する今後の研究課題に関する一考察──自動車製造A社 の事例研究を通じて」JILPT Discussion Paper 22-08より筆者作成。

　　　図：筆者作成。

　　　●労働政策研究・研修機構（2022）「労働政策研究報告書No.212 企業の賃金決定に関する研究」。

049　**図1**：*OECD Data*, "Average wages"（https://data.oecd.org/earnwage/average-wages.htm，2023年4月7 日閲覧）より筆者作成。

　　　図2：図1に同じ。

　　　図3：厚生労働省「平成27年版 労働経済の分析」より筆者作成（原資料：*OECD Stat.*）。

050　**図**：筆者作成。

051　**表1**：労務行政研究所編（2021）『賃金資料シリーズ① モデル賃金・年収と昇給・賞与──最新・賃金実態の 決定版（2022年版）』労務行政，264頁，サービス⑨の例に追記して筆者作成。

　　　表2：同上222頁，非鉄・金属⑤の例に追記して筆者作成。

052　**表**：厚生労働省「就労条件総合調査」より筆者作成。

053　**表**：実質GDP成長率は内閣府経済社会総合研究所「国民経済計算」，経常利益の対前年伸び率は財務省財務 総合政策研究所「法人企業統計調査」，支払月数は中央労働委員会「賃金事情等総合調査」より筆者作成。

　　　●今野浩一郎・佐藤博樹（2020）『人事管理入門（第3版）』日本経済新聞出版社。

　　　●奥林康司・上林憲雄・平野光俊編著（2010）『入門 人的資源管理（第2版）』中央経済社。

　　　●日本経済団体連合会「夏季・冬季 賞与・一時金調査結果」。

054　**表1**：高原暢恭（2006）「諸手当改革 諸手当の再編・廃止の方法と実際──成果主義賃金における手当の位置 付けと見直し手法」『労政時報』（労務行政）第3669号（2006年1月13日），52-71頁より筆者作成。

　　　表2：厚生労働省「就労条件総合調査」より筆者作成。

055　**表1**：厚生労働省「平成30年 就労条件総合調査」より筆者作成。

　　　表2：表1に同じ。

第**8**章　能 力 開 発

056　**図1**：OECD, "Education at a glance 2021: OECD indicators" より筆者作成。

　　　表：文部科学省「学校基本調査」より筆者作成。

　　　図2：文部科学省「令和4年度 学校基本調査」より筆者作成。

　　　図3：文部科学省科学技術・学術政策研究所「科学技術指標2022」より筆者作成。

　　　図4：図3に同じ。

　　　●内閣府「2021年度 産業界と教育機関の人材の質的・量的需給マッチング状況調査」。

　　　●文部科学省「令和3年度（令和4年3月卒業）高等学校卒業（予定）者の就職（内定）状況に関する調査」。

057　**表1**：筆者作成。

　　　表2：厚生労働省「ハロートレーニング（公共職業訓練・求職者支援訓練）の全体像」（「ハロートレーニン グ」ウェブサイト内，2022年12月3日閲覧）より筆者作成。

　　　図：厚生労働省「ハロートレーニング（公共職業訓練）の実施状況」より筆者作成。

　　　表3：労働政策研究・研修機構「データブック国際労働比較2018」より筆者作成。

　　　●沢井実（2021）『技能形成の戦後史──工場と学校をむすぶもの』名古屋大学出版会。

- 寺田盛紀（2009）『日本の職業教育——比較と移行の視点に基づく職業教育学』晃洋書房。

058 図1：厚生労働省「令和3年度 能力開発基本調査」より筆者作成。

図2：労働政策研究・研修機構（2021）「調査シリーズNo. 216 人材育成と能力開発の現状と課題に関する調査（企業調査）」より筆者作成。

表：図2に同じ。

- 厚生労働省「職場における学び・学び直し促進ガイドライン」（https://www.mhlw.go.jp/stf/seisakunitsuite/bunya/koyou_roudou/jinzaikaihatsu/guideline.html，2022年9月7日閲覧）。

059 図1：厚生労働省「令和3年度 能力開発基本調査」より筆者作成。

図2：労働政策研究・研修機構（2021）「調査シリーズNo. 217 人材育成と能力開発の現状と課題に関する調査（労働者調査）」より筆者作成。

図3：図2に同じ。

- 小池和男編著（1986）『現代の人材形成——能力開発をさぐる』ミネルヴァ書房。
- 小池和男（2005）『仕事の経済学（第3版）』東洋経済新報社。
- 原ひろみ（2013）「職業能力開発」『日本労働研究雑誌』第633号，22-25頁。

060 図：大和ハウス工業株式会社提供。

- 小池和男（1997）『日本企業の人材育成——不確実性に対処するためのノウハウ』中央公論社。
- 『労政時報』（労務行政）第3932号（2017年6月23日），「大和ハウス工業——OJTエルダーを中心とした組織的なOJTと集合研修，現場実習を組み合わせ，新人社員の計画的な育成を推進」。

061 図1：坪谷邦生（2020）『図解 人材マネジメント入門——人事の基礎をゼロからおさえておきたい人のための「理論と実践」100のツボ』ディスカヴァー・トゥエンティワン，19頁より筆者作成。

図2：キヤノン（グローバル・サイト）「人材育成と成長支援」（https://global.canon/ja/csr/people-and-society/labor/growth-development.html，2023年10月27日閲覧）より筆者作成。

- 厚生労働省「グッドキャリアプロジェクト——受賞企業の"人が育つ仕組み"グッドキャリア企業アワード2016大賞受賞 キヤノン株式会社」（https://www.mhlw.go.jp/career-award/column/column02.html，2022年9月28日閲覧）。
- 『労政時報』（労務行政）第4038号（2022年7月8日），「人事労務諸制度の実施状況（前編）——賃金・賞与，労働時間，人事評価，採用など12分野・94制度の実施率を見る」。

062 図1：厚生労働省「令和3年度 能力開発基本調査」より筆者作成。

図2：図1に同じ。

- 厚生労働省「令和元年度 能力開発基本調査」。
- 『労政時報』（労務行政）第4033号（2022年4月8日），「本田技研工業——オンラインをベースとした研修体系へ移行。『共通能力』の設定，学習管理システム等の導入で，自律的な能力開発を促進」。

063 図：日本経済団体連合会「2020年 労働時間等実態調査」より筆者作成。

表1：図に同じ。

表2：リクルート「兼業・副業に関する動向調査 データ集 2022」より筆者作成。

表3：日本経済団体連合会（2021）「副業・兼業の促進——働き方改革フェーズⅡとエンゲージメント向上を目指して」より筆者作成。

- 厚生労働省（2020）「副業・兼業に係る実態把握の内容等について（第132回 労働政策審議会安全衛生分科会 資料1）」。
- 中小企業庁（2017）「兼業・副業を通じた創業・新事業創出に関する調査事業研究会提言——パラレルキャリア・ジャパンを目指して」。

064 図1：長岡健・橋本諭（2021）「越境学習，NPO，そして，サードプレイス——学習空間としてのサードプレイスに関する状況論的考察」『日本労働研究雑誌』第732号，31-43頁より筆者作成。

図2：図1に同じ。

- 石山恒貴・伊達洋駆（2022）『越境学習入門——組織を強くする冒険人材の育て方』日本能率協会マネジメントセンター。
- 電通（2018）「電通とソフトバンクによる越境学習プロジェクト『越境ワーカー』について」（https://www.dentsu.co.jp/news/release/pdf-cms/2018077-0731.pdf）。

065 図1：内閣府「平成30年度 年次経済財政報告」より筆者作成。

図2：文部科学省科学技術・学術政策研究所「科学技術指標2020」（原資料：OECD, "Education at a glance

2017: OECD indicators"，原データ：OECD, "Survey of adult skills（PIAAC）" より加工して筆者作成．
- ●経済産業省（2022）「人的資本経営コンソーシアムが設立されます」（https://www.meti.go.jp/press/2022/07/20220725003/20220725003.html，2022 年 9 月 1 日閲覧）．
- ●安井洋輔（2021）「デジタル化による雇用の構造変化──官民を挙げた労働移動の円滑化とデジタル人材育成が急務」『JRI レビュー』2021 vol. 2, no. 86．
- ●矢野経済研究所「2022 e ラーニング／映像教育ビジネスレポート──DX が進む教育サービスの最新動向」．

第**9**章　労働の時間と場所

066　**図 1**：厚生労働省「毎月勤労統計調査 全国調査／長期時系列表 実数・指数累積データ（事業所規模 30 人以上）」（https://www.e-stat.go.jp/stat-search/files?page=1&query= 毎月勤労統計調査 実労働時間 就業形態 30 人以上 実数&layout=dataset&stat_infid=000032189776&metadata=1&data=1，2022 年 8 月 31 日閲覧）より筆者作成．

　　　　図 2：*OECD Stat.*, "Average annual hours actually worked per worker（Employment status: Dependent employment）"（https://stats.oecd.org/index.aspx?DataSetCode=ANHRS, 2022 年 6 月閲覧）より筆者作成．

　　　　図 3：労働政策研究・研修機構「データブック国際労働比較 2022」第 6-4 表より筆者作成．

　　　　図 4：図 1 に同じ．

- ●山本勲・黒田祥子（2014）「日本人の労働時間はどのように推移してきたか──長期時系列データを用いた労働時間の検証」山本勲・黒田祥子『労働時間の経済分析──超高齢社会の働き方を展望する』日本経済新聞出版社，13-40 頁．

067　**図 1**：厚生労働省「時間外労働の上限規制」（https://hatarakikatakaikaku.mhlw.go.jp/overtime.html，2022 年 9 月 26 日閲覧）より筆者作成．

　　　　図 2：筆者作成．

　　　　表：中央労働委員会「令和 2 年 賃金事情等総合調査──令和 2 年 労働時間，休日・休暇調査」より筆者作成．

068　**表 1**：筆者作成．

　　　　図：厚生労働省「就労条件総合調査」より筆者作成．

　　　　表 2：労働政策研究・研修機構（2021）「調査シリーズ No. 211 年次有給休暇の取得に関するアンケート調査（企業調査・労働者調査）」より筆者作成．

　　　　表 3：厚生労働省「令和 3 年 就労条件総合調査」より筆者作成．

069　**表 1**：厚生労働省「就労条件総合調査」より筆者作成．

　　　　表 2：厚生労働省「労働時間・休日──労働時間・休日に関する主な制度」（https://www.mhlw.go.jp/stf/seisakunitsuite/bunya/koyou_roudou/roudoukijun/roudouzikan/index.html，2022 年 7 月 7 日閲覧）より筆者作成．

　　　　図：労働政策研究・研修機構編（2021）「資料シリーズ No. 245『労働時間制度に関する調査結果』の分析」より筆者作成．

　　　　表 3：厚生労働省「高度プロフェッショナル制度に関する報告の状況」（「『働き方改革』の実現に向けて」ウェブサイト内，2022 年 7 月 7 日閲覧）より筆者作成．

070　**表 1**：厚生労働省「令和 2 年 労働安全衛生調査（実態調査）」より筆者作成．

　　　　表 2：大王製紙「高校生向け採用サイト──交替勤務について」（https://www.daio-paper.co.jp/koujou-saiyou/job/shift.html，2022 年 7 月 10 日閲覧），および同「高校生向け採用サイト──三島工場の 1 日」（https://www.daio-paper.co.jp/koujou-saiyou/job/mishima_mill.html，2022 年 7 月 10 日閲覧）より筆者作成．

071　**図 1**：総務省「令和 3 年 通信利用動向調査」より筆者作成．

　　　　図 2：図 1 に同じ．

　　　　図 3：内閣府（2022）「第 5 回 新型コロナウイルス感染症の影響下における生活意識・行動の変化に関する調査」より筆者作成．

　　　　図 4：労働政策研究・研修機構（2022）「『新型コロナウイルス感染拡大の仕事や生活への影響に関する調査（JILPT 第 7 回）』（一次集計）結果」より筆者作成．

　　　　図 5：図 3 に同じ．

第10章　従業員の生活支援

072 **図1**：総務省統計局「労働力調査（基本集計）」より筆者作成。

図2：内閣府「男女共同参画社会に関する世論調査」より筆者作成。

図3：総務省統計局「労働力調査（詳細集計）」より筆者作成。

表：総務省統計局「社会生活基本調査」より筆者作成。

図4：表に同じ。

073 **図1**：*OECD Family Database*, "Indicators: SF2.1 Fertility rates（xlsx），" Total fertility rate, 1960 onwards（2023年9月30日閲覧）より筆者作成。

図2：同上・Completed cohort fertility for women born in 1950, 1960 and 1970 or latest available（2022年7月31日閲覧）より筆者作成。

図3：総務省統計局「国勢調査」年齢階層別未婚率の時系列統計を加工し，世代別統計を筆者作成。

●守泉理恵（2020）「出生分野の研究動向と展望」『人口学研究』第56巻，60-70頁。

074 **図**：厚生労働省「令和2年度 雇用均等基本調査」より筆者作成。

●内閣府（2022）「第5回 新型コロナウイルス感染症の影響下における生活意識・行動の変化に関する調査」。

075 **表1**：厚生労働省「就労条件総合調査」より筆者作成。

図：表1に同じ。

表2：労働政策研究・研修機構（2020）「調査シリーズNo.203 企業における福利厚生施策の実態に関する調査——企業／従業員アンケート調査結果」より筆者作成。

●日本経済団体連合会（2020）「第64回 福利厚生費調査結果報告書」。

076 **表**：厚生労働省「我が国の医療保険について」（https://www.mhlw.go.jp/stf/seisakunitsuite/bunya/kenkou_iryou/iryouhoken/iryouhoken01/index.html，2022年6月9日閲覧）より一部加工して筆者作成。

図：厚生労働省「国民医療費」より筆者作成。

077 **図1**：企業年金連合会「企業年金制度」（https://www.pfa.or.jp/nenkin/nenkin_tsusan/nenkin_tsuusan01.html，2022年8月24日閲覧）より筆者作成。

表：厚生労働省「確定拠出年金制度の概要」（https://www.mhlw.go.jp/stf/seisakunitsuite/bunya/nenkin/nenkin_kyoshutsu/gaiyou.html，2022年8月24日閲覧）より筆者作成。

図2：運営管理機関連絡協議会「確定拠出年金統計資料 2002年3月末〜2017年3月末」，同「確定拠出年金統計資料 2021年3月末（2021年12月7日修正版）」より筆者作成。

図3：必要最低生活費と上乗せ額は生命保険文化センター「令和元年度 生活保障に関する調査」，標準的な年金額は厚生労働省「厚生労働白書（資料編）」平成19年版・令和3年版より筆者作成。

078 **表**：厚生労働省「令和3年 高年齢者雇用状況等報告」，同「令和2年 高年齢者の雇用状況」より筆者作成。

●厚生労働省「2019年 国民生活基礎調査」。

079 **表**：厚生労働省（2021）「介護で仕事を辞める前にご相談ください！ こんなこと，ありませんか？」（https://www.mhlw.go.jp/content/11909000/000833741.pdf）より筆者作成。

図：厚生労働省「令和元年度 仕事と介護の両立等に関する実態把握のための調査研究事業報告書」より筆者作成。

●池田心豪（2021）『シリーズ ダイバーシティ経営 仕事と介護の両立』中央経済社。

●佐藤博樹・矢島洋子（2018）『新訂 介護離職から社員を守る——ワーク・ライフ・バランスの新課題』労働調査会。

●総務省統計局「就業構造基本調査」。

080 **図1**：厚生労働省「令和3年 労働安全衛生調査（実態調査）」より筆者作成。

図2：厚生労働省「国民生活基礎調査」より筆者作成。

●Kessler, R. C., Andrews, G., Colpe, L. J., Hiripi, E., Mroczek, D. K., Normand, S. L. T., Walters, E. E., and Zaslavsky, A. M.（2002）"Short screening scales to monitor population prevalences and trends in non-specific psychological distress," *Psychological Medicine*, vol. 32, no. 6, pp. 959-976.

●厚生労働省「平成14年 労働者健康状況調査」。

081 **表**：厚生労働省（2022）「職場におけるパワーハラスメント対策が事業主の義務になりました！——セクシュアルハラスメント対策や妊娠・出産・育児休業等に関するハラスメント対策とともに対応をお願いします」より筆者作成。

図：厚生労働省「令和2年度 職場のハラスメントに関する実態調査報告書」より筆者作成。

第11章 労使関係

082 **図**：藤村博之（2006）「労使コミュニケーションの現状と課題」『日本労働研究雑誌』第546号，23-36頁より筆者作成。
- 今野浩一郎・佐藤博樹（2022）『人事管理入門（新装版）』日経BP日本経済新聞出版本部。
- 江夏幾多郎（2018）「従業員が勝ち取る権利」平野光俊・江夏幾多郎『人事管理──人と企業，ともに活きるために』有斐閣，174-178頁（第9章5節）。
- 逢見直人（2021）「労働組合の政策・制度活動」仁田道夫・中村圭介・野川忍編『労働組合の基礎──働く人の未来をつくる』日本評論社，243-262頁（第5章1節）。
- 佐藤博樹・藤村博之・八代充史（2019）『新しい人事労務管理（第6版）』有斐閣。
- 中村圭介（2021）『連合・労働組合必携シリーズ2 地域から変える──地域労働運動への期待』教育文化協会。
- 宮本太郎（2018）「地域社会とのつながりから労働組合運動の原点を取り戻す」『情報労連リポート』2018年12月号（http://ictj-report.joho.or.jp/1812/sp01.html）。

083 **図1**：岩崎馨編著（2012）『産業別労働組合の組織と機能──資料編産業別組織系統図付き』日本生産性本部生産性労働情報センター，5頁より筆者作成。
図2：労働調査協議会（2019）「次代のユニオンリーダーの意義と実態に関するインタビュー調査報告書」より筆者作成。
表1：厚生労働省「令和元年 労使コミュニケーション調査」より筆者作成。
表2：厚生労働省「平成30年 労働組合活動等に関する実態調査」より筆者作成。
- 稲上毅編（1995）『成熟社会のなかの企業別組合──ユニオン・アイデンティティとユニオン・リーダー』日本労働研究機構。
- 西谷敏（2020）『労働法（第3版）』日本評論社。
- 連合総合生活開発研究所（2016）「労働組合の職場活動に関する研究委員会報告書──21世紀の日本の労働組合活動研究Ⅳ」。

084 **図**：厚生労働省「令和3年 労働組合基礎調査」より筆者作成。
表：図に同じ。

085 **表1**：厚生労働省「令和3年 労働組合活動等に関する実態調査」より筆者作成。
表2：表1に同じ。
- 中村圭介（2021）「組織拡大」仁田道夫・中村圭介・野川忍編『労働組合の基礎──働く人の未来をつくる』日本評論社，98-109頁（第3章2節）。

086 **図**：厚生労働省「令和2年 労使間の交渉等に関する実態調査」より筆者作成。
表1：厚生労働省「令和元年 労使コミュニケーション調査」より筆者作成。
表2：ヤマハ「労使コミュニケーション」（https://www.yamaha.com/ja/csr/human_rights_and_labor_practices/social_dialogue/，2022年8月4日閲覧）より筆者作成（なお，閲覧時点の内容は2022年3月期の実績であり，最新情報は下記URLの同社サイトを参照されたい。https://www.yamaha.com/ja/csr/activity_report/social/labor_relations/）。
- 厚生労働省「働き方・休み方改善ポータルサイト」。

087 **図**：厚生労働省「平成29年 労使間の交渉等に関する実態調査」より筆者作成。
- 厚生労働省「令和2年 労働組合基礎調査」。

088 **図**：厚生労働省「令和4年 民間主要企業春季賃上げ要求・妥結状況」より筆者作成。
- 今野浩一郎・佐藤博樹（2022）『人事管理入門（新装版）』日経BP日本経済新聞出版本部。
- 久谷與四郎（2010）「『春闘』の意味と役割，今後の課題」『日本労働研究雑誌』第597号，84-87頁。
- 久本憲夫（2019）「賃金政策──近年の賃金動向と『逆・所得政策』」『社会政策』第10巻第3号，10-25頁。
- 連合「『春闘』ってなに？」（https://www.jtuc-rengo.or.jp/column/column013.html，2022年8月31日閲覧）。

089 **表**：厚生労働省「労働経済の分析」，労働省「海外労働情勢」より筆者作成。
- 厚生労働省（2022）「令和3年度 個別労働紛争解決制度の施行状況」。

090 **表1**：都留康（1997）「無労働組合の労使関係──発言・参加・賃金決定」『経済研究』（一橋大学）第48巻第2号，155-175頁より筆者作成。
表2：厚生労働省「令和元年 労使コミュニケーション調査」より筆者作成。
- 佐藤博樹（1994）「未組織企業における労使関係──労使協議制と従業員組織の組織状況と機能」『日本労働

『研究雑誌』第 416 号，24-35 頁。

- 野田知彦（2019）「労働者の発言は有効か？──中小企業の労使コミュニケーションと従業員組織の効果」『日本労働研究雑誌』第 703 号，27-37 頁。

091 **図**：首藤若菜（2017）『グローバル化のなかの労使関係──自動車産業の国際的再編への戦略』ミネルヴァ書房，48 頁より筆者作成。

第12章　多様な就業と雇用

092 **図1**：総務省統計局「労働力調査」より筆者作成。
　　　図2：厚生労働省「就業形態の多様化に関する総合実態調査」より筆者作成。
　　　表：筆者作成。

093 **表1**：総務省統計局「就業構造基本調査」より筆者作成。
　　　表2：厚生労働省「就業形態の多様化に関する総合実態調査」より筆者作成。

094 **図1**：厚生労働省「令和 3 年 パートタイム・有期雇用労働者総合実態調査」より筆者作成。
　　　図2：図 1 に同じ。
　　　図3：図 1 に同じ。

095 **表1**：厚生労働省「平成 28 年 パートタイム労働者総合実態調査」より筆者作成。
　　　表2：厚生労働省「賃金構造基本統計調査」より筆者作成。
　　　表3：表 1 に同じ。
　　　表4：厚生労働省（2015）「パートタイム労働者雇用管理改善マニュアル・好事例集──金融・保険業」より筆者作成。

096 **表1**：筆者作成。
　　　図：労働政策研究・研修機構「早わかり グラフでみる長期労働統計」（https://www.jil.go.jp/kokunai/statistics/timeseries/index.html，2022 年 7 月 10 日閲覧，原資料：総務省統計局「労働力調査」）より筆者作成。
　　　表2：厚生労働省「令和 2 年度 労働者派遣事業報告書の集計結果（速報）」，同「労働者派遣事業の令和 2 年 6 月 1 日現在の状況（速報）」より筆者作成。

- 日本生産技能労務協会（2020）「製造請負事業実態把握調査報告書」。

097 **図**：労働政策研究・研修機構（2022）「調査シリーズ No. 224 多様化する労働契約の在り方に関する調査（企業調査）」より筆者作成。
　　　表：図に同じ。

098 **表1**：厚生労働省「令和 3 年 賃金構造基本統計調査」より筆者作成。
　　　図：厚生労働省「令和元年 就業形態の多様化に関する総合実態調査」より筆者作成。
　　　表2：労働政策研究・研修機構（2021）「調査シリーズ No. 214『同一労働同一賃金の対応状況等に関する調査』（企業に対するアンケート調査 及び ヒアリング調査）結果」より筆者作成。

099 **表**：労働政策研究・研修機構（2014）「調査シリーズ No. 130『高度の専門的知識等を有する有期契約労働者に関する実態調査』結果」より筆者作成。
　　　図1：労働政策研究・研修機構（2018）「調査シリーズ No. 184 多様な働き方の進展と人材マネジメントの在り方に関する調査（企業調査・労働者調査）」より筆者作成。
　　　図2：図 1 に同じ。

100 **図1**：労働政策研究・研修機構（2019）「雇用類似の働き方の者に関する調査・試算結果等（速報）」（第 9 回 雇用類似の働き方に係る論点整理等に関する検討会 資料 3-1）より筆者作成。
　　　図2：谷田千里・株式会社タニタ編著（2019）『タニタの働き方革命』日本経済新聞出版社，218-221 頁より筆者作成。

- 周燕飛（2006）「企業別データを用いた個人請負の活用動機の分析」『日本労働研究雑誌』第 547 号，42-57 頁。
- 武石恵美子・林洋一郎（2013）「従業員の自律的なキャリア意識の現状──プロティアン・キャリアとバウンダリーレス・キャリア概念の適用」『キャリアデザイン研究』第 9 号，35-48 頁。

新・マテリアル人事労務管理
New Databook of Human Resource Management

2023 年 12 月 15 日　初版第 1 刷発行
2024 年 12 月 5 日　初版第 2 刷発行

編著者　　江夏幾多郎，岸野早希，西村純，松浦民恵
発行者　　江草貞治
発行所　　株式会社有斐閣
　　　　　〒101-0051 東京都千代田区神田神保町 2-17
　　　　　https://www.yuhikaku.co.jp/

印刷・製本　大日本法令印刷株式会社
装丁印刷　　株式会社亨有堂印刷所